111 GRÜNDE, **RUGBY** ZU LIEBEN

Denis Frank

111 GRÜNDE, RUGBY ZU LIEBEN

Eine Liebeserklärung
an die großartigste
Sportart der Welt

SCHWARZKOPF & SCHWARZKOPF

INHALT

MEHR ALS NUR EIN SPORT

VORWORT VON REKORDNATIONALSPIELER CLEMENS VON GRUMBKOW

Rugby ist sehr viel mehr als nur ein Sport. Zugegeben, für mich ist das einfach zu sagen. Immerhin waren 30 meiner 36 Lebensjahre durch Rugby geprägt – ich lebe den Sport und damit irgendwo auch einen Traum, von dem ich anfangs gar nicht wusste, dass ich ihn habe. Es gab nur wenige Tage in den letzten drei Jahrzehnten, in denen ich nicht in irgendeiner Form mit Rugby zu tun hatte.

Wenn ich über diese Zeit nachdenke, stehen für mich an oberster Stelle die Freundschaften, die ich über die Jahre schließen durfte und die meine Zeit im Rugby für mich so besonders gemacht haben. Als ich das allererste Mal beim SC Neuenheim trainierte, war da bereits ein kleiner kräftiger Junge, ein Jahr älter als ich. Es war Alexander »Snakko« Widiker, und wir sollten in den 25 Jahren danach noch unzählige Male Seite an Seite miteinander auflaufen.

Ob nun für Neuenheim, beim französischen Klub Orléans oder Dutzende Male im Trikot mit dem Adler auf der Brust, für Deutschland: Titel und Triumphe, aber auch Niederlagen und Abstiege feiern, wir haben alles gemeinsam erlebt, wir haben zusammen gekämpft und füreinander alles gegeben. Heute darf ich mit ihm und anderen Weggefährten wie Colin Grzanna und Manuel Wilhelm abseits des Platzes für den Rugby-Sport hierzulande kämpfen, auch das ist ein absolutes Privileg, und ich bin dankbar, diesen Traum noch immer weiterleben zu dürfen.

Ich durfte durch das Rugby aber auch die Welt kennenlernen. Als ich das erste Mal mit der U19-Nationalmannschaft unterwegs war, ging es für mich zum allerersten Mal weg aus Europa. Wir flogen bis nach Chile, und 2001 war eine derartige Reise noch etwas absolut

Besonderes. Mit dem SCN waren wir in den Jahren zuvor in der Jugend immer der schwächste Heidelberger Klub und mussten die eine oder andere Klatsche einstecken. Erst auf dieser Tour wurde mir bewusst, dass diese Rugby-Sache einmal mehr werden könnte für mich.

So konnte ich Rugby auf Leistungsniveau damit verbinden, andere Teile der Welt und ihre Kulturen kennenzulernen. Auf den Fidschi-Inseln, der wohl Rugby-verrücktesten Ecke der Welt, haben wir mit der deutschen Siebener-Mannschaft zuerst deren besondere Art, Rugby zu spielen, erleben dürfen und abends beim Nationalgetränk Kawa ihren typischen Gesängen gelauscht. In Südafrika pflegt man eine andere Art des Rugby-Spiels, sehr viel physischer, direkter und vielleicht auch mit ein bisschen weniger Spielwitz. Doch auch dort waren die Abende beim südafrikanische *Braai* (BBQ) und die Gastfreundschaft eine ganz besondere Erfahrung.

Meine Zeit in Frankreich und Italien, wo ich als Profi spielte, haben mich besonders geprägt. Ich wurde immer großartig empfangen und aufgenommen, auch wenn ich meist der einzige Deutsche war. In der französischen Rugby-Zeitung *Midi Olympique* erschien bei meiner Ankunft beim französischen Klub Dax ein Artikel über mich mit dem Titel »Der Deutsche, der auch als Export funktioniert« – das war durchaus schmeichelhaft, unterschlug aber, wie sehr meine damaligen Teamkollegen dafür gesorgt hatten, dass ich ankam, aufgenommen wurde und so auf dem Feld überhaupt funktionieren konnte.

2009 trat ich mit der deutschen Siebener-Nationalmannschaft bei den London 7s im Londoner Rugby-Tempel Twickenham an. In der Gruppenphase spielten wir gegen die Südafrikaner, das damals beste Team der Welt. Sie sollten sich nur wenige Wochen später den World-Series-Gesamtsieg holen und dementsprechend deutlich war das Resultat am Ende. Von der zweiten Halbzeit des Spiels weiß ich heute nicht mehr viel, da ich einen Knock-out erlitt. Aber auf der anderen Seite stand damals ein pfeilschneller Blitzboks-Spieler namens Vuyo Zangqa, der uns gleich drei Eier ins Nest legte und damit quasi im Alleingang versenkte.

Niemals hätte ich mir träumen lassen, dass wir einmal, acht Jahre später, das deutsche Nationalteam gemeinsam betreuen würden. Zwei Jahre lang haben wir als Trainerduo unglaublich viel Zeit miteinander verbracht, während der Saison fast mehr als mit unseren eigenen Familien, und das hat uns zusammengeschweißt. Wir haben uns noch oft über jenen Tag im Stadion von London, der mittlerweile über zehn Jahre her ist, unterhalten und gemeinsam gescherzt. Auch wenn seine Rugby-Erfahrung eine ganz andere ist, als meine, hat uns der Sport doch zusammengebracht und eine Freundschaft beschert, die die Erinnerung an das Spiel gegeneinander und die gemeinsame Arbeit im Trainerteam überdauern wird.

Ich hatte das Glück, den Sport in all seinen Facetten kennenlernen zu dürfen – angefangen bei den frühesten Tagen, als ich im ersten Schuljahr mein allererstes Training beim Sportclub Neuenheim in Heidelberg absolvierte, wo ich schon damals einige meiner späteren Weggefährten kennenlernen durfte, bis hin zu den Länderspielen und Auftritten im Europapokal vor Zehntausenden Zuschauern, oder beim Einlauf ins Hongkong Stadium zu den berühmten Sevens. Aber es gibt einige Dinge abseits des großen Sports, die Rugby nicht nur für mich so besonders machen.

Die engen Freundschaften, die mir der Sport ermöglicht hat, sind mir sehr viel länger erhalten geblieben als nur meine aktive Zeit auf dem Platz. Sicherlich gibt es diese auch in anderen Sportarten, aber im Rugby spielen der Teamgeist und die Kameradschaft eine größere Rolle als anderswo. Individualisten braucht kein Rugby-Team auf dem Feld, man gewinnt und verliert nur im Kollektiv. Umso intensiver sind die Kameradschaft und die sich daraus ergebenden Freundschaften.

Dabei ist es spätestens nach dem Abpfiff egal, ob man dieselben Farben trägt oder in verschiedenen Teams gespielt hat. Nach dem letzten Pfiff des Unparteiischen ist man in erster Linie Rugby-Spieler und damit Teil einer ganz großen Familie. Respekt voreinander und der Leistung des anderen stehen da über allem, egal, ob man verloren oder gewonnen hat.

Ich hatte das Privileg, beispielsweise im Europapokal gegen einige der ganz großen Namen im Rugby spielen zu dürfen. Und auch wenn es für mich und mein damaliges italienisches Team I Cavalieri Prato gegen Mannschaften wie die Harlequins, Perpignan oder Exeter meist nicht viel zu holen gab, galt auch hier: Der Rugby-Spirit und die Werte des Sports stehen über allem. Selbst bei Spielern wie dem Ex-All-Black Nick Evans, England-Außen Jack Nowell oder Henry Tuilagi waren Starallüren nicht einmal im Ansatz vorhanden. Man begegnete sich nach dem Abpfiff brüderlich, und auch die im Rugby berühmte dritte Halbzeit kam nie zu kurz.

Das gilt sowohl in Deutschland als auch im Rest der Rugby-Welt, die ich erleben durfte. Selbst in den unteren Ligen Frankreichs, wo es zwischen An- und Abpfiff durchaus einmal rauer zugehen kann und auf den Plätzen der kleinen Rugby-verrückten Städte eine weniger freundliche Atmosphäre herrscht, steht schlussendlich doch der Respekt ganz oben. Selbst wenn es um viel geht, um Auf- und Abstieg, oder Titel – am Ende wartet die unterlegene Mannschaft immer im Ehrenspalier, egal wie hart es vorher auf dem Platz zugegangen ist. Das gehört sich einfach so im Rugby.

Rugby ist vor allem eine große Gemeinschaft, und ich möchte allen Eltern empfehlen, ihre Kinder einmal den ovalen Ball in die Hand nehmen zu lassen. Ich würde es nicht einmal meinem eigenen Sohn verübeln, wenn er sich am Ende doch für einen anderen Sport entscheidet. Aber er hat das Talent, einmal ein großartiger Rugby-Spieler zu werden, und ich wünsche mir vor allen Dingen, dass auch er die wunderbaren Erfahrungen machen darf, die mir in den letzten 30 Jahren zuteil geworden sind.

Clemens von Grumbkow

1. KAPITEL

AUF DEM FELD

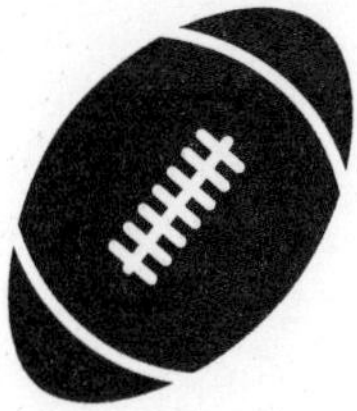

1. GRUND

Weil Rugby ein einfaches Spiel mit komplizierten Regeln ist

Die Prinzipien des Rugby-Sports sind einfach, ja geradezu intuitiv und schnell verstanden: 15 Spieler je Team, die auf einem Feld mit exakt derselben Größe eines Fußballplatzes einen ovalen Ball hinter die gegnerische Mallinie tragen und dort ablegen müssen, um Punkte zu erzielen. Dabei darf das Leder mit den Händen nur seitwärts und rückwärts gepasst bzw. nach vorne gekickt werden, sofern der gedachte Empfänger auf gleicher Höhe oder dahinter steht. Steht er zum Zeitpunkt des Kicks näher an der Mallinie als der Kicker, ist er abseits. In der Defensive darf man den Ballträger per Tackle, oder wie man in archaischem Deutsch sagen würde: »Tiefhalten«, zu Boden bringen, was durchaus körperlich rabiaten Einsatz erlaubt, aber das erst von den Schultern abwärts.

Das Grundprinzip des Spiels ist also schnell erklärt, sodass auch jeder Laie beim ersten Zusehen eine Grundvorstellung von dem hat, was sich auf dem Rugby-Platz in etwa abspielt. Doch obwohl die Prinzipien des Rugbys an sich einfach sind, hat das Spiel doch so viel mehr Nuancen und ist im Detail tatsächlich ziemlich kompliziert. Während Fußballer die Einfachheit ihrer Sportart betonen und Fans des American Football gerade das komplizierte Regelwerk und die taktische Komplexität zu würdigen wissen, liegt Rugby wohl ziemlich etwa genau in der Mitte der drei historisch artverwandten Sportarten.

Selbst eingefleischte Rugby-Fans können nach Jahren immer noch nicht alle Details des Geschehens im Gedränge erklären, während beispielsweise der Kampf in den Rucks, also am Kontaktpunkt, selbst für manchen aktiven Rugby-Spieler in der Hintermannschaft ein Buch mit sieben Siegeln bleibt. Rugby bietet also beides: Einfache Grundprinzipien, die einem als Fan den schnellen Zugang zum Spiel ermöglichen, aber dazu auch unzählige Nuancen, durch die man selbst als vermeintlicher Experte noch immer dazulernen kann, und ewiges Fachsimpeln ermöglichen.

2. GRUND

Weil Rugby ein Spiel für alle ist.

Cheslin Kolbe und RG Snyman könnten von ihrer Erscheinung her verschiedener kaum sein. Der eine hat mit 1,72 m Körpergröße für einen Profisportler nicht unbedingt Gardemaß, während der andere mit 2,07 m ein imposanter Hüne ist und selbst in der NBA noch deutlich über der durchschnittlichen Körpergröße läge. Kolbe bringt keine 80 kg auf die Waage, Snyman dagegen etwa einen Zentner mehr. Beide jedoch verbindet die Tatsache, dass sie Rugby spielen, und zwar verdammt gut – sonst wären sie keine Springboks, also Nationalspieler der berühmten Rugby-Nationalmannschaft Südafrikas, die im November 2019 in Japan zum Weltmeister wurde. Im September 2018 waren beide Teil des Boks-Teams, das als erste Nationalmannschaft nach fast einer Dekade auf neuseeländischem Boden gegen die All Blacks gewinnen konnte.

Viele mögen es für ein ausgedientes Klischee halten, aber Rugby ist ein Spiel »for all shapes and sizes«, wie man im Englischen zu sagen pflegt, also wahrhaft ein Spiel für alle. In einem Rugby-Team gibt es 15 verschiedene Positionen mit ganz unterschiedlichen Anforderungen. Ein pfeilschneller Außen wie Kolbe, der Verteidigern Knoten in die Beine läuft und Versuche legt, hat genauso seine Rolle und Berechtigung im Team wie ein Snyman, der Gasse-Einwürfe aus der Luft fischt, in der Defensive eine unüberwindbare Mauer ist und für die harten Meter im Kontakt zuständig ist.

1.-Reihe-Stürmer, die das gesamte Gewicht eines jeden Gedränges halten müssen, sind meist zumindest für einen Rugby-Stürmer nicht sonderlich groß gewachsen, aber dafür umso stärker. Selbst im Profi-Rugby können sie manchmal ein paar Pfund Körperfett zu viel mit sich rumschleppen, denn ihre Aufgabe liegt primär darin, die Drecksarbeit abseits des Balles zu verrichten – in den Rucks sowie bei den Standards, im Gedränge und in der Gasse.

Natürlich sind Profi-Rugby-Spieler allesamt unglaublich fit, und man schafft es heutzutage nicht an die Spitze des internationalen Rugbys, ohne jahrelanges Training auf höchstem Niveau absolviert zu haben. Dennoch gibt es wohl kaum einen Profisport, bei dem die unterschiedlichen Positionen derart verschiedene körperliche und spielerische Anforderungen haben.

Und ja, auch Frauen können genauso Rugby spielen wie Männer. Noch lange nachdem mit Emily Valentine im irischen Enniskillen 1887 erstmals eine Frau an einem Rugby-Spiel teilgenommen hat, musste das starke Geschlecht auch im Rugby-Sport mit Vorurteilen kämpfen. Es sollte noch fast 100 Jahre dauern, aber spätestens seit den 1970er- und 1980er-Jahren ist Frauen-Rugby akzeptiert und erfährt in den letzten Jahren geradezu einen Boom. Egal wer man ist und wie man aussieht, Rugby ist, sofern man Mut und Durchsetzungsvermögen mitbringt, der richtige Sport.

3. GRUND

Weil man nur über Versuche zu Punkten kommt

Es ist eine Kuriosität, die sich der Rugby-Sport über seine lange Geschichte erhalten hat. Das Ziel des Spiels ist der sogenannte Versuch. Beide Teams versuchen deshalb 80 Minuten lang zu Versuchen zu kommen. Praktisch bedeutet das, im Spiel den Ball im gegnerischen Malfeld (auch Endzone genannt) abzulegen oder wahlweise mit dem Ball unter dem Arm ins Malfeld zu fallen – das ovale Leder muss kontrolliert zu Boden gebracht werden.

»Touchdown« wäre da gefühlt eigentlich der passendere Begriff, doch diesen gibt es im American Football, nicht im Rugby. Dort muss der Ball kurioserweise den Boden aber gar nicht erst berühren, obwohl der Name genau dies impliziert. Mit dem Ball in die Endzone zu laufen, reicht im Football bereits zum Touchdown, während es beim Rugby erst für das sichere Ablegen Punkte gibt.

Die gleiche vermeintliche sprachliche Anomalie existiert beispielsweise auch im Englischen (*try*), Französischen (*essai*), Spanischen (*ensayo*) oder Russischen (*попытка*). Der Hintergrund liegt in der Geschichte des Rugby-Sports. In der Frühphase des Rugbys in der Mitte des 19. Jahrhunderts konnte man nur mit einem erfolgreichen Tritt durch die Stangen punkten. Das Recht, diesen Kick auf die Stangen zu versuchen, erarbeitete man sich, indem man den Ball hinter der Mallinie ablegte. Lediglich erzielte Tore zählten, nur für das Ablegen des Balles gab keinerlei Zähler. Dadurch ergaben sich bei den allerersten Länderspielen auch Ergebnisse wie 2:1, die mit dem heutigen Punktesystem nicht mehr möglich wären.

Erst im Jahr 1875, also 52 Jahre nachdem William Webb Ellis der Legende nach den Sport im Internat der mittelenglischen Stadt Rugby erfunden hatte, änderte sich dies. Die Regelhüter entschieden, dass Versuche, die nicht zu Toren verwandelt wurden, ebenso einen Wert haben[1].

Damals wurden diese aber lediglich bei Tor-Gleichstand genutzt, um Spiele zu entscheiden. 1886 dann wurde vom englischen Verband RFU das erste Punktesystem im Rugby eingeführt: Demnach zählte ein erhöhter Versuch drei Zähler, ein nicht erhöhter lediglich einen Zähler. Seit dem Jahr 1992 gilt das heutige Punktesystem, bei dem ein Versuch fünf Zähler, die Erhöhung weitere zwei Zähler und Dropkicks sowie Straftritte drei Zähler einbringen.

4. GRUND

Weil es beim Rugby fast nie zu Unentschieden kommt und noch seltener zu einem 0:0

Die Rugby-Arithmetik lässt es quasi kaum zu: Fünf Punkte für einen Versuch, zwei für die erfolgreiche Erhöhung und jeweils drei für einen Dropkick aus dem offenen Spiel oder einen Straftritt vom Hütchen durch die Stangen. Allein dadurch kommt es sehr selten zu Unentschieden. Dazu die Tatsache, dass selbst die allerbesten Defensiv-Reihen meist nicht in der Lage sind, ihr Malfeld über 80 Minuten sauber zu halten. Unentschieden sind im Rugby sehr selten, ein 0:0 ist quasi ausgeschlossen.

Aber nicht gänzlich, denn schließlich beginnt auch ein Rugby-Spiel mit einem 0:0 auf der Anzeigetafel, und bei sehr schlechten Bedingungen, wenn Sturm und Dauerregen den Spielfluss sehr einschränken, sind auch im Rugby niedrige Ergebnisse normal. An einem kalten Januartag im Jahr 1964 in Edinburgh gab es das letzte Länderspiel, das mit einem 0:0 endete – es sollte für die Schotten eine historische Partie werden, nicht nur aufgrund des kuriosen Ergebnisses, das bis heute das letzte 0:0 im internationalen Rugby war.

Denn bis heute steht das 0:0 als bestes Ergebnis gegen Neuseeland jemals zu Buche, Schottland war bis dahin und seitdem nicht ein einziger Sieg gegen die All Blacks gelungen. Im bis zum Bersten gefüllten Murrayfield-Stadion von Edinburgh war den Schotten damals klar, dass sie eine besondere Leistung abliefern müssten, um gegen Neuseeland überhaupt eine Chance zu haben, wie Flanker Jim Telfer später zu Protokoll geben sollte[2]. Er hatte die Neuseeländer einige Tage zuvor bereits in einem Warm-up-Spiel mit einer Regionalauswahl gespielt und war zu dem Schluss gekommen, dass die All Blacks verdammt gut, aber nicht unbesiegbar seien.

Schottland gelang es im Spiel schließlich, den bereits in den 1960er-Jahren gefürchteten All-Blacks-Sturm mit dem damals wohl besten Stürmer der Welt, Colin Meads, mit einer aus schottischer Sicht nie da gewesenen Intensität in der Defensive zu neutralisieren.

Dazu nahmen sie den damals überragenden Neuseeland-Schluss Don Clarke aus dem Spiel, indem sie ihm so wenig Bälle wie möglich mit Kicks fütterten. De facto versuchte Schottland das Spiel der fernen Gäste so sehr zu manipulieren, wie es nur möglich war, um aus der eigenen spielerischen Limitiertheit eine Tugend zu machen. Die damaligen Regeln erlaubten es noch, das Gedränge zu drehen und den Ball zu töten, indem man sich auf ihn warf, und all dies nutzten die Schotten. Dennoch brauchten die Gastgeber noch ein gehöriges Stück Glück, um dieses Ergebnis zu erreichen: Neuseelands Don Clarke sollte vier Versuche zu Straftritten und zwei Dropgoals verpassen.

Es war wohl eines der weniger ansehnlichen Länderspiele in der fast 150-jährigen Geschichte des internationalen Rugbys. Für die 90.000 Zuschauer in Schottlands Rugby-Nationalstadion jedoch war es ein Festtag und ein riesiger Erfolg, der sie veranlasste, den Platz zu stürmen und ihre Helden zu feiern. Auch mehr als ein halbes Jahrhundert später bleibt er aus schottischer Sicht unübertroffen. Seitdem wurden die Regeln im Rugby mehr und mehr dahingehend geändert, dass ein derart negatives Spiel nicht mehr erlaubt ist und um mehr Spielfluss zu garantieren. Vielleicht wird es deshalb nie wieder ein 0:0 geben.

5. GRUND

Weil sich Rugby seinen Spielfluss bewahrt hat

Das Cardiffer Millennium Stadium, März 2015, Six Nations. Der spätere Sieger Irland tritt in der walisischen Rugby-Festung vor über 70.000 Zuschauern gegen die walisischen Gastgeber an. Eine der damals besten Offensiv-Reihen, angeführt vom Weltklasse-Spielmacher Johnny Sexton gegen eine der besten Defensiv-Reihen mit den von Warren Gatland trainierten roten Drachen. Anfang der zweiten Halbzeit sollte sich an diesem Tag entscheiden, wer schlussendlich als Sieger vom Feld gehen würde. Irland war mit einem Rückstand von 9-15 in die Pause gegangen und mit dem sprichwörtlichen Messer zwischen den Zähnen wieder aus den Katakomben der berühmten Rugby-Arena auf das grüne Rechteck gekommen.

Was sich danach abspielte, wird irgendwann einmal zur Rugby-Folklore werden. Irland rannte von der Mittellinie wie in einem Sturmlauf oder einer Belagerung immer wieder gnadenlos auf die walisische Verteidigung zu, arbeitete sich mit jedem krachenden Kontakt mit seinen imposanten Stürmern um den Hünen Paul O'Connel und Achter Jamie Heaslip Zentimeter für Zentimeter an die walisische Linie heran. Mehrmals kamen die Boys in Green bis auf ein, zwei Schritte an das walisische Malfeld heran, das für die Iren zum Greifen nah erschien, doch Wales hielt stand. Alles, was sich in Grün auf die Reihe zubewegte, wurde gnadenlos umgetacklet, ein ums andere Mal, immer wieder. Dass sich Wales-Verbinder Dan Biggar dabei anfangs die Schulter auskugelte, störte den als besten Defensiv-Zehner bekannten Waliser nicht weiter, er reihte sich unter Schmerzen wieder in die Linie ein und machte seine Tackles. Das Cardiffer Publikum erahnte, wie wichtig diese Spielsequenz sein würde, und das Millennium Stadium wurde seinem Ruf, das beste Rugby-Stadion der Welt zu sein, wieder einmal gerecht.

Wohl selten wurde eine Defensivleistung eines Teams derart laut bejubelt wie an diesem Märztag. Über sieben Minuten, ohne Unterbrechung und über 45 Phasen – also wenn nach einem vollendeten Tackle der Ball danach direkt wieder vom Neuner ins Spiel gebracht wurde – verteidigte Wales die eigene Linie, schmiss sich heroisch in jeden Angreifer und wurde am Ende mit dem irischen Ballverlust belohnt. Die walisische Presse setzte diese Leistung, die am Ende das Spiel mitentscheiden sollte, am Tag danach mit den großen spielerischen Highlights der legendären Wales-Mannschaft der 1970er gleich, als die roten Drachen das wohl kreativste und am besten anzuschauende internationale Team der Rugby-Welt waren und in vielerlei Hinsicht auch das beste Team der Welt.

Genau solche Phasen, in denen die Spannung zum Greifen ist und die Spiele entscheiden, machen den Rugby-Sport aus. So sehr ein 70-Meter-Lauf eines flinken Außen zum Versuch auch für Jubel-Stürme sorgen kann. Diese siebenminütige Defensivschlacht von Cardiff wird keiner so schnell vergessen, der sie am Schirm oder gar in Cardiff selbst verfolgt hat. Denn während der American Football in den 1880ern eingeführt hat, dass nach einem Tackle das Spiel unterbrochen wird, hat sich der Rugby-Sport seinen Spielfluss erhalten. Das beeinflusst auch den Körperbau der Athleten, muss doch ein Rugby-Spieler im Zweifel minutenlang rennen, tacklen und Lücken zulaufen. Da ist ein Körperbau wie ein 150-kg-Schrank wie im artverwandten amerikanischen Sport unbrauchbar. Was beim Football ein langer Drive Richtung Linie wäre, ist beim Rugby die lange Belagerung der Linie.

6. GRUND

Weil ein Schuljunge mit einer Schnapsidee eigenhändig eine der populärsten Sportarten der Welt erfand

Die Ursprünge des Rugby-Sports sind, zumindest wenn man dem Gründungsmythos des ovalen Ballsports glaubt, klar. Es war ein einfacher Internatsschüler namens William Webb Ellis, der im Jahr 1823 »unter feiner Missachtung der Regeln des Fußballs« den Ball während eines Fußballspiels einfach in die Hand nahm und mit ihm bis ins Tor lief. So zumindest eine Plakette an der Rugby School des gleichnamigen Ortes, wo das Ereignis stattgefunden haben soll. Auch wenn diese Geschichte seitdem immer wieder von verschiedenen Seiten infrage gestellt wurde, steht doch fest, dass die heutige Form des Rugbys ihren Ursprung an der prestigeträchtigen Internatsschule in der mittelenglischen Grafschaft Warwickshire hat.

Damals war der Fußballsport noch eine Ansammlung von lokal jeweils anders definierten Spielarten des Sports, ohne zentral definierte Regeln, die seit den Zeiten des späten Mittelalters betrieben wurden. Mit dem heutigen Fußball und Rugby, die damals noch mehr oder weniger ein Sport waren, der unter dem Dachbegriff Football zusammengefasst wurde, hatte dies aber wenig zu tun. So war beispielsweise das sogenannte »Hacking«, also das Malträtieren des gegnerischen Schienbeins, damals noch eine völlig legitime Taktik. Doch an der Rugby School entwickelte sich in den Jahren nach Webb Ellis' vermeintlichem revolutionären Lauf mit dem Ball unter dem Arm eine Regelauslegung, die im ganzen Land Popularität fand.

Die endgültige Spaltung zwischen dem, was man heute Fußball nennt und lange als »association football« bezeichnet wurde, um es begrifflich klar vom »rugby football« abzugrenzen, erfolgte dann schließlich deutlich später im 19. Jahrhundert mit der Gründung der Football Association (1863) und der Rugby Football Union

(1871). Erst mit der Etablierung der jeweiligen Verbände, die in beiden Sportarten die ältesten ihrer Art sind und die ersten Regelmacher waren, gab es eine klare Trennung zwischen Fußball und Rugby.

Webb Ellis wurde später nach dem Theologie-Studium in Oxford zum Pfarrer und predigte nicht nur den ovalen Ballsport, sondern auch das Wort des Herrn. Ob er nun der Erste war, der mit dem Ball nach Rugby-Art Richtung Tor stürmte, oder nicht – er wird bis heute dafür gefeiert, wurde in die Rugby Hall of Fame des Weltverbands aufgenommen und die WM-Trophäe ist nach ihm benannt. Damit hat er wohl mehr erreicht, als er es je hätte mit einer Predigt schaffen können.

7. GRUND

Weil Rugby das Spiel ist, das im Himmel gespielt wird

Rugby ist manchmal kompliziert, Rugby ist auch brutal, Spieler verletzen sich, und wenn man dann am Ende eines knüppelharten Spiels noch als Verlierer vom Platz geht, liegt der Gedanke sicher nicht sonderlich nah. Aber Rugby-Fans und Spieler behaupten stur und steif, Rugby sei das Spiel, welches im Himmel gespielt wird. Es mag paradox klingen und der Ursprung dieses Ausspruchs über den Sport, der jedem Rugby-Spieler von Argentinien über England bis Japan bekannt ist, lässt sich nicht zweifelsohne belegen. Aber für die eingeschworene Rugby-Gemeinschaft, für Aktive und Fans des ovalen Ballsports ist es schlicht die Wahrheit, und über die Jahrzehnte ist es zum Markenzeichen des Rugby-Sports geworden.

Warum könnte man sich fragen? Weil Rugby für die Involvierten weit mehr als nur ein Spiel, weit mehr als nur ein Sport ist. Die Freundschaften, die man in diesem Sport mit Mitspielern wie mit Gegnern schließt, sind einmalig. Die Erlebnisse auf wie neben dem

Feld und die Kameradschaft und der unbedingte Teamgeist, die den Sport prägen, machen ihn dermaßen besonders. Rugby ist das Spiel, das im Himmel gespielt wird.

8. GRUND

Weil Schriftsteller Oscar Wilde Rugby besser beschrieben hat als jeder vor und nach ihm

Oscar Wilde war in der zweiten Hälfte des 19. Jahrhunderts der bekannteste Schriftsteller im Vereinigten Königreich, das damals noch sein Heimatland Irland beinhaltete. Ob Wilde jemals selbst Rugby gespielt hat, ist nicht überliefert. Jedoch hat Wilde mit zwei Zitaten Rugby besser beschrieben als jeder vor oder nach ihm. Eines von beiden ist der wohl meistzitierte Spruch über den Kampf um das ovale Leder: »Rugby ist ein Barbarensport, der von Gentlemen gespielt wird, Fußball ist ein Gentlemen-Sport, der von Barbaren gespielt wird.«

Dieser Wilde-Spruch wurde mittlerweile so oft zitiert, dass er schon fast zu einem Klischee verkommen ist. Doch tatsächlich rühmt man sich in Rugby-Kreisen noch heute, 140 Jahre nach den Zeiten von Wild, dass man sich im Rugby trotz des rauen Spiels auf dem Feld immer den Respekt vor Gegenspielern und Offiziellen bewahrt. Die Ursprünge des Rugby-Spiels an prestigeträchtigen englischen Privatschulen und Universitäten tragen sicherlich ihren Teil zu dieser Einstellung bei. Aber auch dort, wo Rugby Arbeiter- und Volkssport ist, wie beispielsweise in Wales, Neuseeland oder Südfrankreich, bewahrt man sich diese Tradition.

Aber auch Wildes zweites bekanntes Rugby-Zitat, das weitaus weniger Verbreitung gefunden hat, enthält eine ordentliche Prise Wahrheit: »Rugby ist eine großartige Gelegenheit, 30 Rabauken vom Stadtzentrum fernzuhalten.« Natürlich schmeichelt das der

Rugby-Gemeinde nicht dermaßen, und dementsprechend trägt man dieses Zitat seltener als Adelung vor sich her – jedoch wirkt Rugby nicht nur oftmals für Laien chaotisch, sondern auch brutal. Bis in die professionelle Ära hinein waren handgreifliche Auseinandersetzung im Spitzen-Rugby durchaus üblich. Lange Sperren und kompromissloses Durchgreifen der Schiedsrichter hat Tätlichkeiten abseits des Balles in letzter Zeit zunehmend zu einer Seltenheit verkommen lassen.

Aber selbst wenn es auf dem Feld zu unschönen Szenen kommt, bewahrt sich der Rugby-Sport dennoch den so gerühmten Gentlemen-Aspekt und den gegenseitigen Respekt, den Wilde in seinem berühmteren Zitat beschrieb. Als Northampton-Prop Salesi Ma'afu im heiß umkämpften Derby gegen die Leicester Tigers im Premiership-Halbfinale von 2014 Gegenspieler Tom Youngs mit einem linken Haken auf die Bretter schickte, mussten beide für den Kampf per Platzverweis vom Feld. Youngs für zehn Minuten mit Gelb dafür, dass er provozierte, Ma'afu für den Rest des Spiels mit Rot für den Volltreffer. Nach dem Spiel gratulierte Youngs Ma'afu dann via Twitter für den Volltreffer und wünschte ihm und seinem siegreichen Klub dennoch viel Glück im Finale der Meisterschaft – Ma'afu bedankte sich darauf artig mit den Worten: »Manchmal schießt man in der Hitze des Gefechts übers Ziel hinaus, ich schulde dir ein Bier!«

Wilde hätte sich wohl in seiner Ambivalenz dem Rugby-Sport gegenüber bestätigt gefühlt.

9. GRUND

Weil sich 30 ausgewachsene Männer oder Frauen 80 Minuten lang an die Gurgel wollen und danach dennoch immer freundschaftlich zusammen beim Bier sind

Es mag ein Klischee sein, doch es trifft öfter zu, als man denkt. Auf dem Rugby-Feld kann es rau zugehen, sehr rau sogar. Selbst innerhalb dessen, was die Regeln des Spiels erlauben, ist Rugby ein physisch unglaublich anspruchsvoller Sport mit massiven Kollisionen. Seinen Gegenspieler unsanft zu Boden bringen, ist Teil des Spiels. In der Hitze des Gefechts geht es manchmal auch darüber hinaus, und es kommt zu Handgreiflichkeiten – doch am Ende eines Rugby-Spiels folgt immer das gleiche Ritual, egal ob im Amateur-Bereich oder bei den Profis. Man schüttelt sich die Hand und geht danach zusammen ein Bier trinken.

So auch im April 2019, als sich die beiden südafrikanischen Hakler Schalk Brits und Armand van der Merwe ein wenig zu nah gekommen waren und beide wegen ihrer Schlägerei während des Derbys der Sharks gegen die Bulls vom Platz flogen. Der Kampf um die WM-Plätze war den beiden Springboks-Anwärtern wohl zu Kopf gestiegen, denn beide galten als Kandidaten für dieselbe Position im Südafrika-Kader für die WM. Doch bereits auf dem Weg vom Feld schüttelten sich beide die Hände, und dass dies keine bedeutungslose Geste ist, bewiesen sie direkt im Anschluss. Denn während ihre Kollegen auf dem Rasen des Kings Parks noch ein wichtiges Punktspiel auszutragen hatten, tranken die beiden Streithähne in den Katakomben der Arena von Durban bereits gemeinsam ein Bier.

Besser als jeder Rugby-Spieler selbst sollte der US-Amerikaner diese Rugby-Eigenart beschreiben. Joe Theismann, legendäre NFL-Quarterback der Washington Redskins, brachte es einmal mit diesem Zitat auf den Punkt:

»Rugby ist großartig. Die Spieler haben keinerlei Helme oder Polsterung, sie hauen sich auf dem Feld die Birne ein und trinken danach gemeinsam ein Bier. Ich liebe das!«[3]

Auch dieser Spirit, dass man, egal in welchen Farben man spielt, am Ende des Tages immer noch Rugby-Spieler ist und einen dies mit dem Gegenspieler verbindet, macht diesen Sport so besonders.

10. GRUND

Weil es im Rugby die schönsten Duelle in der Luft gibt

75.000 Zuschauer im restlos ausverkauften Millennium Stadium von Cardiff, am 23. Februar 2019. 77 von 80 Minuten Spielzeit sind absolviert in diesem unglaublich engen Six-Nations-Duell zwischen den Erzrivalen Wales und England – beide Teams trennen beim Stand von 16:13 nur drei magere Pünktchen, also gerade mal ein mickriger Straftritt. Die Entscheidung bei diesem Klassiker sollte in der Luft fallen. Wales hatte Gedränge tief in Englands Hälfte, nur noch drei Minuten sind zu spielen, da entscheidet sich Wales-Verbinder Dan Biggar mit dem Straftritt-Vorteil im Rücken, den riskanten Cross-Kick zu wagen.

Der Ball segelte einmal quer über das Feld, genau über die schnell aufrückende Gäste-Defensive, die den nächsten Spielzug unterbinden wollte, bis kurz vor das englische Malfeld und war dabei ganze drei Sekunden in der Luft – genug für Wales-Außen Josh Adams, um mit gehörig Anlauf in den vom Himmel fallenden Ball zu springen und dem verteidigenden England-Schluss Elliot Daly diesen vor der Nase wegzuschnappen.

Adams Füße sind dabei mehr als einen Meter in der Luft, er fängt den Ball mit ausgestreckten Armen gefühlt aus der dritten Etage, muss das Leder im Fallen noch einmal jonglieren, behält aber die Kontrolle und schafft es dazu, sich danach auszustrecken und den

Ball zum entscheidenden Versuch hinter der England-Linie unterzubringen. Die Rugby-Arena von Cardiff explodiert – nicht nur war es der entscheidende Versuch in der Schlussphase des Spiels, er war wohl der schönste Versuch des Turniers, wenn nicht sogar des gesamten Jahres. Spektakulärer kann man das Rugby-Ei kaum im Malfeld unterbringen.

Der Cross-Kick das perfekte Mittel, um schnell aufrückende Defensiven, die das weite Passspiel zu unterbinden versuchen, auszuhebeln. Doch um so zu Punkten zu kommen, braucht man nicht nur einen hochpräzisen Kicker, der den Ball punktgenau über 50 Meter und mehr platzieren kann. Vielmehr braucht man einen dankbaren Abnehmer auf Außen, mit massiver Sprungkraft und der Fähigkeit, den meist von schräg hinten heranfliegenden Ball genau einzuschätzen und mit perfektem Timing zu fangen – schlicht jemanden, der in den Luftduellen Vorteile hat. Genau dann lohnt sich diese Taktik.

Aber nicht nur im Angriff braucht man einen furchtlosen Außen oder Schlussspieler, der sich in der Luft durchsetzen kann. In der Defensive ist es mindestens genauso wichtig, sprungkräftige Spieler zu haben, die gegen die heranstürmenden Offensivspieler hohe Bälle aus der Luft pflücken und verteidigen können. Dabei kommt es im Rugby immer wieder zu spektakulären Duellen in der Luft, in denen die involvierten Spieler mit wenig Rücksicht auf das eigene Wohlbefinden in die Luft springen, um ihre Hände zuerst am Ball zu haben und ihrem Team den so wichtigen Ballbesitz zu sichern.

In den letzten Jahren haben sich dabei regelrechte Spezialisten herausgebildet, und mit ihnen wurde eine Taktik geboren, die es früher so nicht gegeben hat. Die All Blacks gingen gegen jahrzehntelange Konvention und begannen Anfang der 2000er-Jahre zu versuchen, den eigenen Ankick zu fangen – jahrzehntelang galt es als beste Option, den Ball tief in die gegnerische Hälfte zu befördern und den Gegner dort mit einer schnell aufrückenden Defensive unter Druck zu setzen – immerhin muss der Ball zehn Meter weit fliegen, und zum Zeitpunkt des Kicks müssen eventuelle Fänger auf gleicher Höhe oder hinter dem Fänger sein, kein einfaches Unterfangen. doch indem die Neuseeländer den Ball nur die mindestens erforderlichen zehn Meter weit kicken und während der Ball in der Luft ist aufrücken, um das Spielgerät springend nach hinten zu klatschen, haben sie den Rugby-Sport ein Stück weit revolutioniert.

Doch auch diese Taktik hat wieder eine Antwort heraufbeschworen – die verteidigenden Teams liften nun gleich zum Fangen des Rugby-Eis beim Ankick wahlweise einen oder zwei Spieler an vorderster Front, wie in einer Gasse. Jedoch übernimmt nur ein einziger Spieler die Hebeaufgabe und hievt den Springer von hinten an seinen Shorts bis über den eigenen Kopf. Damit will man genau den sprungstärksten Spieler des Gegners verteidigen und sich so den Ballbesitz sichern. Auch hier kommt es immer wieder zu spektakulären Duellen – immerhin lautet die einfache Gleichung: Ohne den Ball gewinnst du im Rugby nichts.

Und das gilt noch umso mehr im Siebener, wo den eigenen Ankick zu fangen mittlerweile eine Kunst für sich ist. Die besten Teams holen hier deutlich mehr als jeden zweiten Ankick und haben einen oder gar zwei Spezialisten im Team, die es schaffen, den von hinter ihnen über sie segelnden Ball im Sprung auf die eigenen Teamgefährten hinter sich zu befördern.

11. GRUND

Weil an der Eckfahne die spektakulärsten Versuche gelegt werden

Die Eckfahne ist laut den Rugby-Regularien quasi Luft. Wenn der Ball oder ein Spieler die im Rugby üblicherweise leicht gepolsterte Eckfahne berührt, hat dies keinen Einfluss auf den Spielverlauf. Gerade die äußersten Ecken des Rugby-Feldes sind jedoch oftmals die

Orte, an denen es zu den spektakulärsten Szenen kommt. Im Rugby werden die meisten Punkte von den schnellen Außenspielern erzielt, die im Normalfall an den Seitenauslinien entlangsprinten und im Optimalfall von ihren Mitspielern so freigespielt werden, dass sie in der Ecke zum Versuch ablegen können.

Als Verteidiger wiederum lernt man früh, dass die Außenlinie der beste Freund ist. Dem Gegner diese Seite anzubieten, um ihn dorthin zu lotsen und dann am besten mit dem Ball unter dem Arm ins Seitenaus zu bugsieren, ist die beste Defensivtaktik. Ein Spieler ist aber erst dann im Aus, wenn ein Körperteil die Linie oder auf der falschen Seite der Linie den Boden berührt. Deshalb ist es zu einer Taktik der besten Finisher im Rugby geworden, schon einige Meter vor der Linie abzuspringen und per Hechtsprung das Leder hinter der Linie zu platzieren. So will man vermeiden, vorher ins Aus getacklet zu werden, bzw. den Boden im Aus zu berühren, bevor man den Ball abgelegt hat.

Die Duelle an den Eckfahnen produzieren dabei immer wieder spektakuläre Bilder – Spieler, die mit ihrem gesamten Körper schon in der Luft auf der falschen Seite des Seitenaus sind, aber irgendwie im Flug in Bruchteilen einer Sekunde noch den Ball an der Eckfahne vorbei im Malfeld platzieren und damit punkten. Die dafür nötige Körperkontrolle, die Athletik und der schiere Wille, den sportlichen Erfolg über das eigene Wohlergehen zu stellen, sind beeindruckend.

12. GRUND

Weil Rugby eine großartige Charakterschule ist

Im Rugby werden die Werte des Sports immer wieder mantraartig betont – die Tatsache, dass der Weltverband 2009 in einem offiziellen Beschluss Integrität, Solidarität, Disziplin und Respekt als die charakterbildenden Werte des Rugby-Sports definiert hat, ist nicht unbedingt Beweis für die Richtigkeit dieser Annahme. Rugby-Spieler und Fans sind sich jedoch darüber einig – Rugby ist der ultimative Teamsport.

Individualisten und Star-Allüren sind im Rugby nicht nur ungern gesehen, sie bringen auf dem Feld auch niemanden weiter. Ohne den Unterstützung laufenden Mitspieler ist auch der größte Star auf dem Platz nutzlos. Ohne den Sturm, der die Bälle erobert und sichert, kann der beste Spielmacher der Welt nichts ausrichten. Ohne eine perfekte Koordination und Absprache ist die beste Defensivkette der Welt im besten Fall löchrig. Unter dem Strich ist man auf dem Feld ohne seine Teamkollegen gar nichts, und das wird im Rugby auch so gelebt.

Dazu hat der Rugby-Sport über die knapp 200 Jahre, in denen er gespielt wurde, eine Kultur entwickelt, die ihresgleichen sucht. Natürlich war es dabei auch immer hilfreich, dass der Sport in seiner Frühphase vor allem über die Universitäten Großbritanniens Verbreitung fand. Respekt vor den Gegenspielern und den Unparteiischen werden im Rugby gelebt, und dabei ist es egal, ob es die Oxford-Universität im Twickenham Stadium mit ihrem Erzrivalen Cambridge aufnimmt oder ob in der irischen Provinz zwei Dorfvereine gegeneinander antreten.

Disziplin ist auf und neben dem Feld im Rugby ebenso unerlässlich. Fehler werden gnadenlos bestraft, ob es eine Lücke in der Defensivlinie ist oder ein falscher Laufweg. Im Zweifel kann der Gegner einfach einlaufen und den Ball zum Versuch ablegen. Auch im Training ist Disziplin unerlässlich – Rugby ist taktisch komplex und körperlich anspruchsvoll. Als Spieler auf dem Feld braucht man eine ganze Bandbreite an Fertigkeiten. Kondition, Kraft und Umgang mit dem Ball – all dies erfordert unglaublich viel Disziplin im Training.

Unsportliches Verhalten wird im Rugby noch mehr geächtet als in anderen Sportarten. Ob es nun die plumpe Schauspielerei oder das Umgehen oder Dehnen der Regeln ist, Unsportlichkeiten widersprechen dem Integritätsgedanken und haben im Rugby nichts verloren. All dies zusammengenommen ist eine großartige Charakterschule, die auf weit mehr als die 80 Minuten auf dem Rugby-Rasen vorbereiten.

13. GRUND

Weil die Verbinder miteinander Kick-Schach spielen können

Es mag eher der Stoff für Rugby-Puristen und Taktikfüchse sein, aber ab und an verfällt eine Rugby-Partie für eine Weile in ein taktisches Spielchen zwischen den Kickern beider Teams. Dann, wenn beide Seiten es vorziehen, den vermeintlich sicheren taktischen Kick Richtung Eckfahne des Gegners zu wählen, anstatt es zu riskieren, tief aus der eigenen Hälfte gegen die aufrückende Defensivwand des Gegners anzuspielen, verfällt das Spiel manchmal in eine Art Rasenschach.

Dabei kommt es auf das Auge des Kickers und vor allem dessen Huf an. Direkt darf er das Leder nicht ins Aus befördern, denn dann würde es einen Gassen-Einwurf von der Höhe geben, wo er den Ball gekickt hat, und nicht dort, wo er ins Seitenaus gesegelt ist. Genauso wenig will er, dass der Gegner den Ball direkt in die Arme serviert bekommt und so selbst wertvolle Meter machen kann.

Also sucht er einen Flecken Rasen, der nicht abgedeckt ist, zu finden. Denn wenn das Leder einmal auf dem Boden rumkullert, ist es für die verteidigende Mannschaft ein Albtraum, es unter Kontrolle zu bringen. Unter anderem deshalb ist ein cleverer Kicker mit einem guten Auge und einem weiten Kick mindestens genauso wichtig, wie einige gute Tackler und Finisher im Team zu haben.

14. GRUND

Weil man mit dem Rugby-Ball so unglaublich viel anstellen kann

Auf den Laien wirkt Rugby wie ein Sport, bei dem es nur auf Brutalität, Stärke und physische Durchsetzungsfähigkeit ankommt. Das jedoch könnte kaum weiter von der Wahrheit entfernt sein. Denn die technisch versierten Rugby-Spieler in der Hintermannschaft, also die mit den höheren Rückennummern und der noch höheren Endgeschwindigkeit, wissen durchaus so einiges mit dem ovalen Leder anzustellen. Was im Fußball der Übersteiger, ist im Rugby der Backhander – also der Pass mit einer Hand nach hinten weg, am besten noch als Offload, während man getacklet wird – er ist das Symbol für einen technisch versierten Zocker schlechthin, und die Rugby-Künstler aus Fidschi haben ihn zu ihrem Markenzeichen gemacht.

Mit einem Rugby-Ball lässt sich allerdings noch so viel mehr anstellen – allein die verschiedenen Kick-Variationen aus dem offenen Spiel heraus: Vom Bananen-Kick à la Juan Martin Hernandez, der durch die spezielle Kick-Technik eine gebogene Flugkurve hat und beispielsweise nützlich ist, wenn man sich tief in der eigenen Hälfte nah am Seitenaus so weit nach vorne befreien will wie nur möglich. Oder der Bodenroller (im englischen Grubber genannt), bei dem man die obere Spitze des Balles trifft und der Ball am Boden entlangrollt, bis er abhängig von der Härte des Kicks irgendwann aufspringt – diese Variante ist sehr nützlich, um beispielsweise schnell aufrückende Defensivreihen auszuhebeln, die versuchen, eine schnelle Passstafette zu unterbinden, indem man den Ball in ihrem Rücken platziert. Gleiches gilt für den hohen Cross-Kick, der anstatt am Boden entlang über die Köpfe der Defensive gesetzt wird.

Der Vorstellungskraft sind insgesamt keine Grenzen gesetzt. Ballvirtuosen wie Tana Umaga von den All Blacks oder Brian

O'Driscoll haben den Pass durch die Beine beliebt gemacht. Wobei dies eigentlich nur eine Verlegenheitstaktik ist, wenn man das Spielgerät unter Druck erhält und keine Zeit mehr hat, um sich für einen ordentlichen Pass zu drehen. O'Driscoll hat so in seiner langen Karriere so manchen Versuch aufgelegt. Eine ähnliche Verlegenheitstaktik ist es, das Leder unter Druck einfach weiterzuklatschen, wie einen Volleyball. Das spart im Vergleich zum Annehmen und Ordentlich-Weiterpassen maximal einige Zehntelsekunden, doch genau diese können den Unterschied machen zwischen Erfolg und Misserfolg, beispielsweise wenn man so noch gerade eben den anrauschenden Verteidiger aus dem Spiel nimmt, der einen sonst erwischt hätte.

Eine besondere Spezialität der Italien-Legende Sergio Parisse war der Pass hinter dem Rücken, den er über seine Karriere hinweg Dutzende Male gewinnbringend einsetzen konnte. Die Variante, die der Italien-Achter immer wieder einsetzte, beinhaltete den angetäuschten Pass in eine Richtung und in der gleichen Bewegung, wohlgemerkt im Vollsprint, den Ball hinter dem eigenen Rücken an den Mitspieler zu bringen. So beispielsweise bereitete er 2014 im Halbfinale der Top 14 gegen Toulon den entscheidenden Versuch genau so vor, nahm mit dem Zirkusstück zwei Verteidiger aus dem Spiel, sodass Raphaël Lakafia ungehindert zum Versuch einlaufen konnte.

15. GRUND

Weil niemand weiß, wo der Rugby-Ball hinspringen wird

Zum Passen hat er die wohl perfekte Form. Ein Rotationsellipsoid heißt es etwas technisch, wenn man die Form des ovalen Leders akkurat beschreiben will. Mit der richtigen Pass-Technik dreht sich der Ball in der Luft stabil um die eigene Achse, bleibt damit aerodynamisch und fliegt so bis zu 40 Meter weit. Auch für den Kick hat die ovale Form einige Vorteile, selbst wenn es für den Laien schlussendlich leichter ist, einen runden Fußball zu kicken. Doch wenn man beispielsweise die Spitze mit dem richtigen Winkel seitwärts trifft, kann man per »Bananen-Kick« eine fast C-förmige Flugkurve erreichen.

Die Form des Rugby-Balls wird jedoch dann zum Problem, wenn der Ball aus der Luft auf den Boden klatscht. Dann nämlich kann kaum jemand akkurat prognostizieren, wohin das Leder springen wird. Dann wird das Rugby-Spiel in solchen Situationen zur Lotterie. Im Angriff kann man das durchaus für sich nutzen, indem man einen spekulativen Kick tief in die gegnerische Hälfte setzt und darauf hofft, dass er unvorhersehbar aufspringt und für die Defensive zum Albtraum wird. In der Defensive ist er genau das, denn auf den Absprung des Balles warten zu müssen, während mehrere Spieler auf einen zurennen und man zum Ziel eines womöglich harten Tackles wird, sobald man die Hände am Leder hat, ist nicht die angenehmste Situation.

So ist es eines der größten Klischees – »the bounce of a Rugby ball is unpredictable« –, das zugleich zutrifft und Tag für Tag auf dem Trainingsplatz und an Wochenenden im Spiel leidlich erfahren wird. Schon so mancher Verteidiger hat nach einem verrückten Dopser eines Balles verdammt alt ausgesehen, und so mancher Versuch war genau diesem Umstand geschuldet. Doch genau dies gibt dem Rugby-Sport gewissermaßen ein unvorhersagbares Element und macht ihn schlussendlich auch spannender.

16. GRUND

Weil es die Punkte erst gibt, wenn der Ball am Boden ist

Will Carling wurde von der Queen zum Ritter geschlagen, hatte eine lange verdienstvolle Karriere im England-Trikot und durfte das Mutterland des Rugbys gar als Kapitän aufs Feld führen. Der meistgesehene Videoclip aus seiner aktiven Rugby-Zeit bleibt jedoch ein Vorfall aus den 1990er-Jahren, den Carling am liebsten wieder vergessen würde. Im Trikot seiner Harlequins war Carling beim berühmten Middlesex-Sevens-Turnier auf Außen zum Versuch durchgesprintet, vermeintlich. Zwar hatte es der elegante Innendreiviertel an der Defensive vorbei bis ins Malfeld geschafft, hatte sich dann aber viel zu viel Zeit gelassen, um das Leder abzulegen.

Seine Gegenspieler Simon Hunter und Alex Woodhouse vom Rosslyn Park RFC hatten die Verfolgung nie abgebrochen und genau darauf spekuliert. Gerade in dem Moment, als Carling zum Versuch ablegen will, packten beide Carling und trugen ihn unter dem Jubel des pickepackevollen englischen Rugby-Tempels Twickenham samt Spielgerät vom Feld. Diese Szene wird wohl bis heute eine der berühmtesten Szenen sein, in denen ein Versuch quasi verschwendet wurde.

Doch sie ist bei Weitem nicht die einzige. Denn im Rugby ist es eine der wichtigsten Regeln: Die Punkte gibt es erst, wenn der Ball am Boden ist. Das mussten vor und nach Carling schon so viele Spieler erfahren, und dann hat meist der Gegner oder das Publikum die Lacher auf seiner Seite. Das erklärt auch, warum so viele Rugby-Spieler sich, sobald das Malfeld in Reichweite ist, mit dem Ball unter dem Arm fallen lassen. Dann nämlich ist es fast ausgeschlossen, dass einem der Versuch noch genommen wird.

17. GRUND

Weil der Video-Schiedsrichter im Rugby funktioniert

Er ist im internationalen Rugby quasi zur Routine geworden und wird von allen Seiten akzeptiert - sowohl von den Teams, den Unparteiischen selbst, den Offiziellen und auch den Fans: der Video-Schiedsrichter. Für die Zuschauer im Stadion und diejenigen an den Schirmen ist klar, was vor sich geht. Der Schiri auf dem Feld hält die Spielzeit an und fragt über sein Mikro den in einem Übertragungswagen sitzenden »television match official (TMO)«, wie der offizielle Titel des Unparteiischen im Ohr des Hauptschiedsrichters lautet, nach unklaren Situationen. Meist befragt der auf dem Feld befindliche Schiedsrichter seinen Kollegen »war es ein Versuch, ist der Ball sauber abgelegt worden« oder beispielsweise ob ein Spieler im Abseits stand.

In Fällen von grob unfairem Spiel kann sich der TMO selbst einschalten und den Feldschiri informieren. So oder so, sowohl im Fernsehen als auch im Stadion sind alle darüber im Bilde, was vor sich geht. Auch deshalb funktioniert das System weitaus besser als in anderen Sportarten. Dazu besteht grundsätzlich mehr Respekt vor den Unparteiischen, weswegen es absolut verpönt ist, dem Schiedsrichter eine Überprüfung per Video-Referee nahezulegen. Seit seiner Einführung im Jahr 2000 ist er quasi unverzichtbar geworden, auch weil es im Rugby an den Seitenauslinien und bei den Entscheidungen, ob ein Ball sicher zum Versuch abgelegt wurde, dermaßen viele enge und unübersichtliche Entscheidungen gibt.

18. GRUND

Weil ein Test-Match kein Testspiel ist

Gerade im deutschen Sprachgebrauch sorgt dieser Begriff immer wieder für Verwirrung. Im Rugby spricht man bei vollwertigen Länderspielen von »Test-Matches«, was aber keineswegs bedeutet, dass diese Spiele als Freundschafts- oder Testspiele gedacht sind, im Gegenteil. Im Cricket und Rugby, die beide im 19. Jahrhundert in Großbritannien besonders im gebildeten Akademikermilieu beliebt waren, wurden internationale Sportwettkämpfe als Test für den Charakter und die sportlichen Fertigkeiten eines Spielers gesehen.

Der Begriff »Test-Match« setzte sich so früh für Länderspiele durch und wird in beiden Sportarten bis heute für die wichtigsten Spiele zwischen Nationalmannschaften benutzt. Für absolvierte Spiele werden »Test-Caps« verliehen, altmodische Kappen mit den Team-Insignien und dem Namen des Spielers – diese werden aber de facto nur beim ersten Spiel sowie dem 50. und 100. Test übergeben. Ironischerweise werden Freundschaftsspiele, beispielsweise in der WM-Vorbereitung, als Spiele ohne Test-Status bezeichnet, und die involvierten Spieler erhalten keine Test-Caps.

Aber abgesehen von der Vorbereitung auf den Rugby World Cup gibt es solche Freundschaftsspiele eigentlich kaum. Im Rugby wird jedes Länderspiel, auch wenn es dabei nicht um einen Titel geht, als unglaublich wichtig angesehen. Nicht nur weil immer Punkte für die prestigeträchtige Weltrangliste auf dem Spiel stehen. Anders als beispielsweise im Fußball steht das internationale Spiel klar an der Spitze des Sports, und eine Absageflut vor einem Länderspiel, wie sie Fußball-Bundestrainer Löw in den letzten Jahren öfter erleben musste, ist im Rugby schlicht undenkbar.

Die qualitativ hochwertigsten Spiele und die meisten Zuschauer gibt es in der internationalen Arena bei den Testspielen. Und wenn man die körperlichen und psychischen Anforderungen eines Rugby-Spiels auf internationalem Niveau betrachtet, kann man festhalten: Sie sind ein absoluter Test für den Charakter und die sportlichen Fertigkeiten.

19. GRUND

Weil Rugby mit den Barbarians seine eigenen Harlem Globetrotters hat

Die Baa-Baas, eigentlich der Barbarian Football Club, sind eine der meistgeliebten Institutionen im Rugby – ein Überbleibsel der Rugby-Kultur aus dem 19. Jahrhundert und dennoch von allen Seiten noch heute verehrt. Auf dem Papier sind die Baa-Baas lediglich eine Einladungsmannschaft, die unregelmäßig gegen Vereins- und Nationalmannschaften antritt. Zugegeben eine Einladungsmannschaft mit einer ganz langen Tradition seit seiner Gründung im Jahr 1889. Eine Mannschaft, für die im Laufe ihrer ruhmreichen Geschichte die allergrößten Namen in der Geschichte des Rugby-Sports bereits aufgelaufen sind.

Von den Wales-Legenden Gareth Edwards und Phil Bennett, über die legendären All Blacks Zinzan Brooke und Richie McCaw, Frankreichs bester aller Zeiten Philipe Sella, bis hin zu den berühmten Außen David Campese und Jonah Lomu, der als der größte aller Zeiten gehandelt wird – allesamt und noch viele mehr haben das berühmte Trikot der Baa-Baas mit den schwarzen und weißen Querstreifen getragen. So wie es die Baa-Baas-Tradition will, behielten alle dabei ihre eigentlichen Klub-Stutzen derjenigen Vereine, für die sie normalerweise spielen, an.

Jedoch spielen die Barbarians keine reinen Schaukämpfe, wie es beispielsweise die Harlem Globetrotters im Basketball tun, sondern treten seit den späten 1940er-Jahren regelmäßig gegen die besten

Teams der Welt an. Rugby, Vollkontakt, ganz normale Regeln und ein regulärer Schiedsrichter. In den 1960ern, 70ern und 80ern lieferten sie sich legendäre Duelle in ausverkauften Arenen überall in Europa und konnten dabei nacheinander alle Top-Teams der Südhemisphäre schlagen. Einer der Siege gegen die All Blacks sollte zu einem der legendärsten Rugby-Spiele der Geschichte werden.

Das 23:11 gegen Neuseeland im Jahr 1973 im bis auf den letzten Platz besetzten Cardiffer Nationalstadion war nicht nur ein großartiger Triumph gegen die damals bereits als beste Mannschaft geltenden Neuseeländer – es produzierte auch einen der spektakulärsten Versuche der Rugby-Geschichte. Über das gesamte Feld kombinierten sich die Baa-Baas mit mehreren waghalsigen Pässen und Offloads von der eigenen Linie, der Ball wanderte fast durch das gesamte Team, bis Gareth Edwards schließlich unter dem Jubel des Cardifer Publikums im Neuseeland-Malfeld ablegen konnte. Dieser Versuch schaffte es im Jahr 2002, fast 30 Jahre nachdem er gelegt wurde, auf Platz 20 der großartigsten Sportmomente Großbritanniens in einer Zuschauerabstimmung des englischen Privatsenders Channel 4.

Dieser Versuch war damals bereits symptomatisch: Schon immer war der besondere Baa-Baas-Spirit, etwas mit dem Ball zu versuchen, nicht zu taktieren und immer wieder Kunststücke mit dem ovalen Leder zu versuchen. Frei von taktischen Zwängen aufzuspielen und es dabei dennoch mit den besten Gegnern der Welt vor Zehntausenden Zuschauern aufzunehmen. So hat sich der Gedanke der Barbarians bis heute gehalten, und noch immer wollen die besten Spieler der Welt das berühmte Trikot tragen, auch wenn sie dafür nicht einen einzigen Cent erhalten.

Mehrmals wurden die Baa-Baas als nicht mehr zeitgemäß in der Profi-Ära abgetan und standen Berichten zufolge in den 2000ern wiederholt vor dem Aus. Doch die Tradition lebt heute noch weiter, und seit 2017 gibt es mittlerweile auch eine Frauenmannschaft des Barbarian FC. Eine der ersten Spielerinnen, die im berühmten schwarz-weiß gestreiften Trikot der Baa-Baas auflaufen durften, war die junge deutsche Nora Baltruweit.

Doch auch weil die Baa-Baas die Werte des Rugby-Sports weiter hochhalten, haben sie auch heute noch ihre Daseinsberechtigung. Schon seit der Gründung lautet ihr Motto, ausgegeben vom anglikanischen Bischof und Gründungsvater Walter Carey:

»Rugby-Fußball ist ein Spiel für Gentlemen aller sozialen Klassen, aber keines für solche, die grob unsportlich sind, egal welcher Klasse sie angehören.«[4] So werden die Baa-Baas auch künftig weiter als eines der ungewöhnlichsten Teams im Weltsport auflaufen.

20. GRUND

Weil man nie weiß, was für eine französische Mannschaft auflaufen wird

Es ist eines der größten Klischees im internationalen Rugby. Wenn man gegen Frankreich spielt, weiß man nie, auf was für ein französisches Team man trifft. TV-Kommentatoren, gerade im englischsprachigen Raum, wiederholen es immer wieder, als sei es ein Mantra, und tatsächlich steckt hinter dieser Rugby-Binsenweisheit ein scheinbar unerklärliches Phänomen. Les Bleus können an einem guten Tag jedes Team der Welt schlagen und haben selbst den berühmten All Blacks schon so manche schmerzhafte Pleite zugefügt und sie jeweils als Underdog aus gleich zwei WM-Turnieren geschmissen. Aber an einem schlechten Tag läuft bei den Franzosen rein gar nichts zusammen, die Köpfe der Spieler hängen, und Les Bleus lassen sich dann auf dem Rasen förmlich abschlachten, wie beim 13-62 im WM-Viertelfinale von 2015.

Warum? Das konnte bisher niemand schlüssig erklären. Aber zumindest zu Hochzeiten des französischen Teams, das es immerhin zu drei Vizeweltmeisterschaften gebracht hat, war es vielleicht der unter dem Namen »French Flair« bekannte Spielstil. Risikoreich, expansiv und mit viel Kreativität ist er im Optimalfall ein Garant für den französischen Erfolg und für den Gegner kaum zu verteidigen. Doch wenn die Pässe nicht sitzen und Frankreich nicht in seinen gewohnten Rhythmus kommt, läuft bei les Bleus tatsächlich rein gar nichts zusammen. Deshalb hat sich Frankreich im Welt-Rugby den Ruf einer Wundertüte verdient. Die launische Diva des Welt-Rugby – doch genau deshalb ist es umso spannender, das französische Team zu verfolgen und sich seinen Launen hinzugeben.

21. GRUND

Weil Schauspielerei im Rugby verpönt ist

Im Rugby gilt sie als Todsünde schlechthin, die Schauspielerei auf dem Feld. Rugby und Fußball haben den gleichen Ursprung und bis heute so einiges gemein, aber nirgends gehen die Meinungen derart auseinander wie bei diesem Thema. Während es im Fußball nicht verpönt ist, sich durch das Schinden von Freistößen und Elfmetern Vorteile zu verschaffen und man von Fußballkommentatoren, Trainern und Spielern Phrasen wie »er hat den Elfmeter herausgeholt«, »er hat das Foul gezogen«, oder »das war clever gemacht« hört, um derartiges Verhalten zu rechtfertigen, ist dies im Rugby quasi unvorstellbar.

Natürlich gibt es im ovalen Ballsport auch weitaus weniger Möglichkeiten, sich durch Simulation einen Vorteil im Spiel zu verschaffen, ist doch der robuste Körperkontakt elementarer Bestandteil des Spiels. Doch es gibt sie durchaus, die Möglichkeiten, mit Schauspielerei zu punkten – beispielsweise wenn Spieler abseits des Balles touchiert oder angerempelt werden. Denn den Freifahrtsschein zum Tacklen gibt es im Rugby nur, wenn der Ballträger das Ziel des

Tackles ist. Ohne Ball darf man nicht attackiert werden. Deswegen ist der Überkick über den Verteidiger eine beliebte Taktik – wenn beispielsweise der Schluss auf die Defensivlinie zuläuft und keine Lücke zum Durchsprinten sieht, kickt er den Ball einfach über die anrückenden Verteidigungsspieler, die ihn nun nicht angreifen oder blockieren dürfen, und ist dann im Optimalfall schneller wieder am Leder als diese.

Ein Paradebeispiel dafür ereignete sich bei der letzten WM: Schottlands Star-Fullback Stuart Hogg hatte im Gruppenspiel der WM 2015 seiner Nationalmannschaft gegen Südafrika versucht, sein Team tief aus der eigenen Hälfte per Kick aus einer brenzligen Situation kurz vor der eigenen Linie zu befreien. Auch in dieser Situation gilt: Sobald der Ball nicht mehr in den Händen des Kickers ist, darf dieser nicht mehr attackiert werden. Doch nachdem Hogg in dieser Situation das ovale Leder per Tritt Richtung Springbok-Malfeld befördert hatte, touchierte ihn Südafrikas Sturm-Tank Tendai Mtawarira, der versucht hatte, den Block zu kicken, hochgesprungen war und direkt auf den Füßen Hoggs gelandet war. Hogg fiel wie ein nasser Sack in sich zusammen. Und auch wenn er das im Fußball übliche Auf-dem-Boden-Rumwälzen, gekrümmt von unvorstellbaren imaginären Schmerzen unterließ – das mehrheitlich schottische Publikum im nordenglischen Newcastle sah eine klare Benachteiligung seiner Helden und machte dies lautstark deutlich.

Schiedsrichter Nigell Owens jedoch ließ sich davon nicht beeindrucken und zitierte Hogg zu sich: »Ich habe es gesehen, das war gar nichts. Wenn du weiter solche Schwalben fabrizieren willst, kannst du in zwei Wochen wiederkommen!« Der Hinweis kam bei Hogg an, denn das Spiel wurde im Heimstadion von Newcastle United ausgetragen, einem Fußballteam der englischen Premier League. Owens bissiger Kommentar war für das Millionenpublikum an den TV-Schirmen über das Schiri-Mikro hörbar, und das Video des Vorfalls wurde später millionenfach online angeklickt. Kommentatoren und Zeitungskolumnisten kritisierten Hogg für seinen

Versuch, sich einen Vorteil zu erschleichen, und lobten Owens für sein Durchgreifen.

Stuart Hogg selbst gelobte Besserung, entschuldigte sich öffentlich bei den eigenen Teamkollegen, Gegnern und nicht zuletzt dem Schiedsrichter[5]. Sein Fazit trifft die Einstellung im Rugby gegenüber der Schauspielerei wohl am besten: »Im Rugby gibt es einfach keinen Platz für so etwas.«

22. GRUND

Weil Rugby-Spieler die Unparteiischen respektieren

Wenn man Chris Robshaw und Nigel Owens nebeneinander sehen würde, käme man nicht auf die Idee, wer in dieser Beziehung sprichwörtlich die Hosen anhat. Der 47-jährige Waliser Owens ist mindestens anderthalb Köpfe kleiner als der 1,90 m große englische Modellathlet Robshaw. Zudem ist der 32 Jahre alte Dritte-Reihe-Stürmer als Ex-England-Kapitän nicht nur ein Star in seinem sportlichen Metier, sondern in England insgesamt ein Promi, der es regelmäßig in die Schlagzeilen der Boulevard-Blätter schafft.

Doch wenn beide gemeinsam auf die Rugby-Felder der Welt treten, hat plötzlich der physisch weitaus weniger imposante Owens das Sagen. Der Grund: Er geht mit der Pfeife aufs Feld, denn er ist Rugby-Schiedsrichter und Robshaw lediglich einer der größten Namen im Rugby. Eine Szene, die dies verdeutlicht, spielte sich 2015 im ausverkauften Stade de France von Paris ab.

Robshaw, der als damaliger Kapitän des Rugby-Mutterlandes als einziger Spieler seiner Mannschaft das Recht hatte, mit dem Schiedsrichter zu sprechen, wollte in der hitzigen Schlussphase des Six-Nations-Spiels gegen Frankreich davon Gebrauch machen. Doch Owens, der für seine strikte, aber ebenso witzige Art, mit den

Spielern umzugehen, bekannt ist, ließ Robshaw eiskalt abblitzen. Ein spitzes »Christopher, jetzt nicht« aus dem Mund von Owens ließ den 1,90-m-Hünen geradezu zurückschrecken.

Abgesehen von seinen Eltern spreche ihn niemand mit der Langform seines Namens Chris an, ließ Robshaw die Presse nach dem Spiel wissen. Die Botschaft war angekommen, und zwar nicht nur bei Robshaw selbst. Da beim Rugby durch das Schiedsrichtermikrofon alle Konversationen zwischen Spieler und Unparteiischen für alle Welt hörbar im TV übertragen werden, war Robshaws höchst öffentliche Abfuhr das Gesprächsthema schlechthin. Trotz eines atemberaubenden Spiels.

Rugby-Spieler respektieren die Unparteiischen nicht nur wegen solcher Abfuhren, denn schon den Kleinen im Nachwuchs wird dies mit in die ovale Wiege gelegt. Rudelbildung um den Schiedsrichter ist im Rugby ein Fremdwort, vielleicht auch deshalb, weil man sich als Profispieler vor Millionenpublikum eine sehr öffentliche und unschöne Abfuhr einfangen kann. Gerade Owens hat sich dafür in seiner mittlerweile fast 30-jährigen Schiri-Karriere einen Ruf gemacht. Kein Wunder, ist der Waliser doch in seiner Freizeit noch Stand-up-Comedian.

Das musste auch der italienische Nationalspieler Tobias Botes vom norditalienischen Klub Benetton Treviso erfahren. Er hatte sich lautstark über Owens Entscheidung in einem Ligaspiel aufgeregt und wohl einen der lustigsten Verbalkonter aller Zeiten kassiert: »Wir kennen uns noch nicht, aber ich bin hier der Schiedsrichter. Ich werde mich auf meinen Job konzentrieren und du auf deinen. Hör ich dich noch ein Mal beschweren, wirst du dafür bestraft – wir sind hier nicht beim Fußball!«

23. GRUND

Weil Star-Allüren im Rugby keinen Platz haben

Mit der Professionalisierung des Rugbys in den 90ern, den immer größer werdenden Rugby World Cups und der durch die Decke schießenden Popularität des Sports kam im Rugby erstmals ein Phänomen auf, das so im ovalen Ballsport noch nicht wirklich existierte – globale Superstars. Der spektakuläre All-Blacks-Außen, Jonah Lomu, der vielleicht beste aller Zeiten, war der Vorreiter, aber ihm folgte wohl ein Dutzend Spieler, deren Gesichter in allen Rugby-Ländern bekannt wurden. Ob nun Englands WM-Held Johnny Wilkinson, Frankreichs Rugby-Höhlenmensch Sebastian Chabal, Irlands Rekordspieler Brian O'Driscoll oder der Springboks-Supersprinter Bryan Habana – all diese Spieler haben es durch den Rugby-Sport zu internationalen Medien- und Werbefiguren gebracht.

Was der Rugby-Sport aber trotz dieser Entwicklungen weitestgehend vermieden hat, sind Star-Allüren seiner größten Spieler. Eine Geschichte, die im Jahr 2013 durch die Sportpresse ging, verdeutlicht dies auf großartige Art und Weise. Ein Foto von Dan Carter und Richie McCaw machte die Runde: Die beiden größten Namen im neuseeländischen Rugby hatten soeben vor knapp 80.000 Zuschauern gegen Australien im Olympiastadion von Sydney das erste Spiel des Bledisloe Cup gewonnen. Die größten Superstars der All Blacks, die wohl damals die besten Spieler der Welt waren, mit einem Besen in der Hand, wie sie lange nach Abpfiff die Umkleidekabine des Stadions fegten. Neuseelands bestbezahlte Sportler stellten unter Beweis, dass sie der Ruhm und das stattliche Gehalt keineswegs abheben ließen.

Für All-Blacks-Stürmer Sam Whitelock, einer aus dem exklusiven Klub von nur 21 Spielern, die den Rugby World Cup zwei Mal gewinnen konnten, ist es eine Selbstverständlichkeit, »jede Umkleide und jeden Trainingsplatz in einem besseren Zustand zu verlassen, als wir ihn vorgefunden haben«[6]. Dass gerade zu diesem Zeitpunkt bekannt wurde, dass Manchester United mehrere Handwerker beschäftigt, die rund um die Uhr bereitstehen müssen, um den Stars des berühmten englischen Fußballklubs Glühbirnen zu wechseln und beim Anschluss von TV-Geräten zu helfen, verleitete viele Medien in England und Neuseeland zu Vergleichen.

Starallüren sind im Rugby verpönt, und so verwundert es auch kaum, dass Irlands Rugby-Star Sean O'Brien, der in Dublin regelmäßig vor 50.000 Zuschauern aufläuft und durch den Sport zum Millionär wurde, in der Sommerpause immer noch höchstpersönlich auf der Familienfarm in Tullow bei der Ernte hilft. In manch anderer Sportart sicher undenkbar, im Rugby ganz normal.

24. GRUND

Weil die Abseitsregel im Rugby einfach zu verstehen ist

Auch im Rugby gibt es eine Abseitsregel, doch zum Glück ist sie sehr intuitiv, und es gibt keine großen Graubereiche in ihrer Auslegung. Doch es gibt das Abseits in der Offensive wie in der Defensive. Im Angriff gilt das einfache Prinzip: Ist man als Spieler näher am gegnerischen Malfeld als der Ballträger, ist man quasi aus dem Spiel. Erfolgt also ein Kick des Ballträgers, oder lässt der hinter einem stehende Ballträger den Ball nach vorne fallen, darf man nicht an den Ball gehen, da man im Abseits steht. Gerade bei Cross-Kicks, die quer über die Defensiv-Reihe getreten werden, ist es oftmals eine enge Angelegenheit, doch war man beim Zeitpunkt des Kicks auf gleicher Höhe, darf man versuchen, das ovale Leder zu fangen.

In der Defensive ist der letzte Fuß im Ruck, im Deutschen: offenes Gedränge, die Abseitslinie. Erst wenn der Ball aus dem Ruck wieder ins Spiel gebracht wird, darf die Defensive aufrücken. Macht sie das zu früh, steht sie im Abseits und kassiert folgerichtig einen Straftritt. Natürlich flirten viele Defensivreihen, die per Blitz-Defense das gegnerische Angriffsspiel sabotieren wollen, mit dem Abseits. Doch zumindest ist jedem klar, wann er im Abseits steht und ob er ins Spiel eingreifen darf.

25. GRUND

Weil sich Rugby viele Traditionen bewahrt hat

Manchmal war Rugby in seiner Geschichte etwas zu traditionalistisch und hat dem Altbewährten zu lange nachgehangen. Beispielsweise in Bezug auf den Amateurstatus des Sports. Obwohl Millionen um den Globus Rugby verfolgten, TV-Verträge immer wertvoller wurden und die Rugby-Spieler in den höchsten Ligen und auf internationalem Niveau vor Zehntausenden Zuschauern spielten, war der Sport bis 1995 per Statut ein reiner Amateursport. Niemand sollte mit dem Rugby-Spielen Geld verdienen, so die bis dahin vorherrschende Meinung im Weltverband, der damals noch IRB hieß.

Geld verdirbt den Sport, so die lapidare Begründung. Doch in der Realität ließ sich das gegen Ende der Amateur-Ära schon längst nicht mehr einhalten – nachdem in vielen Klubs jahrelang unter der Hand gezahlt wurde und Wallabies-Außen David Campese mit einem Augenzwinkern sagte, er sei immer noch Amateur, aber schon vor fünf Jahren der erste Rugby-Millionär geworden, musste man irgendwann schlicht die Realität anerkennen. Spitzensport auf allerhöchstem Niveau ist ohne Bezahlung heutzutage kaum möglich. Gerade für Spieler, die im Vollkontaktsport Rugby ihre eigene Gesundheit aufs Spiel setzen.

Anderswo hat sich der Rugby-Sport dafür einige großartige Traditionen erhalten, die bis heute gepflegt werden. So sind beispielsweise die Rückennummern der 15 Starter einer Mannschaft vom linken Prop bis zum Schluss von 1 bis 15 durchnummeriert. Jeder Rugby-Kenner weiß mit jeder Rückennummer direkt etwas anzufangen. Richie McCaw beispielsweise hätte sich in seiner mehr als einer Dekade dauernden Rugby-Karriere die 7 fast schon auf den Rücken tätowieren lassen können. Dan Carter wird als Spielmacher immer mit der 10 verbunden und Irlands Brian O'Driscoll als der beste zweite Innen der Geschichte Irlands und vielleicht weltweit mit der 13.

Doch auch andere in anderen Sportarten verkommene Traditionen, wie die Klatschgasse, auch Ehrenspalier genannt, die nach jedem Spiel gebildet wird, um dem Gegner Respekt zu zollen, ist so eine Tradition. Egal wie hart ein Spiel auch war, noch immer zollen sich die Teams gegenseitig damit den Respekt voreinander. Die langen Vereinstouren in fernen Rugby-Ländern mit ganzen Mannschaften werden zwar mittlerweile weniger, sind aber im Rugby immer noch populär. Oder die Tatsache, dass für Länderspiele noch tatsächlich »test caps«, also kleine Kappen mit dem Teamlogo in den dazugehörigen Farben, vergeben werden – eine Tradition, die Mitte des 19. Jahrhunderts begann. Deshalb spricht man im Englischen von »36 Caps«, die ein Spieler angesammelt hat, und meint damit, dass er 36 Länderspiele absolviert hat.

Einladungsteams wie der Barbarian Football Club, schlicht Barbarians oder Baabaas genannt, sind auch nach über 100 Jahren noch eine geliebte Tradition. Die Babaas spielen seit ihrer Gründung 1884 durch Cambridge-Studenten noch immer in den berühmten schwarz-weiß gestreiften Trikots. Dabei behalten die Spieler aber die Stutzen ihrer Heimatklubs an. Noch heute spielen die Baabaas gelegentlich gegen Nationalmannschaften oder die besten Vereinsmannschaften und locken dabei Zehntausende Zuschauer in die Stadien. Traditionen wie diese hat sich der Rugby-Sport auch über Jahrzehnte des Wandels erhalten.

26. GRUND

Weil ein Fleischer in einem schottischen Dorf einst das Siebener-Rugby erfand

Als Ned Haig im Sommer 1883 als 25-jähriger Fleischer eines kleinen schottischen Dorfes mit einer damals relativ obskuren Idee an seinen Teamkollegen trat, hätte er sich nicht erträumen können, einmal über 100 Jahre später in die World Rugby Hall of Fame aufgenommen zu werden. Zugegeben, damals gab es noch keinen Weltverband, erst recht keine Hall of Fame, und internationale Rugby-Wettkämpfe kamen zu dieser Zeit gerade erst in Mode. Doch bereits damals erfreute sich der ovale Ballsport in Haigs Heimat, dem winzigen Städtchen Melrose in der Borders-Region, eingebettet zwischen den steilen Hügeln Schottlands, großer Beliebtheit.

Der lokale Klub Melrose RFC war auf der Suche nach einem Weg, sich ein weiteres finanzielles Standbein zu schaffen. Haigs Idee war, ein Turnier mit mehreren Mannschaften aus ganz Schottland auszurichten, und diese traf auf viel Gegenliebe. Dabei die Spiele von 80 Minuten auf 15 zu reduzieren und die Zahl der Spieler mehr als zu halbieren, war dagegen anfangs äußerst kontrovers. Seine Vision war es, den anspruchsvollsten, athletischsten und aufregendsten Sport zu kreieren. Haigs Idee setzte sich gegen alle Widerstände durch, und die Melrose 7s waren geboren – das allererste Turnier im Siebener-Rugby überhaupt. Im ersten Jahr der Turnieraustragung 1883 sammelten die Damen des Ortes Spenden, um die Trophäe für den Turniersieger zu finanzieren, die passenderweise »Ladies Cup« genannt wurde.

In der Heimat des RFC, dem Greenyards genannten Stadion, sollten es die allerersten Melrose 7s werden. Sie werden bis heute jährlich ausgetragen, und das älteste Rugby-Turnier der Welt. Natürlich war dieses Turnier auch das allererste Mal, dass in der mittlerweile olympischen Spielform sieben gegen sieben in Turnierform gespielt wurde. Die Regeln wurden mit ein paar Kleinigkeiten komplett aus dem Fünfzehner übernommen. Das Turnier wurde zum Erfolg, und heute ist das Turnier in dem nur 1.600 Einwohner zählenden Städtchen Melrose ein riesiges Event. Am Tag der Sevens, die traditionell am zweiten Wochenende im April abgehalten werden, pilgern Jahr für Jahr bis zu 20.000 Fans in den winzigen Ort, und die BBC überträgt, wenn in der Heimat des Fleischers Ned Haig um den Ladies Cup gespielt wird.

Das Turnier wird an einem einzigen Tag ausgetragen und traditionell von Beginn an im K.-o.-Modus. Dabei messen sich die besten Klubs Schottlands mit zwei meist prominenten Einladungsteams. Dabei ist es schon vorgekommen, dass Gast-Teams den weiten Weg aus Südafrika oder den USA auf sich genommen haben, nur um dann in der ersten Runde des traditionellen Turniers vor der denkmalgeschützten Holztribüne der Greenyards auszuscheiden – nach nur 14 Minuten Rugby. Denn beim Traditionsturnier in Melrose im Schatten der mächtigen Highlands-Hügel wachsen die schottischen Klubs Jahr für Jahr über sich hinaus – auch mit dem lautstarken Anhang in der gedrungenen Anlage im Rücken.

Ned Haig hat mit seiner Erfindung nicht nur bis heute die Finanzierung des Melrose Rugby Football Clubs sichergestellt, er hat den Rugby-Sport insgesamt bereichert. Nicht umsonst ist das Siebener-Rugby bei Olympia vertreten und füllt über den gesamten Globus von Vancouver, über Paris und Hongkong bis Sydney riesige Arenen.

27. GRUND

Weil Siebener die perfekte Ergänzung zum Fünfzehner ist

Die Anfänge des Siebener-Rugbys waren bescheiden, und die Heimat der kurzen und schnellen Rugby-Variante ist auch heute noch ein verschlafenes Dorf in einem abgelegenen Tal in Schottlands Süden. Aber was sich in den mehr als 135 Jahren seitdem entwickelt hat, ist immens. Nicht nur durfte Rugby seine Rückkehr zu Olympia in Rio 2016 durch die kurze Variante feiern – Millionen neue Fans verfolgen seitdem durch die spektakuläre und schnelle Form den ovalen Ballsport. Erfinder Ned Haig hätte sich nicht erträumen können, was einmal aus seiner zunächst kontroversen Idee werden sollte.

Im Siebener wird der Fokus des Spiels mehr auf das Laufen und Weg-von-den-Kollisionen gelegt. Auch im Siebener gibt es immer noch krachende Hits – Spieler wie der US-Amerikaner Danny Barrett oder Fidschis Vorschlaghammer Eroni Sau kommen auch in der Kurzform des Spiels über ihre schiere Power und ihre harten Hits. Aber dadurch, dass nicht einmal halb so viele Spieler auf dem gleichgroßen Feld spielen, gibt das jedem einzelnen Spieler riesigen Raum zur Entfaltung. Während im modernen professionellen Fünfzehner nur wenige klein gewachsene Speedster nach dem Typus Shane Williams bis an die Spitze kommen, hat im Siebener quasi jedes Team einen kleinen wendigen Spieler à la Jerry Tuwai oder Maurice Longbottom.

Dazu sind Siebener-Turniere großartige Events. Genauso wie beispielsweise Beachvolleyball im Vergleich zum traditionellen Hallenvolleyball in lockerer Partyatmosphäre verfolgt wird, sind Siebener-Turniere auf den Rängen meist riesige Partys. In Hongkong oder Dubai sind die dortigen World-Series-Turniere das größte dortige Sport-Event und ein farbenfrohes Spektakel. Nicht umsonst hat sich im Siebener die Tradition des Fancy Dressing durchgesetzt, also verkleidet wie beim Karneval zum Turnier zu kommen.

Gerade auch wegen der ausgelassenen Atmosphäre beim Siebener und dem offenen Spiel, bei dem Gedränge, Gasse und Paket weniger wichtig sind, wurde die schnelle Form des Rugbys in sehr traditionalistischen Kreisen immer wieder als Sommerspaß abgetan. Spätestens mit der Aufnahme in das olympische Programm dürfte dem Letzten klar geworden sein, welch großartige und wichtige Ergänzung die andere Rugby-Variante ist. Gibt es doch im Siebener-Rugby mit der Olympia-Goldmedaille den größten Preis, den ein Sportler sich erarbeiten kann. Kein Wunder, dass die Konkurrenz im internationalen Siebener seitdem umso härter geworden ist und weitaus mehr Nationalteams in Richtung Weltspitze aufgerückt sind.

Dazu sind die Ergebnisse im Siebener deutlich weniger vorhersagbar als im Fünfzehner. Teams wie Spanien und Kenia können auf der World Series mit der absoluten Spitze mithalten – so konnten die Iberer 2019 in Vancouver ihren ersten Sieg gegen Neuseeland überhaupt einfahren, was im taktisch anspruchsvolleren Fünfzehner, bei dem man auf jeder der 15 spezialisierten Positionen einen Weltklassespieler braucht, noch utopisch wäre. Auch Deutschland ist im Siebener deutlich konkurrenzfähiger als im Fünfzehner. Allein in den letzten Jahren hat das deutsche Team England, Frankreich und Irland schlagen können – auch das wäre so im Fünfzehner so nicht möglich.

Als Zuschauer bekommt man bei einem Turnier zwei Tage nonstop Rugby geboten und sieht beispielsweise auf der World Series innerhalb weniger Stunden Teams von allen Ecken der Welt. Deshalb ist das Siebener die perfekte Ergänzung zum Fünfzehner, die auch gerade für Neulinge eine Chance ist, den Zugang zum Rugby zu finden – Spieler wechseln hin und her und können beide Varianten gleichzeitig betreiben.

28. GRUND

Weil Siebener-Spieler an ihre physischen Grenzen und darüber hinaus gehen

Rugby ist an sich schon ein physisch unglaublich anspruchsvoller Sport. Ohne schützende Polsterung, nur mit einem Zahnschutz geschützt, gehen Rugby-Spieler mit viel Mut und noch mehr Power in den Vollkontakt und rennen erbarmungslos in gegnerische Spieler hinein. Dafür braucht es ein ordentliches Maß an Kondition, viel Stärke und nicht zuletzt noch viel mehr Mut. Doch wenn man diese körperliche Herausforderung noch auf die Spitze treiben möchte, versucht man sich am Siebener-Rugby. Denn in der olympischen Kurzform des ovalen Ballsports gibt es genauso viel körperliche Konfrontation und zu allem Überfluss kaum Verschnaufpausen im Spielfluss, und nicht einmal halb so viele Spieler müssen das riesige Feld abdecken, defensiv wie offensiv.

Dafür müssen die Siebener-Spezialisten im Training ackern, monatelang, jeden Tag, immer wieder und erbarmungslos bis an die Schmerzgrenze und oftmals weit darüber hinaus. Das ist das nicht immer einfache Los, mit dem man als Siebener-Spieler im Training umgehen muss, um im Wettkampf die riesigen Herausforderungen zu überstehen. Denn zum Teil müssen die Spieler in einem einzigen Siebener-Spiel von nur 14 Minuten über 2 km auf dem Feld zurücklegen, wovon ein großer Teil im Vollsprint erfolgt. Eine überragende Fitness ist dabei eine Grundvoraussetzung, und anders als im Fünfzehner kann man sich in der Defensive nicht verstecken, jeder Spieler muss seine Tackles setzen, Lücken zulaufen und da sein, sonst hat das jeweilige Team riesige Nachteile. Wie sehr die Spieler beim Training gefordert sind, verdeutlicht Simon Amor, der Trainer des Rugby-Mutterlands im Siebener.

Englands Sevens-Coach nennt sie die »Todeszone«[7]. Ein Mal in der Woche müssen seine Männer in diesen Bereich vorstoßen und dabei derart harte Übungen absolvieren, dass sie an ihre physischen Grenzen kommen – wenn der Körper über Minuten weit mehr Sauerstoff verbraucht, als er über die Lungen aufnehmen kann. Wenn das Laktat in die Muskeln schießt und die absolute Erschöpfung die Gedanken trübt. Doch genau dann, so die Überzeugung des England-Trainers, der selbst einst Siebener-Weltspieler des Jahres war, müsse man als Sevens-Athlet funktionieren und seine Fähigkeiten unter höchstem Stress aufs Feld bringen.

Dementsprechend fit sind die Siebener-Stars, und das müssen sie auch sein. Denn ein ums andere Mal entscheiden sich Spiele erst mit der allerletzten Aktion. Gerade die Fähigkeit, die richtigen Entscheidungen zu treffen und seine Fähigkeiten auch in diesen Situationen fehlerfrei auf den Platz zu bringen, entscheidet über den Ausgang solcher Spiele. Einen Meter mehr laufen zu können, ein Tackle mehr setzen zu können, einem Gegenspieler mehr zu entwischen, die richtige Entscheidung zu treffen – das ist im Siebener noch ein größerer Vorteil, da fast jeder Durchbruch zu Punkten führt. Dafür gehen Siebener-Spieler regelmäßig im Training und auf dem Platz weit über ihre Grenzen.

29. GRUND

Weil die World Series der wunderbare Rugby-Wanderzirkus ist, der vielleicht bald Halt in Deutschland macht

Für Ex-England-Kapitän Rob Vickerman ist die World Rugby Sevens Series schlicht ein *travelling circus*, also ein Wanderzirkus. Tatsächlich passt der Vergleich verdammt gut. 15 Teams, die bei zehn Turnieren rund um den Globus, von Sydney über Hongkong, Paris, Kapstadt und Dubai bis Vancouver ein farbenfrohes Spektakel zelebrieren – von ovaler Fidschi-Magie, mit No-Look-Offloads, die eigentlich einen siebten Sinn erfordern, über US-Speed mit den beiden schnellsten Rugby-Spielern der Welt, bis hin zu kenianischer Spielfreude – den Zehntausenden Fans, die jeden der zehn Stops dieses Wanderzirkus säumen, wird so einiges geboten. Die Zuschauer selbst werden auf der World Series zur Attraktion – fast wie beim Karneval kommen Tausende verkleidet in die großen Arenen und feiern eine große Rugby-Party.

Und wer weiß, vielleicht macht der Wanderzirkus bald auch auf deutschem Boden halt. Deutschlands größtes Siebener-Turnier, Oktoberfest 7s, bei dem 2017 bereits über 20.000 Zuschauer ins Münchner Olympiastadion strömten, will das Rugby-Spektakel zur Wiesn auf der World Series etablieren. Für deutsche Rugby-Fans wäre es ein Segen – endlich Weltklasse-Rugby Jahr für Jahr, vor der eigenen Haustür. Die zweite Ausgabe des Turniers im September 2019 war ein weiterer Schritt dahin – mit dem ersten Auftritt einer neuseeländischen Nationalmannschaft auf deutschem Boden und knapp 30.000 Zuschauern im Olympiastadion setzen die Oktoberfest 7s neue Maßstäbe für Rugby in Deutschland. Dass am Ende die südafrikanischen Blitzboks und nicht die All Blacks gewinnen konnten, verhinderte den allerersten Haka eines All-Blacks-Teams in Deutschland.

30. GRUND

Weil das Gedränge ein brutales Ballett mit fast zwei Tonnen Masse ist

Selbst für viele Rugby-Fans bleibt es nach Jahren des Zuschauens und Mitfieberns ein Buch mit sieben Siegeln. Auch für die leichtgewichtigere Hälfte eines jeden Rugby-Teams, die für den grazileren Teil des Rugby-Spiels zuständige Dreiviertelreihe, ist es etwas, womit man lieber nichts zu tun hat. Sogar Schiedsrichter weichen in ihrer Bewertung des Geschehens beim Gedränge, sicher auch aufgrund der Komplexität dieses Spielelements, immer wieder voneinander ab.

Dabei ist das angesetzte Gedränge, im englischen Scrum genannt, ein elementarer Bestandteil des Rugby-Spiels, das nach jedem nach vorne verlorenen Ball oder Vorpass angesetzt wird. Acht Spieler jeweils auf beiden Seiten, die sich in drei Reihen formieren, aneinanderbinden und dann gegeneinanderdrücken, während der Ball unter den sechs miteinander gebundenen 1.-Reihe-Stürmern beider Teams mittig eingeworfen wird. Kein Bild steht wohl mehr für Rugby als ein Scrum mit 16 bulligen Herren oder Damen, die vorzugsweise im Matsch versuchen, die gegnerische Mannschaft wegzuschieben und sich so den Ballbesitz zu sichern.

Nach jedem nach vorne verlorenen oder gepassten Ball folgt, sofern sich aus dem Spiel kein Vorteil für das andere Team ergibt, ein Gedränge. Und tatsächlich ist es nahezu unmöglich, ein Rugbyspiel ohne ein funktionierendes Gedränge zu gewinnen, da man sonst ständig den Ballbesitz verlieren würde. Kein Wunder, dass Australien vor der WM 2015 mit dem Argentinier Mario Ledesma einen sogenannten Scrum-Doktor verpflichtete – der ehemalige Weltklasse-Hakler hatte einzig und allein die Aufgabe, den als schwach geltenden Wallabies-Scrum WM-tauglich zu machen, und die Verpflichtung verfehlte ihre Wirkung nicht: Ledesma verbesserte das Wallabies-Gedränge merklich, und die Australier kegelten Gastgeber England aus dem Turnier und schafften es bis ins Finale des Turniers.

Ob man den Scrum nun als verkommenes Element eines fast 200 Jahre alten Spiels oder sich selbst als Kenner und Liebhaber des archaischen Schauspiels sieht – der Scrum ist eine Kunst für sich. Die Fähigkeit, seinen Gegenüber in der ersten Sturmreihe zu dominieren, seinem Team auf diesem Wege einen Vorteil zu verschaffen, wird in Rugby-Kreisen unter den sogenannten »dark arts« zusammengefasst, also der schwarzen Magie. Warum? Weil nirgends im Rugby derart viel abseits des Blickfeldes und ohne

Verständnis seitens der Unparteiischen geschieht als in der ersten Sturmreihe zwischen den Props beider Teams, die in erster Linie dafür auf dem Feld stehen, um das Gedränge hochzuhalten.

In der Theorie müssen beide Teams in der ersten Sturmreihe beim Scrum gerade gegeneinanderschieben. Weder die Props noch der Hakler dürfen ihren Gegenspieler nach unten ziehen, nach oben drücken oder versetzt mit einem Winkel drücken, um das gegnerische Gedränge zu destabilisieren. Doch beim Ansetzen des Gedränges, wenn beide Teams aufeinanderprallen, entstehen in etwa so viele Kräfte, wie bei einem frontalen Auffahrunfall mit 50 km/h[8]. Erst danach beginnt das eigentliche Schieben, wenn um die 900 kg Muskelmasse jeweils auf beiden Seite formiert gegeneinander antreten. Dass dabei die angedachte Position nicht immer zu halten ist, versteht jeder Beobachter.

Deshalb geht es beim Gedränge meist darum, den Gegner zu dominieren, nach hinten zu schieben und dabei weitestgehend gerade zu bleiben und den Regeln zu folgen. Wenn ein Team dies perfektioniert, kann das Gedränge zu einer regelrechten Waffe werden. Dabei sind die schiere Körpermasse und Kraft sicherlich ein wichtiger Faktor, doch mindestens genauso sehr sind die Technik und die perfekte Koordination der acht Spieler einer Mannschaft im Scrum ein weiterer.

Die in der ersten Reihe stehenden Stürmer müssen perfekt aneinander gebunden sein, als Einheit funktionieren und sind dennoch stark auf die hinter ihnen schiebenden 2.-Reihe-Stürmer angewiesen – diese werden oftmals im Englischen auch als Maschinenraum des Gedränges bezeichnet, liefern sie doch einen Großteil der Kraft, die durch die Schultern der Props auf die gegnerische erste Reihe ausgeübt wird.

Mannschaften wie Georgien und Argentinien haben sich über die Jahre einen Ruf für ihre Scrum-Künste erarbeitet und sind dementsprechend gefürchtet. Sie beherrschend dieses komplizierte, aber gleichwohl auch faszinierende brutale Ballett mit 16 Teilnehmern und knapp zwei Tonnen auf beiden Seiten am besten. Gerade für die Georgier ist das Gedränge eine Chance, sich Vorteile zu verschaffen und es so mit den besten Teams der Welt aufzunehmen, hapert es bei den Lelos doch im schnellen Kreativspiel. Auch in der deutschen Bundesliga gibt es Teams, die besonders für ihre Gedränge-Fähigkeiten bekannt sind – die Löwen vom Heidelberger TSV Handschuhsheim sind zumindest im deutschen Vergleich für ihr Gedränge gefürchtet und punkten immer wieder durch ihre schweren Jungs.

31. GRUND

Weil ein gutes Gedränge so stark ist wie ein Formel-1-Auto

Es mag lediglich ein PR-Stunt des Red Bull Formel-1-Teams gewesen sein, doch es verdeutlicht, welche Kräfte sich im Rugby-Gedränge entfalten. Im Jahr 2016 stattete Red-Bull-Pilot Daniel Ricciardo dem englischen Topklub Bath Rugby auf dessen Trainingsgelände am Lambridge-Anwesen im Südwesten Englands einen Besuch samt seines 1000-PS-Boliden ab, um sich medienwirksam einen Wettkampf mit acht Rugby-Stürmern des englischen Erstligisten zu liefern.

Der mit einer speziell modifizierten Nasenspitze ausgerüstete Formel-1-Wagen dockte an einen Gedrängebock an. Dieses Gerät, auch Scrum-Maschine genannt, ist eine Art Schlitten, den Rugby-Teams nutzen, um das Gedränge im Training zu üben. Normalerweise indem sie ihn in Gedränge-Formation vor sich herschieben. Beispielsweise für den Fall, dass nicht genug Spieler im Training vorhanden sind, um zwei vollwertige Gedränge gegeneinander zu stellen, oder an der Aufstellung und Bindung zu arbeiten. Am anderen Ende des Gedrängebocks wartete an diesem Tag der komplette Bath-Sturm in Gedränge-Formation auf das Duell mit der Maschine.

Der Rennsport-Bolide mit dem Australier Ricciardo am Steuer und der Bath-Sturm begannen zeitgleich gegeneinanderzuschieben. Der Formel-1-Wagen mit den Reifen auf dem Asphalt direkt neben dem Trainingsplatz und die Bath-Stürmer mit den Stollen fest im Rasen. Tatsächlich kam es zu einem Patt, mit nur minimaler Bewegung in beide Richtungen. Die Reifen des Red-Bull-Autos begannen durchzudrehen, und sicherlich konnte so nicht die ganze Kraft des Autos auf die Straße gebracht werden.

Dennoch verdeutlicht das Experiment: Das Rugby-Gedränge ist unglaublich kraftvoll, und gerade auf die 1.-Reihe-Stürmer wirken unvorstellbare Kräfte. Durch die Schultern der beiden Props und des Haklers bilden sich laut wissenschaftlichen Studien bis zu 13.000 Newton Kraft, was in etwa 1,35 Tonnen entspricht[9]. Kein Wunder, dass ein Rugby-Gedränge ein anfahrendes Formel-1-Auto stoppen kann.

Was Studien aber ebenso unterstreichen, ist, dass die reine Masse der Gedränge-Spieler bei Weitem nicht der einzige Faktor darin sind, wie viel Kraft ein Scrum entwickelt. Der Winkel, mit dem die Stürmer ihre Beine anstellen, die Bindungen und Koordination, schlicht die gesamte Gedränge-Technik, sind ein viel größerer Faktor als die schiere Masse und Kraft der partizipierenden Stürmer. Nicht umsonst verbringen Rugby-Stürmer Stunden über Stunden am Trainingsplatz und am Gedrängebock, um diese Standardsituation zu perfektionieren.

32. GRUND

Weil ein Tanz 85.000 Zuschauer zum Schweigen bringen und beim Gegner Ehrfurcht auslösen kann

Er ist eine Tradition, ein Markenzeichen und gewissermaßen zum Symbol für ein ganzes Land und dessen Rugby-Team geworden. Für die Gegner ist er eine furchteinflößende Geste, für die Zuschauer im Stadion und am Fernseher ein Spektakel und für die Neuseeländer selbst vor einem großen Länderspiel eine Möglichkeit, in sich zu kehren und sich mental auf das Spiel einzustellen. Die Rede ist vom Haka, dem rituellen Tanz der Maori-Ureinwohner Neuseelands, der mit den mittlerweile weltberühmten All Blacks und ihrem überwältigenden Erfolg in die ganze Welt getragen wurde.

Oft auf seine Rolle als Vorbereitung auf den Krieg reduziert, haben die vielen verschiedenen Formen des Hakas in der Maori-Kultur noch eine Reihe von anderen Bedeutungen. Ob bei freudigen Anlässen wie Hochzeiten oder bei traurigen Anlässen wie Beerdigungen – der Haka ist fester Bestandteil der neuseeländischen Kultur mit ihrer engen Verbundenheit zu ihren Ureinwohnern, die größer ist als in jeder anderen englischsprachigen Ex-Kronkolonie. Doch im Kontext der All Blacks, die jeweils eine von zwei verschiedene Formen des Hakas vor jedem ihrer Spiele vollführen, ist er eine Herausforderung an den Gegner und für das Team selbst die Vorbereitung auf den Kampf.

Einige neuseeländische Mannschaften hatten auf Touren durch Großbritannien bereits Ende des 19. Jahrhunderts Versionen des Hakas vollführt. Aber erst mit den Original All Blacks, der allerersten neuseeländischen Rugby-Nationalmannschaft, die durch Europa tourte, wurde der Haka zu einer Tradition bei jedem Spiel der All Blacks vollführt, die auf dieser Tour ihren weltberühmten Spitznamen erhalten sollten. Und zwar eine ganz bestimmte Version, genannt »Ka Mate«.

Dieser war 100 Jahre vorher, Anfang des 19. Jahrhunderts, von Te Rauparaha, einem legendären Anführer eines Maori-Stammes im Norden Neuseelands, kreiert worden. Er war aus einer Schlacht mit zwei verfeindeten Stämmen glücklich gerade noch so mit dem Leben davongekommen und hatte aus Dankbarkeit den Ka-Mate-Haka komponiert. Wenn die All Blacks seitdem den Ka-Mate-Haka vollführen, ruft der Anführer, meist ein erfahrener Spieler, jedoch immer einer mit Maori-Vorfahren, am Anfang drei Mal die Worte: »Das ist der Tod«, und die Mannschaft antwortet ebenso drei Mal: »Das ist das Leben!«

Das lässt in etwa erahnen, welche Bedeutung dieses Ritual für die Spieler der All Blacks hat. Aber seit jeher ist der Haka auch ein Spektakel für die Zuschauer und schüchtert die Gegner ein. Die Spieler schreien die für Nicht-Neuseeländer befremdlichen Maori-Worte des Hakas im Takt und ziehen dabei furchterregende Fratzen. Die Schläge auf den Oberschenkel, die Brust und die Ellbogen, all dies in fast schon militärisch wirkender Synchronität – der Haka verfehlt seine Wirkung selten.

Dabei war der Haka in der zweiten Hälfte des 20. Jahrhunderts mehr und mehr zu einer Art Anhängsel verkommen und wurde von vielen Fans und Beobachtern als überkommen wahrgenommen. In den 60ern und 70ern waren nur wenige Maori-stämmige Neuseeländer im All-Blacks-Team, und die damaligen Vorführungen des Hakas waren in Sachen Intensität und Leidenschaft weit von den heutigen furchteinflößenden Darbietungen entfernt. Im Gegenteil, der Haka war zeitweise ein Ziel für Spott der britischen Presse ob der schlechten Tanzdarbietungen der meist weißen Neuseeland-Spieler.

Erst der legendäre Maori-stämmige All-Blacks-Kapitän Wayne »Buck« Shelford schaffte es in den 1980er-Jahren, den Haka wiederzubeleben und ihm erneut die Bedeutung zu geben, die er einst hatte. Er probte wieder und wieder die Aufführung des Hakas mit dem Team, ließ Maori-Stammesführer vor der Mannschaft über die kulturelle Bedeutung des Tanzes referieren und sorgte dafür, dass erstmals auch bei Heimspielen der Neuseeländer der Haka vorgeführt wurde. Der Haka wurde wieder zu dem, was ihn einst ausmachte.

Die Reaktionen bei Zuschauern und Gegnern sind damals wie heute oft völlig unterschiedlich. Beim allerersten Haka einer neuseeländischen Nationalmannschaft 1905 gegen Wales in Cardiff sangen die Zuschauer spontan *Mae Hen Wlad Fy Nhadau*, die walisische Nationalhymne *Land unserer Väter*. Während die meisten Rugby-Arenen heute ehrfurchtsvoll und in Stille den Haka erwarten, wie beispielsweise in Irland oder im über 80.000 Zuschauer fassenden Londoner Rugby-Tempel Twickenham, der bei jedem Neuseeland-Besuch schon monatelang restlos ausverkauft ist – ist dies nicht überall der Fall.

In Argentinien müssen die All Blacks des Öfteren ein Pfeifkonzert während des Hakas ertragen, während das schottische Nationalstadion Murrayfield und seine knapp 70.000 Besucher schon öfter unisono und in ohrenbetäubender Lautstärke das schottische Volkslied *Loch Lomond* gesungen und die Schreie der All Blacks so übertönt hat.

Aber auch Neuseeland-Gegner und deren Spieler haben bereits eine ganze Bandbreite an Reaktionen auf den Haka gezeigt. Irland, angeführt von Kapitän Willie Anderson, schritt im Jahr 1989 im Dubliner Nationalstadion an der Landsdowne Road bis auf wenige Meter auf die All Blacks zu und schien den Gegner somit seinerseits herausfordern zu wollen – nur brachte es den Boys in Green herzlich wenig. Irland verlor dennoch mit 6:23 gegen den damals amtierenden Weltmeister.

Frankreichs Legende Sebastian Chabal, der als furchteinflößender Rugby-Höhlenmensch in die Geschichte eingegangene Stürmer, und mit ihm die gesamte französische Mannschaft war beim Viertelfinale der Rugby-WM 2007 während des Hakas noch näher, bis auf einen Meter, an die Neuseeländer herangerückt. So standen sich die All Blacks und ihre Herausforderer von Angesicht zu Angesicht gegenüber – die Spannung in der mit über 70.000 Zuschauern ausverkauften WM-Arena war fast zu greifen.

Frankreich-Star Chabal starrte seinen direkten Gegenspieler Rodney So'oialo an, und kaum jemand, der das Spiel am Schirm verfolgte, wird diese Szene vergessen haben. Tatsächlich sollten die Franzosen nach dieser Aktion ein Spiel für die Ewigkeit abliefern. Sie kegelten den Turnierfavoriten völlig überraschend vorzeitig aus der Weltmeisterschaft und stellten unter Beweis, dass der Haka auch den Gegner zu Höchstleistungen anspornen kann.

Seit 2005 haben die All Blacks zudem ihren eigenen Haka, den »Kapa o Pango«, der eigens in Zusammenarbeit mit dem Maori-stämmigen neuseeländischen Autor und Dichter Derek Lardelli kreiert wurde. Er ist eine längere Version und sicherlich auch intensivere Version des Haka als der traditionelle Ka Mate. Da der Kapa o Pango mit einer zumindest im westlichen kulturellen Verständnis eindeutigen Geste endet, nämlich mit dem Streichen des ausgestreckten Daumens quer über den Hals, wurde er von Gegnern und der Öffentlichkeit nicht nur positiv aufgenommen.

Nach dem allerersten Kapa o Pango vor einem Tri-Nations-Match 2005 in Dunedin nannte es Springboks-Kapitän John Smit eine Ehre, als erster Spieler bei dieser Premiere dem neuen Haka gegenübergestanden zu haben. Doch gerade englische Medien kritisierten die vermeintliche Halsabschneider-Geste heftig. Frankreichs damaliger Trainer Bernhard Laporte bat die Neuseeländer im Jahr 2007 vor einem Spiel in Frankreich, auf diesen besonderen Haka zu verzichten, da er dem Geiste des Rugby-Sports widerspreche.

Die Neuseeländer jedoch insistierten auf dem neuen Haka und betonten ihrerseits, dass die von vielen als Halsabschneider-Geste wahrgenommene Handbewegung in der Maori-Kultur eine völlig andere Bedeutung habe. Heute nutzen die All Blacks den Kapa o Pango für besondere Anlässe, meist Spiele gegen besonders harte Gegner oder bei K.-o.-Spielen des Rugby World Cups.

Im November 2006 bestand der walisische Verband WRU im Vorfeld eines Duells Wales–Neuseeland darauf, dass der Haka nach der neuseeländischen Hymne, jedoch vor der walisischen Hymne vollführt werden solle. Die Waliser wollten auf den Haka mit ihrem großen emotionalen Moment, der eigenen Hymne im Millennium Stadium, antworten können und den Neuseeländern so den gefühlten Vorteil nehmen. Doch Neuseeland fürchtete einen Präzedenzfall zu setzen, wenn man sich auf diese ungewöhnliche Vorgabe des Gastgebers einließe.

So vollführten die All Blacks stattdessen den Haka bereits vor dem Herauslaufen auf das Feld in der Kabine. Die Fernsehzuschauer bekamen ihn zu sehen, die 75.000 Zuschauer in der Arena allerdings nicht. Die ganze Diskussion wurde zum Politikum, und am Ende standen die walisischen Gastgeber als Buhmänner da, hatten sie doch ihren eigenen Zuschauern eines der Highlights des Spiels genommen. Kurz danach führte der Rugby-Weltverband ein Protokoll ein, das den Neuseeländern das Recht einräumt, direkt vor dem Anpfiff und nach den Nationalhymnen ihren Ritualtanz zu vollführen.

Aus dem internationalen Rugby ist er heute sowieso nicht mehr wegzudenken, und er gehört schon vor dem Anpfiff eines jeden Neuseeland-Spiels zu den Highlights. Dazu hat der neuseeländische Haka auch die anderen Teams der Pazifikinseln inspiriert, ihre Spielart des Ritualtanzes aufzuführen. Denn in Samoa, Fidschi und Tonga ist er ebenso ein Teil der Kultur, auch wenn der Begriff »Haka« in diesem Fall nicht zutrifft. Wenn die All Blacks gegen eines dieser Teams spielen, kommt es dann zur zeitgleichen Aufführung der Ritualtänze, wie beispielsweise 2011 bei der WM, als Neuseeland auf Tonga mit seinem Sipi Tau traf. Der ausverkaufte Eden Park von Auckland bebte, als beide Teams ihre Herausforderung an den Gegner zeitgleich vollführten.

33. GRUND

Weil es im Rugby die schönsten Klischees über die verschiedenen Positionen gibt

1.-Reihe-Stürmer plündern jedes Hotel-Buffet beziehungsweise den Grill nach dem Spiel am Amateur-Sportplatz. Als Gedrängehalb ist man sozusagen qua Amt mit einem viel zu großen Mundwerk ausgestattet, und als Verbinder ist die eigene Frisur weitaus wichtiger als das Geschehen auf dem Platz. Im Rugby gibt es die schönsten, aber sicher auch die ausgeprägtesten Klischees über jede einzelne Position einer jeden 15-köpfigen Mannschaft.

Und da die Rückennummern im Rugby der Start-Fünfzehn fest den Positionen nach vergeben werden, jede Position also eine feste Nummer hat, muss man im Zweifel nur eine Ziffer nennen, um beim Rugby-affinen Gegenüber eine ganze Reihe von Assoziationen hervorzurufen.

Erstaunlicherweise sind diese Klischees an allen Ecken und Ende des Rugby-Universums ähnlich, was natürlich auch an den vergleichbaren Aufgaben der jeweiligen Spieler auf dem Feld liegt. Als argentinischer Gedrängehalb ist man scheinbar genauso sehr mit einer übermäßigen Kommunikationsgabe gesegnet wie als irischer.

So gibt es für Rugby-Spieler nichts Interessanteres, als sich über die komischen Eigenheiten der Mannschaftskollegen lustig zu machen, ob nun auf dem Trainingsplatz oder in der Kabine. Da ist einem der Gegenspieler auf der gleichen Position manchmal näher als der eigene Teamkollege auf einer anderen Position.

Der Zwist zwischen dem Sturm und der Hintermannschaft ist legendär. Während die deutlich schwereren Stürmer einer Mannschaft, also die Starter mit dem Rückennummern 1 bis 8, für die sprichwörtliche Drecksarbeit zuständig sind, beschränkt sich die schnellere und wendigere Hintermannschaft mit den Ziffern 9 bis 15 auf die Kreativmomente im Spiel. So unterschiedlich die Aufgaben auf dem Feld, so verschieden sind auch die Herangehensweisen im Spiel und die Sichtweisen aufeinander.

Für die Dreiviertelreihe ist der Sturm eine Ansammlung von talentlosen Kraftprotzen, die gefälligst den Ball sichern sollen und nicht versuchen sollen, mit dem Ball irgendetwas anzustellen. Andersherum sehen Stürmer ihre Teamkollegen auf der Reihe als selbstverliebte Angeber, die viel versuchen, aber am Ende den Ball doch wieder verlieren und ihnen mehr Arbeit in Gedränge und Gasse bescheren.

34. GRUND

Weil die Gasse ein choreografiertes Kunstwerk ist, das Kraft, Koordination und Timing benötigt

Wohl nur im Rugby können derart ungeschickt wirkende muskelbepackte Kraftprotze ein solch filigranes Kunstwerk fabrizieren wie die Stürmer in der Gasse. Wenn der Ball oder der Ballträger im Rugby die Seitenauslinie überquert oder auch nur touchiert, folgt an selbiger Stelle ein Einwurf in die Gasse, im englischen Line-out genannt. Anders als im American Football verliert die Mannschaft, die den Ball ins Aus befördert hat, den Ballbesitz, und anders als im Fußball kann der Ball nicht an eine x-beliebige Stelle eingeworfen werden. Der Gasseeinwurf muss mittig in die von beiden Teams geformte einen Meter breite Gasse erfolgen und wird meist vom Hakler ausgeführt, da dieser in der Regel der kleinste Stürmer eines Teams ist und bei den Gassehebefiguren nicht hilfreich wäre.

Was dann geschieht, passiert so wirklich nur im Rugby: Beide Teams werfen einen ihrer größten Spieler in die Luft, dieser befindet sich dann, gehoben von zwei anderen Stürmern, im Luftkampf um das ovale Leder. Dabei muss der Springer den Ball aus mehr als vier Metern Höhe unter Kontrolle bringen und präzise weitergeben, wohlgemerkt, während er an den Beinen von zwei Mitspielern in der Luft ist und gegen einen oder mehrere Gegenspringer.

In der Regel füttert der Springer dann die eigene Hintermannschaft. Aber oft nutzen Teams diese Standardsituation auch, um ein Paket anzusetzen. Die angreifende Mannschaft entscheidet, wie viele Spieler maximal in der Gasse stehen dürfen, und der Einwerfer die Länge des Wurfs. Mit einer guten Defensiv-Gasse jedoch kann auch die verteidigende Mannschaft das Leder erobern oder dafür sorgen, dass der Ball unsauber aus der Gasse kommt, also nicht präzise ist und keinen schnellen Ball produziert.

Um den Einwurf zu gewinnen, braucht es nicht nur Kraft, Koordination zwischen Springer und Liftern sowie die nötige Technik, um die meist deutlich über 100 kg schweren Hünen in die Luft zu bekommen, sondern zu guter Letzt auch die Abstimmung und das Timing unter den Mitspielern. Denn überworfene Bälle sind der häufigste Fehler – nur bei perfekter Koordination und Technik kann eine Gasse überhaupt rein technisch funktionieren.

Je nach Gegner hat man es jedoch mit einem oder gar mehreren Gegenspringern zu tun, die selbst versuchen den Ball abzufangen. Deshalb versucht fast jedes Rugby-Team, ob im Amateur- oder Profibereich, mit geheimen Codes den jeweiligen Sprung und die Bewegungssequenz vor dem Einwurf, die oftmals mehrere angetäuschte Sprünge beinhaltet, abzusprechen. Sodass die eigenen Mitspieler wissen, wer wann springt, der Gegner jedoch nicht. Im modernen Rugby ist das Line-out zu einer Wissenschaft für sich geworden, die unglaublich viel Training und Übung erfordert – ein Spiel im Spiel sozusagen. Jedoch bleibt es in erster Linie ein wunderschön choreografiertes Kunstwerk, das so viel graziler ist als seine Teilnehmer und viele andere Elemente des oft rauen Rugby-Sports.

35. GRUND

Weil man nach hinten passen muss, um nach vorne zu gelangen

Auf Sport-Fans, die mit dem Rugby nicht vertraut sind, mag es paradox wirken – aber im Rugby kommt man nur nach vorne, indem man nach hinten passt. Der Ball darf laut Reglement nur seitwärts oder nach hinten abgegeben werden. Raumgewinn erzielt man nur mit dem Ball unter dem Arm, durch gewiefte Passstafetten, indem man Gegner durch Sidesteps und angetäuschte Pässe aussteigen lässt oder schlicht über sie hinweg rennt. Es ist eine einfache, aber umso wichtigere Wahrheit: Jeder im Rugby erarbeitete Meter ist ein ehrlicher Meter.

Das macht das Spiel simpel, aber für den Aktiven auf dem Rasen natürlich auch kompliziert. Sich aus der eigenen Gefahrenzone zu befreien ist manchmal eine verdammt schwierige und undankbare Aufgabe. Für die Formation auf dem Feld bedeutet es, dass Spieler aus der Tiefe kommen müssen, um mit Geschwindigkeit in den Pass zu laufen. Für Anfänger macht es die Positionierung auf dem Feld nicht immer einfach – aber in der Regel muss man im Rugby zuerst ein paar Schritte zurück machen, um schließlich nach vorne zu gelangen.

36. GRUND

Weil Sturm und Hintermannschaft zueinander stehen, wie Klavier-Spieler und Schlepper

Pierre Danos war ein typischer französischer Gedrängehalb. Klein gewachsen, was ihn aber nicht davon abhielt, zwischen An- und Abpfiff und den beiden Malstangen besonders meinungs- und lautstark zu sein. Auf dem Feld wirbelte er zwischen den groß gewachsenen Stürmern und dirigierte sie ganz im Sinne eines Petit General, wie man in Frankreich den Neuner oftmals nennt. Doch sein Rugby-Vermächtnis beinhaltet bei Weitem nicht nur das, was er in den 1950ern für die Klubs Toulon und Béziers sowie für die französische Nationalmannschaft auf die Plätze der Grand Nation zauberte. Er hinterließ der Rugby-Nachwelt in einem Zitat eine der großen Weisheiten über Rugby-Teams, die bis heute nichts an ihrer Gültigkeit verloren hat:

»Im Rugby gibt es diejenigen, die die Klaviere schleppen, und diejenigen, die sie spielen!«[10] Gemeint ist die Unterscheidung zwischen Sturm und Dreiviertelreihe einer Mannschaft, die es in jedem Rugby-Team gibt. Natürlich sah er sich selbst als ovalen Feingeist in der zweiten Kategorie für das schöne Spiel und für die brillanten Momente zuständig. Ein Virtuose am Ball, wie so ziemlich jeder Hintermannschaftsspieler, zumindest im eigenen Selbstverständnis. Während der Sturm für die Schwerstarbeit zuständig ist, die Kraft aber nicht viel Fähigkeit oder Spielverständnis erfordert, macht die Dreiviertelreihe das Spiel. So weit das Klischee, das aber noch heute weitestgehend zutreffend ist.

Am Ende eines Rugby-Spiels im herbstlichen Matsch muss man oftmals nur auf das Trikot eines Rugby-Spielers schauen, um herauszufinden, zu welchem Mannschaftsteil er oder sie gehört. Ist das Trikot noch weitestgehend unbefleckt und sitzt die Frisur dazu noch wie vor dem Anpfiff, kann man davon ausgehen, dass der Spieler zur Dreiviertelreihe gehört. Sieht er oder sie aus wie nach drei Tagen Grubenarbeit unter Tage, verbirgt sich unter dem Schlamm irgendwo auf dem Rücken die Ziffer 1 bis 8, die für die Stürmer vorgesehen ist.

Natürlich verschwimmen heutzutage die Grenzen im modernen Rugby ein Stück weit. Mit spielfreudigen Ballkünstlern im Sturm wie dem Italiener Sergio Parisse oder zuletzt auch Brodie Retallick bei den All Blacks spielen mittlerweile auch Spieler im Sturm, die so einiges am Ball können und dennoch die Kernaufgaben im Sturm erledigen. Die grobe Arbeitsteilung bleibt aber dieselbe: Die Stürmer verrichten die Schwerstarbeit, sichern den Ballbesitz und machen die harten Meter, einfach gesagt generell die Drecksarbeit – die Hintermannschaft ist für die Glanzmomente zuständig und macht sich dabei ungern die Hände schmutzig.

37. GRUND

Weil los Pumas mit dem Bajada viele übermächtige Gegner das Fürchten lehrten

Argentiniens Rugby-Nationalmannschaft »Los Pumas« wurde erst spät zu einem richtigen Weltklasse-Team, das es mit den traditionellen Großmächten im Rugby aufnehmen kann. Heutzutage spielt das beste Team Südamerikas kreatives Rugby, hat in den letzten Jahren mit Juan Martin Hernandez und Nicolas Sanchez zwei der großartigsten Spielmacher der Rugby-Geschichte hervorgebracht und kann auch mit der Dreiviertelreihe gewiefte Spielzüge auf den grünen Rasen zaubern. Aber womit sich los Pumas schon Jahrzehnte zuvor einen furchterregenden Ruf im internationalen Rugby erarbeitet hatten, war ihr Gedränge.

Schon in den 1960ern entwickelten die Argentinier, angeführt von Meistertrainer Francisco Ocampo, eine »Bajada« genannte Scrum-Technik. Ocampo selbst, der im ländlichen Catamarca im äußersten Nordwesten Argentiniens aufgewachsen war, hatte seine Faszination für den Rugby-Sport erst spät entdeckt. Aber als er im Jahr 1923 das Spiel einer gastierenden englischen Mannschaft in Buenos Aires sah, erinnerte ihn das so sehr an seine harte Jugend auf dem Land, dass er selbst mit dem Rugby-Spielen begann.[11]

Das Gedränge war früh sein Fokus und entwickelte sich während seiner Trainerkarriere zu einer Art Obsession. Er konsultierte unzählige Ingenieure und interessierte sich für die Biomechanik im Gedränge, lange bevor wissenschaftliche Methoden im Sport allgemein und erst recht nicht im Rugby Einzug hielten. Es sollte bis in die 1960er-Jahre dauern, doch dann war sich Ocampo sicher, dass er seine Gedrängetechnik perfektioniert hatte. Beim San Isidro Club aus Buenos Aires, einem der erfolgreichsten in Argentinien, wandte er die Technik erstmals im Coaching an.

Diese Gedrängetechnik beruht auf mehreren Prinzipien, einige davon sind mittlerweile weltweit zum Standard geworden. Dass alle acht Stürmer im gleichen Takt, perfekt koordiniert drücken, sowie die Rolle der Flanker, die sich an den Außenseiten des Gedränges ebenso zu 100% dem Schub widmen sollen. Doch einige Besonderheiten sind bis heute eine argentinische Spezialität: Die 2.-Reihe-Stürmer binden sich nicht durch die Beine der Props, sondern an den äußeren Oberschenkeln.

Der Sinn und Zweck: Alle Kraft soll auf die Schultern des Haklers zulaufen und das gegnerische Gedränge so durch die Mitte überwältigt werden. Während im klassischen Scrum der Hakler nicht unbedingt drücken soll, sondern sich auf den Gewinn des Balles durch das Hakeln mit den in der Luft hängenden Beinen konzentrieren soll, ist in der argentinischen Auffassung er derjenige, der den meisten Druck auf die gegnerische erste Reihe ausüben soll.

Diese Technik sollte in den kommenden Jahren zur größten Waffe des argentinischen Teams werden. Als 1979 die australische Nationalmannschaft erstmals gegen los Pumas antrat, sollte die Wallabies in Buenos Aires eine böse Überraschung erwarten. Das argentinische Gedränge nahm das der Gäste auseinander und Argentiniens Verbinder Hugo Porta sollte mit gleich drei Dropgoals aus dem Spiel heraus den Rest erledigen. Es war der erste Sieg einer argentinischen Nationalmannschaft gegen ein Weltklasse-Team überhaupt und ließ die Rugby-Welt aufhorchen – viele weitere sollten folgen, auch und vor allem mithilfe des legendären Bajadas, der Argentinien schließlich selbst zum Weltklasseteam werden lassen sollte.

38. GRUND

Weil kein Spieler, aber alle Zuschauer den Falken sehen wollen

Es ist eine weitere Eigenheit im Rugby-spezifischen Vokabular, der sogenannte »Falcon«. Dabei dreht es sich aber nicht um irgendein Stadionmaskottchen à la Eintracht Frankfurt, die in ihrem Waldstadion seit Jahrzehnten einen Adler als Maskottchen haben, im Gegenteil. Es handelt sich um den scherzhaft gemeinten Begriff dafür, wenn ein Spieler oder gar der Unparteiische mit dem Ball ungewollt im Gesicht getroffen wird. Dann spricht man von einem Falcon, und der überraschte Ballempfänger hat dann meist lediglich die Lacher auf seiner Seite, und der im Rugby so wichtige Ballbesitz ist futsch.

Doch woher kommt eigentlich der Name Falcon? Das ist leicht erklärt, denn bis heute spricht man in Australien vom *original falcon*, und den kassierte einst ein Spieler namens Mario Fenech, Spitzname: der maltesische Falke. Der als Hakler in den 1980er- und 1990er-Jahren im Rugby League spielende Australier maltesischer Herkunft hatte in einem Spiel seiner South Sydney Rabbitohs den Ball auf ebendiese Weise gegen den Kopf bekommen. Dabei trottete er nichts ahnend abseits des Balles, scheinbar in Gedanken, und sah umso dämlicher aus, als das Leder ihn traf.

Doch der Clip von Fenechs Malheur erlangte erst Jahre später Berühmtheit. Nämlich als Fenech nach seiner aktiven Karriere zur legendären australische Footy Show stieß, die sich ein Mal die Woche einen humoristischen Blick auf die National Rugby League in Australien genehmigt. Da die verschiedenen Moderatoren und Gäste immer wieder auf lockere Art über die anderen Show-Teilnehmer herziehen, wurde der Clip nun immer wieder gezeigt.

Fenechs unangenehme Bekanntschaft mit dem ovalen Leder wurde als *original falcon* berühmt und begann ihren Siegeszug um die Welt – der Begriff setzte sich durch, und seitdem ist es in Rugby-Kreisen zu einer Art Obsession geworden, Falcons zu dokumentieren und in Video-Zusammenstellungen mit lustiger Musik zu unterlegen. Eine Art Side Show, um dem ernsten Geschehen auf dem grünen Rasen eine lockere Note zu verleihen. Dem allerersten Falken-Empfänger Fenech jedenfalls hat es nicht geschadet: Denn obwohl er in seiner langen und verdienstvollen Karriere nie für Australien auflaufen durfte und nicht ein Mal die National-Rugby-League-Trophäe für den australischen Meister hochhalten konnte, ist er doch jedem australischem Fan des ovalen Leders ein Begriff.

39. GRUND

Weil Süd- und Nordhemisphäre den Rugby-Sport gänzlich anders interpretieren

»Verteidigen ist im Süden optional«, heißt es von den Rugby-Puristen in der alten Welt. »Die kicken sich nur den Ball zu und können nichts mit dem Leder anfangen«, heißt es auf der anderen Seite des Äquators, meist in den ehemaligen Kronkolonien des Mutterlandes. Im Endeffekt spielen die Teams an den beiden entgegengesetzten Enden der Welt dasselbe Spiel mit exakt den gleichen Regeln, doch wie sie sich auf dem Feld verhalten, welche Art von Spielstil sie präferieren, das unterscheidet sich tatsächlich gewaltig. Natürlich ist dieser Umstand auch zum Teil dem Wetter geschuldet. Knöcheltief im Matsch von Manchester im November mit schneller Beinarbeit Verteidigungsreihen zu überwinden ist weniger vielversprechend als auf einem trockenen Geläuf in Sydney bei dort als winterlich geltenden 18 Grad.

Aber auch in Neuseeland, wo die Winter gerade auf der Südinsel den nasskalten auf den Britischen Inseln ähneln, wird ein expansiverer Rugby-Spielstil gepflegt. Statt die sichere Variante zu wählen, gehen die Kiwi-Teams lieber Risiko und werfen den spekulativen Pass, wo englische Teams wohl die konservativere Methode wählen würden. Dafür wird im Norden der Fokus mehr auf die Standards gelegt, die Gasse und vor allem das Gedränge. Auch deshalb gab es in den letzten Jahren eine Obsession mit der Größe und dem Gewicht der Spieler.

Was der erfolgreichere Ansatz ist, schien lange Zeit glasklar. Die drei Rugby-Großmächte aus dem Süden – Neuseeland, Australien und Südafrika – konnten bisher acht WM-Titel abräumen, während lediglich England für den Norden im Jahr 2003 ein einziges Mal erfolgreich war. Bei der vorletzten WM 2015 schaffte es kein einziges Nord-Team ins Halbfinale, da Argentinien die hochgehandelten Iren im Viertelfinale rauskegelte und die drei traditionellen Großmächte als viertes Süd-Team komplettierte. Zuletzt aber haben sich die Kräfteverhältnisse wieder etwas zugunsten des Nordens verrückt. Irland konnte 2016 zum ersten Mal überhaupt in seiner Geschichte die All Blacks besiegen und das Kunststück 2018 wiederholen. Mit vielen in den europäischen Ligen spielenden Wallabies-, Springboks- und All-Blacks-Stars hat sich auch der Spielstil zwischen beiden Hemisphären ein wenig mehr angeglichen. Doch am Ende ist es auch immer noch eine Frage der Rugby-Erziehung, wo die Akzente gesetzt werden.

40. GRUND

Weil die rosa Soldaten aus Paris das Image des Rugby-Sports revolutioniert haben

Klischees über den Rugby-Sport gibt es zur Genüge, und oftmals geht es bei diesen um breitschultrige Machos, die sich im Matsch um einen aus Laiensicht komisch geformten Ball prügeln. So zumindest die Wahrnehmung vieler, die nichts mit Rugby am Hut haben, und das ist zum Teil selbst in Frankreich so, wo Rugby in Sachen Popularität auf einer Stufe mit dem Fußball steht.

Dessen war sich auch Max Guazzini bewusst – der Südfranzose, der mit der Gründung von Frankreichs populärstem Radiosender NRJ zu beträchtlichem Wohlstand gekommen war. Er wollte dem Rugby-Sport in der Hauptstadt Paris zu einem Comeback verhelfen und erwarb 1992 den damaligen Viertligisten Stade Français Paris, einen der ältesten und bekanntesten Klubs des Landes, der aber seit geraumer Zeit nur noch ein Schatten seiner Selbst war. Einst waren die beiden großen Pariser Klubs – Stade und Racing – Frankreichs führende Rugby-Vereine, die 1892 unter Leitung von Schiedsrichter Pierre de Coubertin, dem Gründer der modernen olympischen Bewegung, das allererste Meisterschaftsfinale Frankreichs unter sich austrugen.

In den darauffolgenden Jahren würden Stade und Racing die ersten zwölf französischen Meisterschaften Ende des 19. Jahrhunderts, in den Endspielen von 1892 bis 1903, quasi unter sich ausmachen. Lediglich Bordeaux konnte 1899 die Pariser Dominanz ein einziges Mal durchbrechen. Doch als Guazzini Anfang der 1990er Stade übernahm, war vom Glanz einstiger Tage nicht mehr viel übrig. Stade war bis in die Tiefen des Amateur-Rugbys abgerutscht.

Guazzini hatte seinerseits aber Großes mit Stade vor und investierte nicht nur beträchtliche Summen in die Mannschaft. Er verpasste dem Verein ein komplett neues Image, und als neue Vereinsfarbe wählte er ausgerechnet Rosa. Die simple Idee dahinter war, dass dieses Team im Pariser Alltagstrouble Aufmerksamkeit benötigt, und wie sei dies besser möglich, als mit grellen Trikots in einer Farbe, die bisher kein einziges Rugby-Team für sich beansprucht hatte.

Innerhalb von vier Jahren brachte er seinen Klub mit viel Geld und noch viel mehr Pomp ins Oberhaus, und dort sollten die Spieler des Hauptstadtvereins als *soldats roses*, also rosa Soldaten, bekannt werden. Die Trikots von Stade wichen radikal von dem ab, was im bisher traditionsbewussten Rugby die Norm war. Grellrosa strahlende Hemden mit Engelsfiguren auf der Brust, Blumenmustern – sie waren der genaue Gegenentwurf eines jeglichen Männlichkeitsklischees. Für viele Alteingesessene im vom konservativen Südfrankreich dominierten Rugby-Sport ein Graus sondergleichen.

Zu jeder neuen Saison brachte der Klub nun einen Kalender heraus, der die Pariser Profi-Rugger halb nackt von berühmten Modefotografen abgelichtet zeigte. Guazzini wollte damit auch mehr Frauen für den vermeintlichen Machosport begeistern und dem Verein Publicity bringen. Dazu engagierte er Top-Designer wie den Japaner Kenzo Takada, bekannt durch die Haute-Couture-Marke KENZO, die Stade-Maillots zu entwerfen.

Tatsächlich setzte trotz allem Spott über die rosa Trikots und Nackt-Kalender der Erfolg ein. Fünf Meisterschaften – 1998, 2000, 2003, 2004 und 2007 – sowie volle Stadien gaben Guazzini recht. Stades Stern sank in der Folge aufgrund finanzieller Engpässe des Klub-Patriarchen wieder, doch was blieb, war der Image-Wandel den der Radiomillionär dem Klub und irgendwo auch dem Sport an sich verpasste.

Daran änderte auch die Übernahme des Klubs durch den deutschen Capri-Sonne-Milliardär Hans-Peter Wild nichts. Der gebürtige Eppelheimer will den Klub seit seiner Übernahme im Jahr 2017 wieder an die Glanzzeit um das Millennium anknüpfen lassen. Die rosa Trikots und das revolutionäre Image sind geblieben und werden weiter gepflegt – Stade Français Paris bleibt der rosa Rugby-Klub.

41. GRUND

Weil in Cardiff eine schier uneinnehmbare Festung steht, die wohl das schönste Sportstadion der Welt ist

Sie steht mitten in der Hauptstadt des Landes, eingepfercht zwischen dem River Taff und den eng an eng gebauten viktorianischen Häuserblocks des Cardiffer Stadtzentrums. Ihre Pfeiler ragen 90 Meter in den Himmel der größten Stadt des Landes. Und wenn die walisische Nationalmannschaft auf den Rasen ihrer Cardiffer Festung einläuft und die 74.500 Fans auf den dreistufig steil neben dem Rasen vertikal in die Höhe schießenden Tribünen laut werden, gibt es wohl keinen besseren Ort auf dieser Welt, um Rugby zu spielen.

Wales atmet und lebt den Rugby-Sport, und zumindest in Europa definiert sich kein Land mehr über den Kampf um das ovale Leder als Wales. Dementsprechend passionierte Fans sind die Anhänger der roten Drachen. Während sie für die eigene Mannschaft wie ein 16. Mann wirken, der sie ständig nach vorne treibt, machen sie Cardiff für die Spieler der Gästemannschaft zum einschüchterndsten Ort, Rugby zu spielen.

Die Arena selbst mag zwar als modernes Stadion daherkommen, sie wurde aber, anders als so manch andere moderne Sportstätte, nicht seelenlos und ab vom Schuss auf der grünen Wiese am Stadtrand in Autobahnnähe gebaut. Sondern sie wurde an der Stelle des alten Cardiffer Nationalstadions in das Herz der walisischen Hauptstadt gepflanzt. Da, wo sich mehrere Spielergenerationen in das kollektive walisische Gedächtnis eingebrannt hatten und zu Helden wurden, umgeben von den Dutzenden Pubs der Hauptstadt im absoluten Stadtzentrum.

Englands Gedrängehalb Danny Care jedenfalls, der des Öfteren als Neuner des Erzrivalen der Waliser in die Arena eingelaufen ist und gegen den fanatischen Support der Waliser anspielen musste, kann den Ruf des Stadions nur bestätigen – für Care ist es ein »unglaublicher Ort, Rugby zu spielen«, und Care erläuterte der BBC: »Der Ruf des Stadions ist absolut gerechtfertigt. Die walisischen Fans machen die Atmosphäre so einschüchternd und feindselig wie nur möglich.«[12] Care kann davon ein Lied singen, denn er war Teil des englischen Teams, das 2013 als Favorit auf den Six-Nations-Titel nach Cardiff gereist war und statt dem damals möglichen Grand Slam lediglich eine 3:30 Klatsche mit auf den kurzen Weg nach Hause nahm. An diesem Märztag, dem letzten Spieltag des damaligen 6-Nationen-Turniers, war das Millennium Stadium in Höchstform und spornte seine Helden nach vorne.

Doch die Magie des Millenniums und Cardiff als Spielort besteht nicht nur in der steilen Bauweise, den lautstarken walisischen Fans und dem verschließbaren Dach, das die Akustik nur noch verstärkt. Die ganze Stadt zelebriert an einem Spieltag das Team und den Rugby-Sport. Zum Grand-Slam-Entscheidungsspiel um den Six-Nations-Titel 2019 kamen knapp 300.000 Rugby-Fans nach Cardiff[13], mehr als vier Mal so viele, wie überhaupt Platz im Stadion finden.

Die Bauweise, der Ort, die Fans und die Geschichte – Cardiff und das Millennium Stadium sind am Spieltag eine Rugby-Hochburg mit der Festung in ihrer Mitte. Man mag darüber streiten, aber für die meisten Rugby-Fans, unabhängig davon, ob sie Waliser sind oder nicht, ist das Millennium Stadium die wohl schönste Sportarena der Welt.

42. GRUND

Weil ein kleines Land im Kaukausus sich aus dem Nichts zu einem Weltklasseteam entwickelt hat

Mamuka Gorgodze eine imposante Erscheinung zu nennen, wäre eine Untertreibung sondergleichen. Der georgische Nationalheld ist mit seinen 1,96 m bei gut 120 kg Gewicht eine wahrhafte Waffe in der dritten Sturmreihe. Sein Spitzname »Gorgodzilla« lässt selbst den Rugby-Laien erahnen, was für eine Art Spieler der langjährige Kapitän der georgischen Nationalmannschaft ist. Wenig verwunderlich, dass er bei den besten Klubs der Welt spielte und unter anderem die dominante Ära beim französischen Spitzenklub RC Toulon mitprägte, die dem RCT drei Europacupsiege auf dem Briefkopf bescherte.

Dass Georgien in der Lage ist, einen derartigen Weltklassespieler zu produzieren, nachdem der Sport erst Mitte des 20. Jahrhundert im kleinen Kaukasus-Land eingeführt wurde, spricht Bände über die atemberaubende Entwicklung des ovalen Ballsports dort. 1992 absolvierte Georgien kurz nach der Unabhängigkeit das erste Länderspiel, und noch in den 90ern fehlte es dem Land in wirtschaftlich schwierigen Zeiten an jeglichen Ressourcen, und doch schaffte es Georgien gegen alle Widerstände zur WM 2003 nach Australien und im Jahr 2016 bis auf Rang elf der Weltrangliste.

Zu Heimspielen der Nationalmannschaft Georgiens kommen mittlerweile bei Topspielen mehr als 50.000 ins Nationalstadion von Tiflis. Warum die Georgier den Rugby-Sport, der vielen von ihnen vor 30 Jahren noch gänzlich unbekannt war, so schnell ins Herz geschlossen haben, ist auch klar, wenn man sich mit den Bewohnern des kleinen Kaukasus-Landes unterhält.

Seit dem frühen Mittelalter und in ländlichen Regionen bis heute wird in Georgien ein Sport gespielt, der dem Rugby unglaublich ähnlich ist. Lelo Burti, wörtlich übersetzt Feldball, ist sozusagen die archaische Version des Rugby-Sports. Zwei Dörfer spielen gegeneinander, die Regeln sind nirgends aufgeschrieben, aber das Prinzip ist: Ein schwerer Lederball muss von einem neutralen Punkt aus zum Grabe der eigenen Vorfahren bugsiert werden, und zwar gegen den tatkräftigen Widerstand des Gegners, der in diesem Fall ein ganzes Dorf ist.

Wie im Rugby gibt es beim Lelo Burti Spieler für die groben Aufgaben und schweren Meter, so wie flinke Läufer. Doch da sich ein

Match Dorf gegen Nachbardorf, unter der Teilnahme der gesamten männlichen Bevölkerung, heutzutage nicht mehr dermaßen leicht organisieren lässt, hat man sich in Georgien zuletzt mehr und mehr dem Rugby-Sport gewidmet. Die Erfolge nehmen zu, und wenn das georgische Publikum den Schlachtruf »Lelo, Lelo Sakartvelo« (Versuch für Georgien) ruft, muss sich der Gegner auf einen Sturmlauf der physisch extrem starken Männer aus dem Kaukasus einstellen.

43. GRUND

Weil Fidschi mit seinem unorthodoxen Offload-Spiel kaum zu verteidigen ist

Es geht gegen fast jede Regel, die konservative Jugendtrainer ihrem Nachwuchs über Jahre hinweg versuchen einzuimpfen. Es ist eine Art zu spielen, die man kaum mit Trainingseinheiten nach Schema F erlernen kann, es ist quasi eine Kunst für sich, die irgendwo zwischen einem risikoreichen Vabanque-Spiel und dem Joga Bonito, dem schönen Spiel, das die Brasilianer im Fußball praktizieren, liegt. Die Rede ist vom Offload-Spiel der Fidschianer, praktiziert im Fünfzehner- wie im Siebener-Rugby. Die Kunst, nach dem Kontakt den Ball noch im Fallen loszuwerden, den freien Mann punktgenau zu bedienen und so die Defensive aus dem Spiel zu nehmen und die Linie zu durchbrechen – sie ist mit dem fidschianischen Rugby quasi Synonym geworden.

Neuseelands Sonny Bill Williams mag vielleicht der beste individuelle Offload-Spieler der Welt sein, doch keine Mannschaft praktiziert diese Kunstform so wie die traditionell in Weiß auflaufenden Insulaner. Für die Gegner der Fidschianer ist diese Spielart ebenso sehr ein Albtraum, wie sie für Zuschauer ein Augenschmaus ist. Das blinde Verständnis der Fidschi-Spieler untereinander lässt einen manchmal an Telepathie glauben, so exakt kommen die No-

Look-Pässe hinter dem Rücken, über den gegnerischen Kopf oder zwischen den Beinen beim Mitspieler an.

Welch verheerende Wirkung diese Art zu spielen haben kann, wenn sie perfekt funktioniert, konnte man im Olympia-Finale von Rio sehen. Dort zerlegten die Flying Fijians Großbritannien nach allen Regeln der Kunst. Über das gesamte Finale hinweg bekamen Großbritanniens Verteidiger nie so richtig Zugriff auf die Fidschianer – selbst wenn ein Brite mal einen Gegenspieler zu fassen bekam, wurde dieser das ovale Leder in Sekundenschnelle wieder los, bevor sich die Defensive neu sortieren konnte. Immer größere Lücken in der Verteidigung klafften von Minute zu Minute, und Fidschi konnte im 20-minütigen Finale ganze sieben Versuche erzielen.

44. GRUND

Weil der samoanische Sidestep in der Rugby-Welt gefürchtet ist

Es ist der Albtraum eines jeden leicht gebauten Hintermannschaftsspielers. Ein samoanischer Rugby-Spieler kommt mit dem Ball unter dem Arm und gefühlten 100 km/h auf einen zu, denn jeder Rugger weiß genau, was jetzt kommt. Samoaner kennen meist nur eine Richtung, geradeaus und zwar mit Volldampf. Das wahrscheinlichste Ergebnis in diesem Szenario ist, dass der Samoaner einfach über den Verteidiger hinwegwalzt. Dieses durchschaubare und dennoch destruktive Manöver ist als der samoanische Sidestep bekannt – ein gewaltiger Euphemismus, der im Endeffekt mit einer Prise Ironie beschreibt, dass Samoaner nicht am Gegenspieler vorbei steppen, sondern den frontalen Kontakt suchen.

Samoa ist als kleiner Inselstaat mitten im Pazifik, irgendwo zwischen Australien und Südamerika gelegen, der Nachbar Fidschis und Tongas. Die Inselnationen verbindet unglaublich viel, nicht zuletzt ihre fast schon religiöse Liebe für den Rugby-Sport. Doch wo zumindest Fidschi und Samoa stark voneinander abweichen, ist in der Interpretation des ovalen Ballsports. Versuchen es die Fidschis mit einer Symbiose aus Rugby-Spielkunst und körperlicher Dominanz, ist das samoanische Spiel vor allem auf Letzteres ausgelegt.

Zwar hat es Samoa mit dieser Taktik nie weiter als in die WM-Viertelfinals der World Cups 1991 und 1995 geschafft. Aber schon so manches Team der absoluten Weltklasse musste über die Jahre gegen Samoa eine überraschende Niederlage hinnehmen. Bis heute legendär ist ein WM-Vorbereitungsspiel Australien gegen Samoa in Sydney im Jahr 2011, das die Gäste mit 32:23 für sich entscheiden konnten. Nicht nur eroberten die im traditionellen Blau Samoas auflaufenden Gäste das Olympiastadion von Sydney, sie teilten im Verlaufe der 80 Minuten auch auf dem Feld mächtig aus, sodass keiner der unterlegenen Wallabies diese Partie vergessen dürfte. Eine derartige Physikalität hatten die Australier nicht erwartet – bei jedem Kontakt schepperte es mächtig – der samoanische Sidestep wirkte auch gegen die Wallabies, die später im gleichen Jahr noch WM-Dritter werden sollten, Wunder.

Wie schmerzhaft eine Begegnung mit Samoa sein kann, durfte auch die deutsche Nationalmannschaft im Jahr 2018 erfahren. In der WM-Qualifikation für das Turnier 2019 in Japan traten die schwarzen Adler im Hin- und Rückspiel gegen Manu Samoa an. Das Spiel im Apia Park wurde für das deutsche Team zu einer schmerzhaften Lektion, mit 66:15 zogen die Gastgeber als Sieger vom Feld. Doch im Rückspiel im Heidelberger Rugby-Wohnzimmer Fritz-Grunebaum-Sportpark stellte das deutsche Team unter Beweis, es durchaus mit der erweiterten Weltspitze aufnehmen zu können. Auch wenn das Spiel 28:42 aus deutscher Sicht endete, bis fünf Minuten vor dem Ende hatte das deutsche Team noch Chancen auf den Sieg – trotz des samoanischen Sidesteps, den die deutschen Spieler mit viel Mut wieder und wieder verteidigten.

45. GRUND

Weil Zypern das erfolgreichste Team der Welt ist

Wer ist das beste Rugby-Team der Welt? Die All Blacks! So zumindest würden es 99 von 100 Rugby-Fans wie aus der Pistole geschossen äußern. Und tatsächlich: Mit drei WM-Titeln auf dem Konto und bis zuletzt zehn Jahren an der Spitze der Weltrangliste ist es schwer zu negieren, dass die All Blacks das beste Team im Welt-Rugby sind. Doch einen Rekord hätten die All Blacks gerne, der ihnen bisher verwehrt blieb. Als im Oktober 2016 eine 18 Spiele anhaltende Siegesserie mit einer Niederlage gegen Australien in Brisbane endete, war überall zu lesen, dass dies die längste im internationalen Rugby gewesen sei.

Das stimmte aber so ganz nicht, zumindest für die Top-Teams im Welt-Rugby ist diese Serie bis heute unübertroffen. Aber ein kleines Land im Mittelmeer hatte einst von 2008 bis 2014 unglaublich 24 Spiele lang nicht verloren – es ist Zypern. Natürlich haben die Mufflons, wie sich das Team nach einem auf Zypern beheimateten Schaf mit großen Hörnern nennt, von der Mittelmeer-Insel es während dieser Serie nicht mit den absoluten Top-Teams der Welt aufgenommen, sondern Gegner wie Aserbaidschan und San Mario geschlagen. Doch für das Land, das 2007 zum allerersten Mal überhaupt ein Rugby-Länderspiel ausgetragen hatte, war es dennoch eine großartige Leistung.

Der Wahlspruch des Teams rührt von den berühmten Vorfahren, den Spartanern: »Entweder mit deinem Schild oder auf ihm« – was der Legende nach von den Müttern der Krieger zu ihren Söhnen zum Abschied gesagt wurde und effektiv bedeutet, dass man entweder als Held oder tot zurückkehrt. Dabei musste sich das Team auch gegen ganz andere Widerstände durchsetzen. Stundenlanges Warten auf Visa bei der Einreise, Hotelzimmer mit Ratten und unfaire Gegner, deren dreckige Tricks ohne Video-Schiedsrichter ungesühnt blieben. Selbst in den großen Rugby-Ländern von Neuseeland bis Großbritannien fand diese Leistung Anerkennung. Und zumindest wenn es um die längste Siegesserie im internationalen Rugby geht, sind die zypriotischen Mufflons das beste Team der Welt.

2. KAPITEL

RUGBY IN DEUTSCHLAND

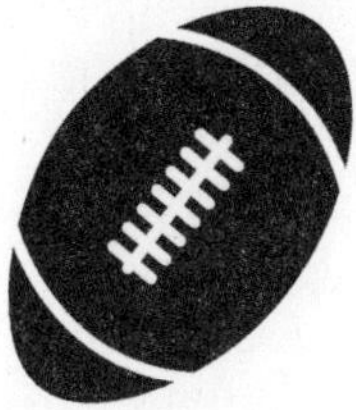

46. GRUND

Weil in Heidelberg zwei Stadtteile stillstehen, wenn Erdbeerpflücker und Angler aufeinandertreffen

Die Universitätsstadt Heidelberg ist mit ihren 150.000 Einwohnern alles andere als eine Metropole. Durch das Stadtzentrum der Neckarstadt ist man in einer Viertelstunde gelaufen. Heidelberg ist deutschlandweit für sein Schloss und die wunderschöne Lage zwischen Hügeln und dem Neckar bekannt. Für den Rugby-Sport hat die Stadt in der Kurpfalz aber eine ganz besondere Bedeutung. Am Neuenheim College wurde in den 1850ern erstmals der Sport in Deutschland eingeführt, der sich später um die Welt als Rugby verbreiten sollte.

Diese lange und bis heute gelebte ovale Tradition hat Heidelberg für Rugby-Deutschland zum Rugby-Mekka schlechthin werden lassen. Mit gleich fünf Großklubs, die heute in Liga 1 und 2 unterwegs sind und von denen sich vier bereits Deutscher Meister nennen durften, bleibt die malerische Stadt am Neckar das Zentrum des deutschen Rugbys.

Zwar waren die RG Heidelberg und vor allem der Heidelberger RK zuletzt weitaus erfolgreicher als ihre Lokalkonkurrenten, aber nirgends in Deutschland wird Rugby mit derart viel Passion gespielt und verfolgt wie auf der rechten Neckarseite, also nördlich der Innenstadt in Neuenheim und Handschuhsheim. Die Hendesmer Löwen und die Königsblauen, oder, wenn man im Sprech der jeweiligen Derby-Gegner bleiben möchte, Erdbeerpflücker und Angler, verbindet die Liebe zum Rugby und fast genauso sehr, wie die bittere Rivalität mit dem Erzrivalen und Nachbarn.

Die beiden Stadtteile liegen quasi nebeneinander und sind in Heidelberg noch immer die größten Zuschauermagneten, erst recht, wenn beide Teams aufeinandertreffen. Neuenheim ist der historisch weitaus erfolgreichere Klub mit seinen neun Meisterschaften, verglichen mit Handschuhsheims einzigem Titel aus dem Jahr 1957. Doch dafür ist man sich im Stadtteil um die Handschuhsheimer Tiefburg sicher, die besseren und treueren Anhänger zu haben.

Handschuhsheim steht seit jeher für sturmbetontes ehrliches Rugby, den harten Kampf und den unbedingten Willen. Neuenheim dagegen spielte schon immer mit ein wenig mehr Flair und zog schon früh Topspieler aus dem Ausland an sich. So treffen beim Derby schon immer auch zwei gänzlich verschiedene Spielstile aufeinander.

In den letzten paar Jahren änderten sich die Machtverhältnisse im Heidelberger Norden zusehends. Nachdem der SC Neuenheim noch 2013 Vizemeister war und 2016 den DRV-Pokal holte, mussten die Königsblauen 2018 den bitteren Gang in die 2. Liga antreten, der zu einem einjährigen Ausrutscher werden sollte. Der Erzrivale Handschuhsheim dagegen entwickelte sich gerade während der größten Vereinskrise des SCN zum Spitzenklub und zog 2019 ins Finale der Rugby-Bundesliga ein.

47. GRUND

Weil Deutschland 1900 bei der Olympiade in Paris unter kuriosen Umständen Silber holte

Die zweiten Olympischen Spiele der Neuzeit in Paris im Jahr 1900 hatten nicht viel mit dem modernen und absolut durchorchestrierten kommerziellen Mega-Event gemein, das die heutigen Spiele sind. Die Wettbewerbe wurden damals über die warmen Monate von Mai bis Oktober sukzessive nacheinander abgehalten, und es gab weder eine Eröffnungs- noch eine Schlusszeremonie. Zudem wurde bei Olympia damals noch Fünfzehner-Rugby gespielt. Kein Wunder, da der Vater der modernen olympischen Bewegung, Pierre de Coubertin, selbst Rugby-Spieler und -schiedsrichter war.

Was damals ebenso noch üblich war: Vereinsmannschaften, die ganze Länder vertreten haben. Im Fall von Deutschland war dies sogar eine Notwendigkeit, da sich damals rund 20 Vereine schon mehrmals zum deutschen Rugby-Tag getroffen hatten, sich jedoch nicht auf die Gründung eines Verbands einigen konnten und gar ein Beitritt zum Fußballbund DFB im Raum stand – der DRV wurde schließlich einige Monate später noch im Jahr 1900 gegründet. Das erste Länderspiel sollte erst weit später in den 1920ern ausgetragen werden, und so hielt der SC Frankfurt 1880 (damals noch als FC Frankfurt) die deutschen Farben in Paris hoch und lief auch bei Olympia im traditionellen Schwarz und Rot auf.

Der Frankfurter Traditionsklub war, wie der Name schon verrät, 20 Jahre zuvor entstanden, und zwar aus einer Fusion von Francona und Germania Frankfurt. In Paris unterstützten allerdings Hugo Betting vom VF Stuttgart 93, dem Vorgängerclub des VfB Stuttgart, sowie der Cannstädter August Schmierer, der zuvor lange Jahre bei 1880 war, das Team. Unter den deutschen Vertretern war damals im Übrigen auch Arnold Landvoigt, der erste deutsche Meister im 100-m-Sprint mit einer Bestzeit von elf Sekunden.

Der Rugby-Wettbewerb, ausgetragen auf dem Pariser Gelände der Weltausstellung, war der größte Zuschauermagnet der damals bei den Parisern noch weitestgehend unbekannten Olympischen Spiele. 3.500 verfolgten im Velodrome de Vincennes, wie das deutsche Team im ersten Spiel des Dreier-Turniers gegen Frankreich antrat. Der Bitte des deutschen Teams, einen neutralen britischen Schiedsrichter einzusetzen, wurde nicht nachgekommen. So traten die Franzosen, vertreten durch Spieler der beiden ältesten Pariser Klubs Racing und Stade, sowie die Deutschen unter Leitung eines französischen Referees an.

Trotz 14:8 Halbzeitführung und insgesamt drei deutschen Versuchen durch Richard Ludwig, Heinrich Reitz und August Schmierer, verlor die deutsche Auswahl unter dubiosen Umständen mit 17:27. Zeitgenössische Berichte sprechen von einem sehr parteiischen Offiziellen, der seinen Landsmännern den Sieg zumindest erheblich erleichterte. Auch im zweiten Spiel sollten die Franzosen mit Fortunas Hilfe siegen – einige der britischen Spieler von den Moseley Wanderers hatten am Vortag noch ein Punktspiel absolvieren müssen und waren deshalb erst in der Nacht vor dem zweiten Spiel angereist. Frankreich hatte gegen die mit den Reisestrapazen kämpfenden Briten leichtes Spiel und siegte 27:8, was den Gewinn der allerersten Rugby-Medaille bei Olympia bedeutete.

Das zweite deutsche Spiel gegen die Briten musste dann aus einem heute unvorstellbaren Grund abgesagt werden, denn die Briten schafften es nicht, rechtzeitig anzureisen. Angesichts des heutigen Stellenwertes der Spiele natürlich unvorstellbar, aber damals nichts Außergewöhnliches. So wurde Frankreich die Goldmedaille zugesprochen, während sich Deutschland und Großbritannien Silber teilten. Teile des französischen Teams sollten bei der gleichen Olympiade noch eine weitere Goldmedaille abräumen, da sie Frankreich im Tauziehen vertraten.

Obwohl das Turnier mit dem heutigen hoch professionellen Rugby-Events nicht viel gemein hat, bleibt doch die Silbermedaille des deutschen Teams auf dem Papier der größte Erfolg auf internationalem Parkett. Frankfurt sollte sich zehn Jahre später den zweiten deutschen Meistertitel sichern, nachdem die Rot-Schwarzen im ersten Finale überhaupt im Jahr 1909 noch dem FV 1897 Hannover unterlegen waren. Fünfzehner-Rugby sollte noch drei Mal bei den Sommerspielen gespielt werden – Australien und zwei Mal die USA holten die weiteren Goldmedaillen. Doch ein Platzsturm nach dem letzten Spiel Frankreich gegen Rumänien des olympischen Turniers im Jahr 1924, als zahlreiche der über 20.000 Zuschauer aus Freude über den Heimsieg auf das Feld stürmten, gab Rugby einen schlechten Ruf in olympischen Kreisen.

Als dann Pierre de Coubertin, selbst Rugby-Fan, der Gründer der olympischen Bewegung und bis 1925 IOC-Vorsitzender, zurücktrat, verlor Rugby seinen größten Fürsprecher. 1928 in Amsterdam war Rugby schon nicht mehr Teil des Programms, und es sollte bis zum Jahr 2016 dauern, bis das ovale Leder sein Comeback feierte. Doch dieses Mal in der Siebener-Variante. In Rio beim Rugby-Comeback räumte Fidschi seine erste Goldmedaille ab, Großbritannien und Südafrika folgten auf den Plätzen. Deshalb bleibt die olympische Medaille beispielsweise bis heute eines der wenigen Dinge, die Deutschland als Rugby-Land den Neuseeländern voraus hat.

48. GRUND

Weil das Hannover-Derby Deutschlands zweite Rugby-Metropole elektrisiert

Sie sind die beiden Top-Klubs in Deutschlands zweiter Rugby-Metropole: Der Deutsche Sportverein Hannover, gegründet 1878, e.V. und der Sport Club Germania List Hannover sind nicht nur zwei der größten deutschen Rugby-Vereine Deutschlands. Sie liefern sich auch regelmäßig eines der packendsten deutschen Rugby-

Derbys, das gerade im Rugby-Norden seinesgleichen sucht. Dabei ist es das Duell des alteingesessenen Hannoveraner Traditionsvereins 78, der von Ferdinand Wilhelm Fricke, dem Vater des Rasensports in Deutschlands und Mitbegründer des DRV, aus der Taufe gehoben wurde, und dem viel jüngeren Verein Germania auch eines der Gegensätze.

In seiner Geschichte war 78, angestammt im Zentrum Hannovers am Maschsee, mit 16 Endspielteilnahmen und neun deutschen Meistertiteln der weitaus erfolgreichere Verein als die Lister Germanen, die lediglich zwischen 1977 und 1981 drei Mal den Lorbeerkranz für den Meister überreicht bekamen. Nach Jahrzehnten mit einer Vielzahl von Hannover-Derbys der insgesamt neun Klubs kristallisierte sich 78-Germania über die Jahre als das beste der Stadt-Duelle in der niedersächsischen Landeshauptstadt heraus.

Dabei definiert die Rivalität beide Rivalen gewissermaßen, und bereits bei der Veröffentlichung des Spielplans richtet sich der Blick beider Klubs und deren Anhänger bereits auf das Hannover-Derby. Wechsel von Spielern von einem Rivalen zum anderen tun ihr Übriges zur Rivalität, wie zuletzt der von Nationalspieler Jarrod Saul. Eine Dokumentation des Norddeutschen Rundfunks aus dem Jahr 2017, der Spieler beider Teams im Derby-Vorfeld begleitet hatte und dabei auch Einblick in die Kabinen beider Teams gab, verdeutlichte Rugby-Deutschland noch ein Mal mehr, welche Emotionen und wie viel Herzblut bei diesem Duell auf beiden Seiten im Spiel ist.

Sportlich gesehen gab es in den letzten Jahren im Norden kein hochwertigeres Duell, und auf beiden Seiten stehen meist gleich mehrere Nationalspieler. Die lauf- und kombinationsstarken Germanen versuchen mit ihrer schnellen Art, Rugby zu spielen, die sturmstärkeren 78er zu überrumpeln. So sind es schlussendlich auch zwei verschiedene Spielphilosophien, die dieses Spiel zu einem besonderen machen, das die Loyalitäten der Hannoveraner Fans aufteilt und beide Seiten elektrisiert.

49. GRUND

Weil Alexander »Snakko« Widiker eine Dekade lang Deutschlands Fünfzehner-Nationalmannschaft in 65 Spielen und als Kapitän durch Höhen und Tiefen führte

Als Alexander Widiker im Kindesalter aus seinem Geburtsland Kasachstan mit seiner wolgadeutschen Familie nach Deutschland kam und schließlich beim Heidelberger Klub TB Rohrbach das erste Mal das ovale Leder in die Hand nahm, konnte keiner absehen, wie wichtig Widiker später noch mal für das deutsche Rugby werden würde. Als er 2016 nach erfolgreichem Klassenerhalt in der Rugby Europe Championship und insgesamt 65 Länderspielen über eine gesamte Dekade hinweg mit dem Adler auf der Brust endgültig in den wohlverdienten Rugby-Ruhestand ging, hatte er mehr Länderspiele in der Fünfzehner-Nationalmannschaft absolviert als jeder deutsche Nationalspieler vor ihm. Und das ausgerechnet auf allen drei körperlich besonders anspruchsvollen Positionen der ersten Sturmreihe – dabei war Widiker einer von nur ganz wenigen Rugby-Spielern, die überhaupt alle drei 1.-Reihe-Positionen beherrschen, wobei sich Widiker am wohlsten in der Mitte als Hakler fühlte.

Doch das Talent des nur 1,72 m großen, aber über 100 kg schweren Stürmers war seinen Trainern schon früh bewusst. Mit nur 17 Jahren hatte er sich im Training gegen die weitaus ältere Konkurrenz im Verein durchgesetzt und feierte sein Debüt für die erste Mannschaft des SC Neuenheim in der Bundesliga. Er wurde schnell zur unverzichtbaren Größe bei den Königsblauen, mit denen er noch zwei Meistertitel und einen Pokalsieg holen sollte. Er sollte auch im Nationalteam zu einem extrem wichtigen Anker werden, und bis ihm ein jüngerer Konkurrent im Verein oder Nationalteam das Wasser reichen können würde, sollten noch mehr als zehn Jahre vergehen. Neuenheim verließ er schließlich, um nach Frankreich zu wechseln, wo er vier Jahre lang bei Orleans als Profi spielte. Weitere deutsche Meistertitel folgten nach seiner Rückkehr nach Heidelberg beim Heidelberger RK.

Doch wofür Snakko, wie Widiker auf dem Platz immer nur gerufen wurde, vor allem in Erinnerung bleiben wird, ist, wie er als Sturmführer und Kapitän auf dem Platz vorangegangen ist. Er erlebte mit der deutschen Mannschaft jede erdenkliche Entwicklung – knüppelharte Auswärtsspiele in Europas zweiter Division bei Temperaturen um den Gefrierpunkt in Moldawien und der Ukraine. Zwei Aufstiege in Europas höchste EM-Spielklasse und nach zwei Comebacks den endgültigen Abschied vor vollen Rängen in Hannover und Köln im Jahr 2016, als ein Kantersieg über Portugal vor 10.000 in Hannover und ein Unentschieden gegen Spanien in Köln der deutschen Mannschaft den erstmaligen Klassenerhalt in der obersten Rubgy-Europe-Spielklasse sicherten.

Bei all den Spielen war Widiker ein absolut sicherer Gasse-Einwerfer, ein verlässliches 1-Mann-Ruck-Räumkommando und auch ein kompromissloser Ballträger. Viel mehr war er jedoch auf dem Feld ein Anführer, der immer vorangegangen ist. Auch wenn er dem deutschen Rugby als Leiter des Bundesstützpunktes Rugby in Heidelberg erhalten bleibt, fehlt er seit seinem Abschied im Trikot der schwarzen Adler – denn Deutschland konnte seither keinen gleichwertigen Hakler hervorbringen.

50. GRUND

Weil Clemens von Grumbkow mit Torwarthandschuhen zum Rugby-Training erschien

In deutschen Rugby-Kreisen ist Clemens von Grumbkow wirklich jedem ein Begriff. Kein Spieler trug öfter den Adler auf der Brust – der groß gewachsene Blondschopf führte sowohl die Fünfzehner- als auch die Siebener-Nationalmannschaft als Kapitän aufs Feld und war jahrelang einer der erfolgreichsten deutschen Rugby-Exporte. Bei mehreren Profi-Stationen in Italien und Frankreich konnte »Clemi«, wie er auf dem Feld seine gesamte Karriere lang gerufen wurde, als Profi die deutschen Rugby-Farben hochhalten.

Gerade im Süden Frankreichs, der Rugby-Herzkammer des Landes, war man damals jedoch derart verwirrt darüber, dass ein Deutscher zum Rugby-Spielen auf derart hohem Niveau engagiert würde, man hatte gelinde gesagt so seine Zweifel. Von Grumbkow jedoch machte sich die Vorurteile gegenüber Deutschen im Rugby zu eigen und tauchte bei seinem ersten Training beim Profiklub Dax mit Fußballtorwarthandschuhen auf und fragte, warum denn das Gebälk des Fußballtores derart unförmig sei. Die Lacher hatte er damit auf seiner Seite.

Und spätestens wenn der mit 1,91m Größe für einen Innendreiviertel imposante Deutsche auf dem Platz unter Beweis stellen konnte, dass er sowohl das physisch direkte Spiel als auch die Feinheiten mit dem ovalen Leder beherrschte, waren die Zweifel an seinen Rugby-Fähigkeiten schnell beseitigt. Dabei war es ein harter Weg, den von Grumbkow zu absolvieren hatte, bis er im Europacup und in Frankreichs professioneller Pro D2 spielen konnte.

Direkt vor den Toren Heidelbergs geboren, wuchs von Grumbkow in der Rugby-verrückten Neckarstadt auf. Genau zu dem Zeitpunkt, als Heidelberg Hannover so langsam als deutsches Rugby-Mekka abzulösen begann. Beim SC Neuenheim, dem damals schwächsten unter den großen Heidelberger Klubs, erlernte von Grumbkow den Sport. Zusammen mit einem anderen Nachwuchsspieler der Königsblauen, der nur ein Jahr älter ist als von Grumbkow, sollte er eine Ära prägen im deutschen Rugby. Die Rede ist vom Fünfzehner-Rekordnationalspieler Alexander Widiker, in Heidelberg nur bekannt als »Snakko«.

Beide absolvierten gemeinsam die Jugendmannschaften der Königsblauen und mussten dabei des Öfteren vom damals besser aufgestellten Nachwuchs der Löwen und der RGH, den beiden

Klubs, die damals noch Tür an Tür mit dem SCN benachbart waren, derbe Niederlagen kassieren. Doch diese harte Schule führte von Grumbkow schließlich in die Jugendnationalmannschaft und schließlich in das vielleicht beste SCN-Team jemals. 2003 und 2004 gab es die einzige Doppelmeisterschaft in der langen Geschichte der Neuenheimer, und die jungen Widiker und von Grumbkow waren die zwei Säulen des Meisterteams.

Beide entschieden sich aber, ihr Glück im Ausland zu versuchen, und bildeten zusammen mit Mathieu und Guillaume Franke ein deutsches Quartett beim damaligen Drittligisten RC Orléans. Dabei erinnert sich von Grumbkow heute noch, wie die ersten Auswärtsspiele mit dem im Süden als neureich wahrgenommenen Klub aus dem Norden waren. »Wir waren als Legionäre verschrien«, und das habe sich in einer feindseligen Atmosphäre auf und neben dem Platz geäußert.

Doch auch diese zweite harte Schule überstand von Grumbkow, und sie ebnete dem deutschen Hünen auf der Innenposition eine Karriere im Europacup. Denn mit seinen Leistungen in Orléans empfahl sich von Grumbkow für höhere Weihen: Ein Wechsel in Italiens Topliga zum toskanischen Verein I Cavalieri Prato, wo er mit einem einjährigen Abstecher beim französischen Zweitligisten Dax insgesamt fünf Jahre als Profi spielte. Dort etablierte sich von Grumbkow und konnte mit dem Team aus dem Florenzer Vorort zwei Vizemeisterschaften und mehrere Teilnahmen am Europacup feiern – unter anderem gegen so klangvolle Namen wie die Exeter Chiefs, die Londoner Harlequins, Aviron Bayonnais und Connacht.

Nicht schlecht für einen Deutschen aus Leimen an der Bergstraße, der zu seinem ersten Training in Frankreich mit Torwarthandschuhen erschien.

51. GRUND

Weil Deutschlands Siebener-Nationalmannschaft sich in Hongkong den Spitznamen Wolfpack verdiente

Es ist für das deutsche Siebener-Nationalteam fast zu einer Art Ritus geworden. Nach jeder Trainingseinheit sowie vor und nach jedem Spiel – die Mannschaft kommt im Kreis zusammen, der Kapitän richtet sich an seine Mitspieler, und am Ende wird es laut: »3, 2, 1, WOLFPACK!« Das Team schwört sich ein, der Kapitän zählt herunter, und alle schreien aus voller Lunge Wolfpack. Das Wolfsrudel ist sowohl zum Spitznamen, als auch zum Mantra dieses Teams geworden.

Doch wie kam die Mannschaft überhaupt zu diesem doch etwas ungewöhnlichen Namen? 2016 spielte das deutsche Siebener-Team nach langer Abstinenz mal wieder bei den Hong Kong Sevens und damit das erste Mal seit Langem wieder auf einem der größten Siebener-Turniere der Welt. Für die meisten Zuschauer im Hong Kong Stadium und die Sportjournalisten auf der Tribüne war das Team des damaligen Trainers Chad Shepherd eine völlige Unbekannte.

Die Stärken und Schwächen des deutschen Teams waren niemandem so richtig bekannt. Was den Kommentatoren allerdings sofort ins Auge stach, war der aggressive Verteidigungsstil des deutschen Teams. Sobald ein Gegenspieler das Leder in die Hände bekam, standen ihm schon mehrere deutsche Spieler auf den Schnürsenkeln. So konnte und kann das deutsche Team Ballverluste provozieren und das eigene Malfeld sauber halten. »Sie verteidigen wie ein Rudel Wölfe«, so zumindest fasste es der australische Fox-Sports-Kommentator Sean Maloney im World-Feed des Turniers zusammen, der in Dutzende englischsprachige Länder ausgestrahlt wurde.

Das Team selbst bekam von dem Kommentar im australischen TV Wind und adoptierte den Spitznamen quasi selbst. Seit den Hong Kong 7s 2016 vertritt also das Wolfpack den Deutschen

Rugby-Verband im olympischen Siebener. Mit gewohnt aggressiver Verteidigung, aber auch mit immer mehr Spielwitz. Damit hat sich das Team mittlerweile einen Namen gemacht und ist in die erweiterte Weltspitze vorgerückt.

52. GRUND

Weil die Hannoveraner Himmer-Dynastie das deutsche Rugby prägt

Sechs Brüder – Volker, Carsten, Klaus, Jörg, Frank und Jens –, die allesamt Rugby spielten, und zwei Schwestern, die im Feldhockey immerhin auch bei einem deutschen Top-Klub in der Bundesliga unterwegs waren. Die Himmer-Familie ist ein wahrhaft sportbegeisterter Haufen – die Himmer-Brüder haben das deutsche Herren-Rugby in Hannover und Heidelberg über Jahre geprägt. Meister- und Pokaltitel, unzählige Einsätze in der Nationalmannschaft und später auch Aufgaben im Funktionärsbereich des Verbandes oder im Schiedsrichter-Bereich – egal, wo man im deutschen Rugby schaut, der Name Himmer begegnet einem zwangsläufig immer wieder.

Der wohl bekannteste in der ersten Himmer-Rugby-Generation ist Jens, der mit dem Hannoveraner Rekordmeister Victoria Linden gleich sechs deutsche Meistertitel einfuhr und Dutzende Einsätze im DRV-Nationalteam hatte. Auch abseits des Rugby-Feldes machte der Polizist von sich reden – unter anderem mit mehreren Einsätzen im *Tatort* als muskelbepackte Knastbrüder, die seinem rauen Äußeren, aber nicht seiner ruhigen Art entsprachen. Aber wie die anderen Himmers ist auch Jens mit Hannover 78 verbunden – sein Sohn Michel wiederum ist mittlerweile von den 78ern zur Rugby-Schmiede Sydney University gewechselt, die in ihrer über 100-jährigen Geschichte mehr als 100 Wallabies, einige davon Teil der Weltmeistermannschaften von 1991 und 1999, hervorgebracht hat.

Ebenso Teil der neuen Himmer-Generation ist Siebener-Nationalmannschafts-Leistungsträger Basti Himmer, der aktuell die Fahne des Namens Himmer im DRV-Team hochhält. Wie so viele seiner Onkel auch, spielt der wendige Halbspieler für Deutschland und prägt seit fast zehn Jahren die Entwicklung der deutschen Siebener-Nationalmannschaft. Was ihm mit dem Familienhintergrund wohl von Anfang an in die Wiege gelegt worden war, ist das überragende Spielverständnis. Das Auge für Lücken, oder wann sich diese auftun, und die nötigen Beine, um dies dann auch ausnutzen zu können. Er wird aber sicher nicht der letzte Himmer gewesen sein, der im deutschen Rugby von sich reden macht.

53. GRUND

Weil Deutschland beim Wunder von Offenbach die scheinbar übermächtigen Eichen fällte

Als der damalige Kapitän der Fünfzehner-Nationalmannschaft Michael Poppmeier nach 80 hochdramatischen Minuten, in denen er sich am Knie verletzte, die Krücken zum Sieg in den Offenbacher Himmel reckte, war allen klar: Hier war gerade Historisches geschehen – Deutschland hatte in einem absoluten Rugby-Krimi den übermächtigen Favoriten Rumänien mit 41:38 geschlagen. Nach dem Zweiten Weltkrieg hatte es in 13 Spielen gegen die rumänischen Eichen zwölf zum Teil deutliche Niederlagen gesetzt, während man nur einen einzigen 11:10-Sieg im Jahr 1972 einfahren konnte.

Im Nachhinein sollte es sich leider nicht als Auftakt zu etwas Größerem erweisen, doch der Sieg der deutschen Fünfzehner-Nationalmannschaft gegen Rumänien im Jahr 2017 ließ die deutschen Rugby-Fans von mehr träumen und waren ein Indiz dafür, wie viel Potenzial im deutschen Rugby steckt. Es war der Auftakt zur Rugby Europe Championship, der höchsten Spielklasse, für die man sich unter der geschlossenen Gesellschaft Six Nations sportlich qualifizieren kann. Rumänien hatte an bisher allen WM-Turnieren teilgenommen, während Deutschland sich noch nicht ein einziges Mal für einen World Cup qualifiziert hatte.

Doch an diesem Februartag am Bieberer Berg Offenbachs sollte dies keine Rolle spielen. Auch die Tatsache, dass Rumänien mit einem fast im gesamten Kader WM-erfahrenen Team nur aus Profis bestehend anreiste, während das deutsche Team zum Teil noch grün hinter den Ohren war. Selbst der frühe Rückstand von 6:24 konnte das deutsche Team nicht entmutigen, und so kombinierte es immer wieder clever gegen die körperlich überlegenen Rumänen und fällte deren imposante Stürmer, wenn sie ihrerseits mit Dampf auf die deutsche Linie anstürmten.

Lange sollte es jedoch nicht danach aussehen, als dass der deutschen Mannschaft das Wunder gelingen würde. Im zweiten Durchgang waren die Rumänen noch einmal komfortabel auf 38:20 davongezogen. Doch eine legendäre Aufholjagd in der absoluten Schlussphase, mit drei deutschen Versuchen und gekrönt von Marcel Coetzee zur erstmaligen deutschen Führung mit wenigen Sekunden auf der Uhr, brachten den Bieberer Berg zum Beben.

Doch noch war der Sieg nicht eingetütet, Rumänien arbeitete sich mit der letzten Aktion noch einmal bis an Deutschlands 22 vor und bekam einen Straftritt zugesprochen. Die Gäste entschieden sich gegen die quasi sicheren drei Punkte und das Unentschieden und wählten den Kick zur Gasse, um sich mit dem gefürchteten Sturm zum Sieg über die Linie zu schieben. Die Uhr war bereits abgelaufen, und jeder im Stadion blickte ängstlich auf die 5-Meter-Linie, wo Rumänien zur Gasse einwarf – doch der Ball kam nicht beim eigenen Mann an, es war Deutschlands Springer Jarrid Els, der in der verletzungsbedingten Abwesenheit vom Gasse-Turm Poppmeier zum Helden wurde und den Ball abfing. Der Sieg gehörte nach hochdramatischen 80 Minuten dem deutschen Team, der Jubel war riesig, und auch wenn es am Ende nur ein Sieg war, er wird jedem, der am 13. Februar 2017 am Bieberer Berg war oder am TV zugeschaut hat, in Erinnerung bleiben.

54. GRUND

Weil sich die deutsche Siebener-Nationalmannschaft aus der Versenkung bis an die Spitze Europas gekämpft hat

Rugby-Europameister 2019, das durfte sich Deutschlands Siebener-Nationalmannschaft nach der zwei Turniere umfassenden Grand Prix Series des Siebener-Sommers 2019 nennen. Nach dem historischen Vizetitel von 2018, erreicht mit drei zweiten Plätzen bei den GPS-Turnieren in Marcoussis, Exeter und Lodz, sicherte sich das deutsche Wolfpack, trainiert vom ehemaligen südafrikanischen Weltklasse-Spieler Vuyo Zangqa, 2019 mit dem EM-Sieg in Lodz den größten Erfolg seiner Geschichte. Es ist der vorläufige Höhepunkt einer langen Entwicklung – das beste Ergebnis einer deutschen Mannschaft im Kampf mit Europas Siebener-Elite, nachdem Rugby-Deutschland jahrzehntelang beim Konzert der Großen nur zusehen durfte.

Doch das Wolfpack, wie der Spitzname des Teams lautet, hat nicht immer um Titel und Triumphe mitspielen dürfen, im Gegenteil. Das deutsche Team hatte sich die Erfolge über Jahre mit akribischer Trainingsarbeit und noch mehr Fleiß erarbeitet, und wie sich dieses Team aus der Versenkung an den eigenen Haaren hochgezogen hat, ist eine der absoluten Erfolgsgeschichten des deutschen Rugbys. Den gefühlten sportlichen Tiefpunkt erlebte das deutsche Team im Jahr 2010, in der sommerlichen Hitze von Paphos auf Zypern, beim damals zweiten Turnier der Europameisterschaftsserie des Jahres.

Nachdem Deutschland in den beiden Jahren zuvor als Gastgeber der EM-Endrunde bei den Hannover 7s automatisch für das

Final-Turnier qualifiziert war, vermeintlich nicht weit von Europas Spitze schien und das deutsche Siebener vermeintlich auf einem guten Weg schien, erlitt eine damals blutjunge deutsche Mannschaft mit dem zu diesem Zeitpunkt erst 19-jährigen hoch talentierten Neuling Bastian Himmer Schiffbruch.

Nach einem dritten Platz in Split beim ersten EM-Qualifikationsturnier des Sommers mussten auf Zypern aus deutscher Sicht dringend Punkte her, um sich für das Finalturnier von Moskau zu qualifizieren und auch nach einer danach anstehenden Struktur-Reform, die für nach der Saison angekündigt war, noch immer gegen Europas Top-Gegner spielen zu dürfen. Doch für die Jungs mit dem Adler auf der Brust reichte es auf der Mittelmeerinsel nach unerwarteten Pleiten gegen spielerisch auf dem Papier klar schwächere Gegner wie Israel und Zypern nur zu Rang sechs. Nicht nur blieb man damit weit unter den eigenen Ansprüchen zurück, man verpasste die EM-Endrunde 2010 in Moskau und würde auch im Folgejahr nicht Teil der neu geschaffenen Grand Prix Series der zwölf Top-Teams Europas werden. Vom Super-GAU und einem Himmelfahrtskommando war damals in den deutschen Rugby-Medien zu lesen.

Teams wie die Ukraine und Moldawien, bei Weitem keine Rugby-Großmächte, rangierten dagegen nun ganz offiziell vor der DRV-Auswahl als Teil der Top 12 Teams in der GP-Series. Für Spielmacher Bastian Himmer, der in den folgenden Jahren ein Antreiber im deutschen Team, ein verlässlicher Leistungsträger und eines der Gesichter des Aufschwungs werden sollte, war dieses Turnier von Paphos bis heute der absolute Tiefpunkt seiner Karriere.

Das deutsche Siebener war offiziell zweitklassig und auf dem Boden der Tatsachen angekommen, nur zwei Jahre nachdem bei den Hannover 7s noch Zehntausende Zuschauer durch die Tore der AWD-Arena gepilgert waren, um das deutsche Siebener-Team zu unterstützen. Nun war in der unscheinbaren Kleinstadt auf der Mittelmeerinsel das vermeintliche Ende der tollen Entwicklung des Teams gekommen.

Als dann noch ein Skandal um vom DRV versprochene, aber nicht realisierte Sportsoldaten-Stellen zu einem riesigem Zwist zwischen dem Team und der Verbandsführung führte, schien das einstige Aushängeschild des Verbands endgültig im Chaos zu versinken. Einige Spieler weigerten sich, für die Mannschaft aufzulaufen, nachdem gemachte Zusagen nicht eingehalten wurden. Doch das Nationalteam nutzte diese massive Enttäuschung, um sich am eigenen Schopfe aus dem sprichwörtlichen Loch zu ziehen. Das Team erholte sich danach nicht nur, sondern arbeitete sich bekanntlich bis an Europas Spitze vor. Es sollte jedoch ein weiter und äußerst steiniger Weg werden. Zuerst einmal musste sich die DRV-Auswahl den Weg zurück unter Europas zwölf beste Teams ebnen. Dabei hatte der damalige Trainer Peter Ianusevici 2011 mit erschwerten Bedingungen wegen Absagen, Verletzungen und einer aus finanziellen Gründen viel zu kurzen Vorbereitung zu kämpfen. In der aus zwei Turnieren bestehenden zweitklassigen Trophy Series würde nur der Gesamtsieger den Sprung unter Europas beste zwölf Teams schaffen.

Die DRV Siebener-Auswahl musste den Aufstieg so schnell wie möglich überwinden, auch um für Olympia-Förderung des Bundes infrage zu kommen. Man war quasi zum Siegen verdammt, auch weil rund um die deutsche Mannschaft fast alle Konkurrenten massive Fortschritte gemacht hatten. Mit der Aufnahme ins olympische Programm sahen viele kleinere Verbände ihre Chance gekommen und investierten gezielt in die Kurzform des Spiels, die bis dato eher in Hongkong, Neuseeland, Dubai und Australien die meisten Anhänger hatte – Deutschland drohte auch hier den Anschluss zu verlieren.

Die zweitklassige Trophy-Serie drohte aufgrund der restriktiven Aufstiegsregelung zum Nadelöhr zu werden, erst recht nachdem das deutsche Team im ersten Turnier der Series 2011 in Danzig als Turnier-Favorit nur einen schlussendlich enttäuschenden 3. Platz holte. Und das obwohl man noch in der Turnier-Vorrunde den späteren Sieger Belgien besiegt hatte. Im Halbfinale folgte dann der absolute Fehlstart gegen Schweden, erst beim Stand von 0:17 mit dem Rücken zur Wand wachte die Mannschaft auf.

Trotz einer spektakulären Aufholjagd, angeführt vom damals 19-jährigen Spielmacher Christopher Hilsenbeck, endete das Spiel mit einer kleinen Katastrophe – Schweden versenkte das deutsche Team mit einem Konter in allerletzter Sekunde nach einem schnell angekratzten Straftritt, und am Ende reichte es deshalb in der Turnierendabrechnung nur zu Rang drei. Es drohte ein weiteres Jahr der Zweitklassigkeit.

Im zweiten und entscheidenden Turnier im heimischen Heidelberg musste nun dringend ein Turnier-Sieg her, um überhaupt eine Chance zu haben, als Trophy-Sieger den Sprung unter Europas Elite zu schaffen. Im Kader waren mit besagtem Bastian Himmer und Fabian Heimpel zwei Spieler, die die Entwicklung dieser Mannschaft noch entscheidend prägen sollten, sowie mit Chris Hilsenbeck ein weiterer Spielmacher, der sich als erfolgreicher Frankreich-Profi einen Namen machen würde. Durch die Vorrunden-Gruppe kam das deutsche Team einigermaßen souverän, auch wenn es gegen Schweden beim 26:19 erneut knapper war als erhofft.

Das vorentscheidende Spiel sollte im Halbfinale folgen, wo es gegen den direkten Aufstiegskonkurrenten Belgien ging. Die Zuschauer im Heidelberger Fritz-Grunebaum-Sportpark sahen ein packendes Spiel, in dem Bastian Himmer beim Heimspiel im sogenannten Rugby-Wohnzimmer, wo er als RGH-Spieler beheimatet war, mit drei Versuchen und einer tollen Vorlage beim 22:19 zum Helden wurde. Die eigentliche Aufstiegsentscheidung fiel erst, als Belgien das kleine Finale gegen Schweden danach ebenso verlor, weswegen der Turniersieg gegen Polen in der Nachspielzeit gar nicht mehr nötig gewesen wäre. Aber erstmals seit Langem schrieb das deutsche Siebener-Team positive Schlagzeilen – es sollten bei Weitem nicht die letzten sein.

In den ersten drei Jahren in der höchsten EM-Gruppe hieß es für das deutsche Team vor allem Kampf gegen den Abstieg und

Konsolidierung. In packenden Duellen mit Konkurrenten wie den Niederlanden, der Ukraine und Italien musste man zumeist lange um den Klassenverbleib zittern. Doch über diesen Zeitraum hinweg formte sich das Team mehr und mehr um einen jungen Kern der Mannschaft in Heidelberg zu einer echten Gemeinschaft. Die entscheidenden Schritte abseits des Platzes hin zu einem immer professionelleren Set-up der Nationalmannschaft wurden schließlich im Winter 2012/2013 unternommen.

Bis dahin hatte das Team sich das Jahr über verteilt nur zu einigen Lehrgängen und kurz vor den entscheidenden Turnieren versammelt, um gemeinsam zu trainieren. Für die Abstimmung auf dem Feld war dies natürlich nicht förderlich und angesichts der zunehmenden Professionalisierung der konkurrierenden Teams nicht mehr angemessen. So führte das Trainerteam eine neue Trainingsstruktur ein, die das gesamte Jahr über gelten sollte: Fünf Mal die Woche Siebener-spezifisches Training am Stützpunkt in Heidelberg. Dazu erhielt die Mannschaft ein neues Trainerteam mit den Ex-Nationalspielern Rainer Kumm und Markus Walger – das Team bereitete sich nun das gesamte Jahr über als Einheit auf die für das sportliche Weiterkommen so wichtigen EM-Turniere vor. Das ultimative Ziel Olympia immer im Blick.

Immer weniger musste sich der damalige Cheftrainer Rainer Kumm dadurch auf im Ausland spielende Legionäre verlassen – die mannschaftliche Geschlossenheit rückte mehr und mehr in den Vordergrund. Für die Spieler bedeutete dies aber auch, einige Opfer zu bringen. Da die Trainingseinheiten seitdem frühmorgens und spätabends abgehalten werden, heißt es, sich zu sehr ungemütlichen Zeiten aufzuraffen und tagtäglich den inneren Schweinehund zu überwinden. Jedoch bedeuteten diese Fortschritte auch, dass die Mannschaft nun unter quasi professionellen Bedingungen agierte, mehr und mehr auch in Kooperation mit dem Olympia-Stützpunkt Heidelberg und mit den Spitzensportförderungsmöglichkeiten, die die Aufnahme ins olympische Programm mit sich brachte.

Es sollte eine Weile dauern, bis das deutsche Team die ersten Erfolge einfahren konnte, aber spätestens mit dem Jahr 2015 gelang der Sprung in die erweiterte europäische Spitze. Erst sollte die DRV-Auswahl ihre beste EM-Saison seit dem Aufstieg vier Jahre zuvor spielen und sich mit zwei Halbfinaleinzügen den insgesamt 5. Platz in Europa sichern. Dann gelang in Lissabon der erste von zwei Schritten zu Olympia, nämlich die Qualifikation zum Global Repechage-Turnier im Folgejahr. Erstmals konnte das deutsche Team in dieser Saison auch regelmäßig gegen die erweiterte Spitze, beispielsweise Portugal und Russland, einfahren.

Doch das bis dahin größte Ausrufezeichen setzte die DRV-Auswahl im darauffolgenden Jahr in Monaco. Dort erfolgte im Stade Louis II unter den Augen des Fürsten Albert von Monaco das Repechage-Turnier von World Rugby, bei dem der zwölfte und allerletzte Teilnehmer bei der Rugby-Rückkehr in Rio ermittelt wurde und für das man sich im Vorjahr überraschend in Lissabon qualifiziert hatte. Im Kampf um Olympia hatte keiner der ausländischen Experten der deutschen Mannschaft im stark besetzten Feld irgendwelche Chancen eingeräumt. Hatte die DRV-Auswahl in den Jahren zuvor doch bei keinem Turnier außerhalb von Europa glänzen können.

Doch das Team, damals angeführt von Kapitän Clemens von Grumbkow, sorgte schon am ersten Tag für die so weit größte Überraschung des Turniers: Nach Siegen gegen Außenseiter Sri Lanka und eine formidable Mannschaft aus Uruguay ging es gegen die top-gesetzten Kanadier um den Gruppensieg. Als absolutes Weltklasseteam, etabliert auf der World Series und als Turnier-Favorit ins Fürstentum gekommen, war das deutsche Team gegen Kanada krasser Außenseiter.

Aber auch gegen die physisch sehr starken Nordamerikaner konnte das Team seine Stärken ausspielen: Spielfreude, Kampfgeist und 100-prozentige Hingabe. Sebastian Fromm, der schon als Schüler aus seiner Heimatstadt Heidelberg nach Irland ging, um seine Rugby-Karriere voranzutreiben, und damals in der 1. Liga der grünen Insel spielte, sollte zum tragischen Helden dieses Spiels werden. Er war es, der am Ende eines großartigen Spiels auf Augenhöhe mit weniger als zwei Minuten Restspielzeit das Ergebnis zugunsten der deutschen Auswahl auf 21:19 zu drehen vermochte.

Wenige Sekunden später verletzte sich der durchbruchsstarke Blondschopf aber und erlebte den siegbringenden Schlusspfiff, als ihm der Mannschafts-Physiotherapeut gerade den Arm in eine Schlinge legte. Das Bild des jubelnden, aber dennoch vor Schmerzen das Gesicht verziehenden Sebastian Fromm sollte symbolisch für den Einsatz und die heroische Leistung des Teams stehen. Die mehreren Hundert mitgereisten deutschen Fans feierten lautstark, Deutschland war als Gruppensieger ins Viertelfinale eingezogen, und auch als es am entscheidenden zweiten Tag in die K.-o.-Runde ging, hatte der deutsche Anhang zunächst weiter Grund zu jubeln. Da nämlich wurde Chile mit 26:0 vom Platz gefegt, und Deutschland war nur noch zwei Siege und 28 Minuten knüppelhartes Siebener-Rugby von Olympia entfernt. Doch dem Team stand nun Samoa gegenüber – der zweite absolute Topfavorit im Feld und wenige Wochen zuvor noch der Sieger des World-Series-Turniers in Paris. Der Glauben an die Chance wuchs im deutschen Lager jedoch ins schier Unermessliche, als die beiden Heusenstammer Biniak und Rainger dem DRV-Team eine 14:12-Pausenführung bescherten. Deutschland war ganz nah dran an der Sensation, zumal im anderen Halbfinale mit Spanien und Russland zwei Teams warteten, die aus deutscher Sicht schlagbar waren. Doch der Traum endete bereits in diesem Halbfinale, nach zwei unnötigen Fehlern des unerfahrenen deutschen Teams, die zu Versuchen für Samoa führten, und dem Aus im Halbfinale.

Dieses Turnier von Monaco im Sommer 2016 sollte zum einen beweisen, dass Deutschland nunmehr im olympischen Siebener selbst in der erweiterten Weltspitze angekommen, aus der Versenkung und Bedeutungslosigkeit nach Niederlagen gegen Zypern und Israel einen sehr weiten Weg gegangen war. Aber auch, dass dem Team für den allerletzten Sprung noch etwas fehlt. Die ganz großen Sprünge sind seitdem auf diesem hohen Niveau nicht mehr drin, zumal die Entwicklung im Siebener allerorts atemberaubend schnell war. Das deutsche Wolfpack konnte die gezeigten Leistungen jedoch wieder und wieder bestätigen, unter anderem beim berühmtesten Rugby-Turnier der Welt in Hongkong. Nur ist das dortige Qualifikationsturnier zur World Series mittlerweile zum Nadelöhr geworden. Um es auf die World Series zu schaffen, ist ein Sieg bei den Hong Kong 7s nötig.

Nach zwei dramatischen Finalniederlagen 2017 und 2018 und den tollen Leistungen bei den Oktoberfest 7s 2019, wo das Team auch unter Beweis stellen konnte, selbst mit Südafrika und Neuseeland mithalten zu können, scheint es aber nur eine Frage der Zeit, bis die deutsche Mannschaft diesen letzten Schritt auf einem langen Weg geht, der je nach Erzählweise mit dem Katastrophenturnier von Paphos 2010 begann.

55. GRUND

Weil Manuel Wilhelm zur Stimme des deutschen Rugbys wurde

Mehr als zehn Jahre war er als Zweite-Reihe-Stürmer einer der absoluten Schlüsselspieler der deutschen Nationalmannschaft, für die er 46 Mal im Sturm auflief. Mit seinem Heimatverein RG Heidelberg, bei dem er bereits mit sechs Jahren anfing, dem ovalen Leder nachzujagen, wurde er zwei Mal deutscher Meister im Fünfzehner- und ganze sieben Mal im Siebener-Rugby. Dazu gründete er Deutschlands beliebteste Rugby-Webseite TotalRugby.de und wechselte nach seiner aktiven Karriere als Funktionär in die Reihen des DRV. Als Leistungssportreferent baute er das erfolgreiche Siebener-Programm des DRV auf und bekleidet im Verband mittlerweile den

Sportdirektor-Posten. In der deutschen Rugby-Szene ist Wilhelm allerdings vor allem und zuallererst für eines bekannt: als die Stimme des deutschen Rugbys. Schon früh erarbeitete sich der Hüne einen Ruf als intelligenter und genauso eloquenter Kommentator, der seinen Kurpfälzer Akzent zumindest am Mikrofon quasi auf Knopfdruck abstellen kann. Auch wenn seine Rolle auf dem Feld zu aktiven Zeiten eher der eines Mannes fürs Grobe ähnelte, beweist Wilhelm seit knapp zehn Jahren, dass er das Spiel perfekt lesen und gleichzeitig erklären kann.

Ob damals noch beim Sportsender DSF, dessen Nachfolger Sport 1, Eurosport, oder mittlerweile beim Pay-TV-Sender DAZN. Ob bei Spielen des deutschen Teams, bei WM-Übertragungen oder langen Nächten der World-Series-Turniere – Wilhelm wurde über die Jahre zum beliebtesten Rugby-Kommentator. Unter anderem auch deswegen, weil er die Balance zwischen Fachwissen und Analyse sowie dem Erklären von Rugby-Prinzipien so gut bewerkstelligte, dass sowohl Neulinge als auch eingefleischte Rugger sich wohlfühlen.

56. GRUND

Weil Robert Mohr in La Rochelle zur Legende wurde

Als der Mann, den sie in und um La Rochelle nur »Bob« nannten, nach fast 300 Spielen und einer Dekade zum letzten Mal das Trikot der »Maritimes« anzog, war es ein tränenreicher Abschied im Stade Marcel-Deflandre. Robert Mohr wurde von Teamkollegen unter dem Jubel von über 10.000 Fans durch das Stadion getragen. Er hatte sich in zehn Jahren beim Klub an der französischen Atlantikküste einen Legendenstatus erarbeitet.

Dass ausgerechnet ein Deutscher in dem Stadion, das nach einem Opfer der Nazi-Besetzung Frankreichs im Zweiten Weltkrieg benannt ist, zum Helden wurde, ist alles andere als eine Selbstverständlichkeit. Zumal für viele Franzosen Deutschland als ein Rugby-Entwicklungsland unter ferner liefen abgetan wird.

Doch der 1,92 m große Hannoveraner 2.-Reihe-Stürmer, der früh den Sprung von seinem Heimatklub nach Frankreich wagte, hatte sich die Verehrung der Fans mit viel Blut, Schweiß und Tränen verdient. Dass er mal zum besten Deutschen in Frankreichs Top 14 werden würde, war damals nicht unbedingt abzusehen, wie sein ehemaliger Jugendtrainer Bert Oltersdorf später einmal zurückblickend sagen sollte: »»Robert war nicht der stärkste, schnellste oder beste Spieler«[14]. Doch Mohr selbst hatte schon im Alter von zwölf Jahren mit dem Gedanken gespielt, einmal im Ausland Profi zu werden, und legte zusammen mit einem Kollegen Sonderschichten ein, bis zu drei Mal am Tag. Dieser Trainingsfleiß, der ihn zeit seiner Karriere ausmachen würde, sollte sich schließlich nach dem Abitur auszahlen. Mohr bekam das Angebot, in der Nachwuchsmannschaft des damaligen französischen Erstligisten Bourgoin-Jallieu auszuhelfen. Sascha Fischer, zu dem Zeitpunkt Profi bei Bourgoin-Jallieu und selbst ehemaliger 2.-Reihe-Stürmer von Hannover 78, hatte Mohr seinem Arbeitgeber empfohlen. Das Team aus der Nähe von Lyon war damals eine der besten Adressen im französischen Rugby und konnte trotz eines kleinen Budgets mit den ganz Großen mithalten.

Zwischen 1995 und 2005 konnten die »Ciel et Grenats« fünf Mal ins Halbfinale der Top 14 einziehen und ein Mal die Vizemeisterschaft holen, blieben dabei weitestgehend im Schatten des wohlsituierten Glamour-Klubs und Abo-Meisters Stade Toulousain. Der Verein aus der Dauphiné-Region mit dem emblematischen Delfin auf dem Logo war aber damals vor allem für seine hervorragende Nachwuchsarbeit bekannt, die ihm die sportlichen Erfolge ermöglichte.

Mohr wechselte 1999 im Alter von 20 Jahren in den Süden Frankreichs. Was sich Mohr selbst wohl nicht einmal in seinen kühnsten Träumen erhofft hätte: noch im Spätherbst des gleichen Jahres mit den größten Namen im Rugby zu konkurrieren. Der blutjunge Deutsche wurde von seinem neuen Klub ins sprichwörtliche kalte Wasser geschmissen und bekam Einsätze in der 1. Liga und im Europacup. Plötzlich lief der Hannoveraner an der Seite von Größen wie Sébastien Chabal und Pascal Papé auf. Die Gegner hießen nicht mehr DSC Hannover und Berliner SC, sondern Wasps und Ulster. Auf der Gegenseite standen Rugby-Legenden wie Lawrence Dallaglio und Simon Shaw.

Mohr kam auf seine Einsätze, war im damaligen Star-Ensemble aber eher Mitläufer als Führungsspieler. So entschied sich Mohr 2002 für einen Wechsel zu dem damaligen Top-16-Absteiger La Rochelle. Die gut 80.000 Einwohner zählende malerische Stadt an der Westküste Frankreichs ist mindestens genauso Rugby-verrückt wie Bourgoin-Jallieu, und Mohr fasste direkt Fuß. Er wurde zum unverzichtbaren Stammspieler in der zweiten Reihe und zum Mannschaftskapitän. Die Rückkehr in die Top 14 und damit in Frankreichs Rugby-Elite war von Anfang an das gesteckte Ziel. Es sollten aber noch viele Enttäuschungen für die Gelb-Schwarzen folgen, bis der Sprung endlich gelang. Erst die vierte Play-off-Teilnahme in Folge am Ende der Saison 2009/2010 sollte schlussendlich zum Erfolg werden. Robert Mohr hatte seine Maritimes aus Frankreichs ebenso professioneller Pro D2 zurück unter die Rugby-Elite der Grande Nation gebracht. Trotz seiner Spiele im Europacup gegen die besten Teams Europas war der Aufstieg mit seiner Mannschaft für Mohr immer der größte Erfolg.

In La Rochelle bleibt Mohr bis heute eine Legende. Nachdem der Hannoveraner eine Zeit lang in das deutsche Rugby zurückgekehrt war, um unter anderem die deutsche Fünfzehner-Nationalmannschaft zu managen, und danach bei Stade Français angestellt war, ist er nach La Rochelle zurückgekehrt, wo auch seine Kinder geboren wurden. Nachdem mit Eric Marks bereits zuletzt ein deutsches Rugby-Talent die Nachwuchsteams der Maritimes durchlaufen hat, kann Mohr vielleicht künftig als Nachwuchskoordinator anderen deutschen Rugby-Nachwuchsspielern eine Chance geben, so wie er sie einst im Jahr 1999 erhalten hatte.

57. GRUND

Weil eine junge Aachenerin es aus dem Nichts in die weltbeste Frauenmannschaft geschafft hat

Die sportliche Heimat von Nora Baltruweit ist der Rugby Club Aachen. Die groß gewachsene Frau aus Deutschlands westlichster Stadt hatte schon mit sieben Jahren mit dem Rugby-Spiel angefangen. Da war aber bei Weitem noch nicht abzusehen, wohin sie der ovale Ballsport mal führen würde. Doch früh hatte die im Rugby als Stürmerin auflaufende Baltruweit einen absoluten Ehrgeiz für ihren Sport entwickelt und hatte auch kein Problem damit, ihre gesamte Jugendkarriere über mangels weiblicher Mitspieler mit dem anderen Geschlecht zu trainieren.

Aachen ist durchaus ein traditioneller Rugby-Standort, und der RCA hat eine lange Tradition bei den Herren, aber ein Damen-Team im klassischen Fünfzehner haben die Kaiserstädter nicht. Baltruweit sollte davon aber profitieren. Sie war Teil des deutschen U18-Teams, das 2018 sensationell den dritten Platz im olympischen Siebener holte. Danach jedoch entschied sich die Abiturientin, wie so viele in ihrem Alter, für einen Auslandsaufenthalt in Neuseeland, ohne zu wissen, was das für ihre Rugby-Karriere bedeuten würde.

Nach zwei Monaten, in denen sie mit dem Rucksack quer durch das Land am anderen Ende der Welt gereist war, ließ sich die Aachenerin in der größten Metropole des Landes Auckland nieder. Von Anfang an stand der Gedanke, sich im besten Rugby-Land der Erde mit den besten Spielerinnen zu messen, im Vordergrund. So suchte sich die mittlerweile meist auf der Sturmposition in der zweiten Reihe agierende Baltruweit einen Klub. Trotz der Umgewöhnung an das weitaus höhere Niveau im Land des Weltmeisters schaffte es Baltruweit in den Kader und mit ihren College Rifles bis zur Stadtmeisterschaft in Auckland. Mit ihren Leistungen schaffte es die damals erst 19-Jährige, die Scouts von Aucklands Auswahlteam

Storm auf sich zu ziehen. Denn in Neuseeland sind die Vereinswettbewerbe bei den Herren wie den Damen regional beschränkt, was bedeutet, dass erst die Vereinsteams aus Auckland die Meisterschaft untereinander ausspielen und das parallel in einem Dutzend Regionen passiert – erst die Regionalauswahlen spielen dann nach der Vereinssaison die National Provincial Championship (NPC), also Neuseelands landesweite Meisterschaft, untereinander aus.

Tatsächlich sollte es die blutjunge Deutsche in das Team des amtierenden Meisters Storm schaffen, in das wohl beste Club-Team der Welt. Was als Backpacker-Aufenthalt in Neuseeland begonnen hatte, war in der zweiten Hälfte für Baltruweit eine Sportsaison unter professionellen Bedingungen. Fahrten zu Auswärtsspielen im Flieger, mehrere Coaches und eine umfassende medizinische Betreuung. Die Saison endete für das Team im Finale der NPC mit einer ärgerlichen Niederlage gegen den Auckland-Erzrivalen Counties.

Für die Aachenerin Baltruweit dennoch eine riesige Erfahrung, und ihre großartige Rugby-Karriere sollte noch weitere Höhen bereithalten. Mittlerweile spielt sie in der englischen Premiership für die berühmten Wasps und hat es bis in das Einladungsteam Barbarians FC geschafft. Kein Wunder, dass die erst 22-Jährige im deutschen Nationalteam bereits eine absolute Führungsspielerin ist.

58. GRUND

Weil die Hendsemer Löwen den schönsten Spitznamen in Rugby-Deutschland haben

Wenn man mit irgendeinem Rugby-Fan in der Bundesrepublik über die Löwen spricht, weiß jeder sofort Bescheid, dass es um den TSV Handschuhsheim geht. Der Traditionsklub aus dem Norden der Neckarstadt Heidelberg hat wohl die passioniertesten Fans der Rugby Bundesliga, aber warum die Rugby-Spieler aus Hendesse und deren zahlreiche Anhänger eigentlich die Löwen genannt werden, erklärt dies noch lange nicht. Auch die Tatsache, dass der TSV jahrelang direkt neben dem Heidelberger Zoo samt seinem Löwengehege spielte, hat mit dem Spitznamen entgegen mancher Gerüchte nichts zu tun.

Vielmehr geht es um eine Anekdote aus der Geschichte des Heidelberger Stadtteils, die über Generationen weitergegeben wurde. Mitte des 19. Jahrhunderts, als Handschuhsheim als ländliche Gemeinde auf der anderen Neckarseite des Heidelberger Stadtzentrums noch von Feldern umgeben war, vernahmen die Bauern von Hendesse ein ungewöhnliches und gleichsam bedrohliches Geräusch, welches sie überhaupt nicht einordnen konnten. Da gerade ein Wanderzirkus im Ort weilte, war den Bauern direkt klar, was vor sich geht: Es muss sich um das Brüllen eines entflohenen Löwen handeln.

So machten sich die Mutigsten unter ihnen, bewaffnet mit Dreschflegeln und Sensen, auf, um das gefährliche Tier zu neutralisieren, während die restlichen Bewohner Hendesses in ihren Häusern blieben. Doch einmal auf dem Heiligenberg angelangt, um sich von oben einen Überblick zu verschaffen, wurde ihnen klar, dass es sich nicht um einen Löwen handelte, dessen Geräusche sie gehört hatten. Es war der allererste Dampfschlepper, der sich 1878 seinen Weg flussauf den Neckar hinauf bahnte. Sein Signalhorn, völlig ungewohnt für die ländliche Bevölkerung, hatten die Bauern für das Gebrüll eines Löwen gehalten.

Nur acht Jahre später wurde der TSV Handschuhsheim gegründet, und bis heute sind die Rugby-Spieler des Heidelberger Klubs als die Nachfahren der mutigen Löwenfänger bekannt. So ziert das Vereinslogo des TSVs neben dem Handschuh, der auch auf der Fahne der einst selbstständigen Gemeinde Handschuhsheim zu sehen ist, auch ein stolzer Löwe. Wenn es also heißt, die Löwen sind zu Gast, weiß in Rugby-Deutschland jeder, wer gemeint ist.

Auch der Spielstil der Nord-Heidelberger macht ihrem Namen alle Ehre und trägt zum Ruf der Löwen bei. Furchtlos, kompromisslos und über lange Jahre weniger mit Glanz als mit ehrlicher Arbeit.

Dass es dabei nur zu einem einzigen Meistertitel gereicht hat, ändert nichts am legendären Ruf der Hendsemer Löwen, deren Vereinsgaststätte passenderweise der »Hendsemer Löb« ist.

59. GRUND

Weil drei junge Löwen auszogen, um die Grande Nation zu erobern

Als am 23. März 2018 der bretonische Rugby Club Vannes bei Stade Aurillacois im französischen Zentralmassiv antrat, war es im Endeffekt lediglich ein weiteres Spiel in Frankreichs professioneller Pro-D2-Liga, auch wenn es durch den Abstiegskampf besondere Bedeutung hatte. Zumindest galt dies für die gut 6.000 Zuschauer im Stade Jean-Alric und vor den Schirmen von Eurosport Frankreich. Doch aus deutscher Sicht war es ein besonderes Spiel und besonders für den TSV Handschuhsheim. Denn die Löwen waren in diesem Duell quasi dreifach vertreten. Aufseiten der gastierenden Bretonen waren mit Spielmacher Chris Hilsenbeck und Gedrängehalb Tim Menzel zwei Löwen auf dem Rasen und bei Aurillac mit 1.-Reihe-Stürmer Julius Nostadt ein weiterer Hendsemer Löwe auf dem Feld.

Alle drei stammen aus dem 1992er-Jahrgang des TSV und hatten gemeinsam in der Jugend der Heidelberger gespielt. Es sollte fast zehn Jahre dauern, und alle drei waren verschiedene Wege durch die Profi-Ligen der Grande Nation gegangen, doch an diesem Tag waren sie wieder allesamt vereint und der Stolz von ganz Hendesse. Hilsenbeck hatte sich schon vor dem Abitur dem Toulouser Klub Colomiers angeschlossen, und Menzel war mit ihm gegangen, hatte dann aber über Perpignan und Strassburg den Weg zurück zu seinem Jugendfreund gefunden, der mittlerweile in der Bretagne angeheuert hat. Nostadt wiederum war den Weg über Frankreichs

3. Liga und Chambery gegangen, bevor er in der Pro D2 unterkam. Dass sich gleich drei deutsche Spieler von einem Verein aus einem Jahrgang im knüppelharten Profi-Rugby Frankreichs durchsetzen, ist alles andere als eine Selbstverständlichkeit, aber auch ein Zeichen für die Jugendarbeit, die bei den Löwen gemacht wurde.

60. GRUND

Weil die Männer von der Müllabfuhr durch die Defensiv-Reihen der Rugby-Bundesliga wirbeln

Die Rudergesellschaft Heidelberg zählt, trotz ihres Namens, der nicht unbedingt auf den Rugby-Sport schließen lässt, zu den erfolgreichsten Rugby-Vereinen Deutschlands. Einst als Ruderklub gegründet, begannen die Ruderer ab dem Winter 1919 in der kalten Jahrezeit, wenn der Neckar zufror, mit dem bereits damals in Heidelberg besonders beliebten ovalen Ballsport.

100 Jahre später ist die RGH in erster Linie für ihre Rugby-Abteilung bekannt. Denn die Orange Hearts konnten in einem Jahrhundert mit dem ovalen Leder bereits vier Meistertitel im Fünfzehner- und elf Titel im olympischen Siebener-Rugby holen – besonders in der schnellen Variante des Rugby-Sports ist die RGH in den letzten Jahren eine Macht. Was sich die RGH-Spieler und Fans aber bei jedem Derby mit einem ihrer Heidelberger Konkurrenten anhören dürfen, ist ein eher unfreundlicher Fangesang: »Orange trägt nur die Müllabfuhr!« Dabei tragen die RGH-Spieler und Fans die leuchtend orangenen Trikots mit Stolz und nennen sich selbst »Orange Hearts«. Doch wie kam es überhaupt dazu, dass sich die Heidelberger Rugger in die ungewohnte Farbe hüllten?

In ihren allerersten Jahren waren die RGH-Spieler noch in Schwarz aufgelaufen, hatten aber schon früh in ihrer Geschichte die Farbe Orange adaptiert. Denn bereits in den ersten Jahren seiner

Existenz wurde die Rugby-Abteilung der RGH zum Anlaufpunkt für Buren-stämmige Südafrikaner, die an der Heidelberger Universität studierten. Diese wiederum pflegten enge Beziehungen in die Niederlande, das Land, aus dem ihre Vorfahren einst ans Kap der Guten Hoffnung gezogen waren. Immer wieder spielte die RGH in dieser Phase Spiele gegen Mannschaften aus den Niederlanden.

Die Farbe des niederländischen Königshauses Oranien ist bekanntermaßen Oranje, weswegen alle Nationalteams des Landes im unverkennbaren Orange aufliefen. Aus Respekt vor ihren holländischen Gegnern übernahm man bei der RGH schließlich die ungewöhnliche Farbe und feierte in ihr die größten Erfolge ihrer Geschichte. Kein anderes Trikot im Rugby-Oberhaus hat einen dermaßen hohen Wiedererkennungswert wie das orangene der RGH, und so wurde es zum Markenzeichen für die blitzschnellen Rugby-Asse der RGH.

Bei den Heidelbergern steht das Motto »Orange Hearts« für das besondere Gemeinschaftsgefühl im Verein, das sich weit über die gemeinsame Zeit auf dem Feld hinaus erstreckt. Sportlich sind die Orangenen vor allem für ihre schnellen Jungs bekannt, die seit Jahren das Rückgrat der deutschen Siebener-Nationalmannschaft bilden. So wirbeln die schnellen Jungs um Bastian Himmer, Tim Lichtenberg, Marvin Dieckmann und Fabian Heimpel seit Jahren auch in der Bundesliga kräftig mit.

Fünf nationale Titel im olympischen Siebener-Rugby in Folge von 2015 bis 2019 waren der Lohn. Wann der nächste Lorbeerkranz für eine Meisterschaft im Fünfzehner-Rugby nach dem letzten Titel im Jahr 2007 folgt, bleibt abzuwarten. Orange bleibt aber wohl auch bis dahin einzig und allein die unverkennbare Farbe der Rudergesellschaft Heidelberg.

61. GRUND

Weil Schmusesänger Howard Carpendale in Köln die Bundesliga aufmischte

Er zählt zu den erfolgreichsten Schlagersängern aller Zeiten, hat im Laufe seiner Karriere über 25 Millionen Tonträger verkauft und bei seinen Konzerten die größten Hallen Deutschlands gefüllt. Doch was die wenigsten über Howard Carpendale wissen, ist, dass der Schmuse- und Schlagersänger ein talentierter Sportler war, in seiner Jugend Nachwuchsmeister im Kugelstoßen war und dann in den 1970er-Jahren ziemlich erfolgreich Rugby gespielt hat. Nach seiner Ankunft in Deutschland war der ASV Köln in der Rugby-Bundesliga mehrere Jahre lang seine sportliche Heimat, und bis heute erinnert man sich bei den Ruggern in der Domstadt mit Wohlwollen an Howie. Doch wie kommt der Mann, der mit seiner langen blonden Mähne und seinen Liebesliedern zum Liebling jeder Schwiegermutter wurde, zu diesem rauen Hobby?

Doch wenn man sich in der Heimat des Sängers umschaut, wird einem schnell klar warum. Carpendale ist gebürtiger Südafrikaner und ist in Durban, der drittgrößten Stadt des Landes, aufgewachsen. Die Metropole am Indischen Ozean ist eine sportverrückte Stadt, aber anders als hierzulande sind Rugby und Cricket die beiden dominierenden Sportarten. Carpendale hat sie beide aktiv betrieben, seine Liebe gilt aber dem Rugby-Sport. Kein Wunder, ist er doch im Schatten der steilen Ränge des Kings Park aufgewachsen. Das 52.000 Zuschauer fassende Rugby Stadium, nur einen Steinwurf von den Sandstränden des Indischen Ozeansentfernt, ist die Heimat der Sharks, eines der besten Rugby-Teams in Südafrika.

Rugby in Köln hat natürlich nicht den gleichen Stellenwert wie in Durban. Doch als Carpendale in seinen späten Zwanzigern in Köln versuchte, seine Sängerkarriere in Deutschland zu starten, lief er drei Jahre lang in der Bundesligamannschaft der Domstädter auf. Diese waren Gründungsmitglied des Rugby-Oberhauses. In der Hintermannschaft des damals noch ASV genannten Vereins war der Mann, den sie damals bereits Howie riefen, auf mehreren Positionen daheim. Und auch wenn Rugby in Köln heute nur noch zweitklassig betrieben wird, bleibt Köln einer der größten Rugby-Standorte Deutschlands. Aktuell sind die Frauen des Traditionsklubs erfolgreicher mit Meistertiteln im Fünfzehner- und Siebener-Rugby.

62. GRUND

Weil Phil Szczesny bei den Hong Kong 7s Jürgen Klinsmann Tribut zollte

Mehr als ein Vierteljahrhundert lang hatte keine deutsche Rugby-Nationalmannschaft am berühmtesten Rugby-Turnier der Welt teilnehmen dürfen. Seit den frühen 90ern war kein Spieler mit dem Adler auf der Brust in das spektakuläre Hong Kong Stadium eingelaufen. Das sollte sich im April[15] 2016 ändern, und auch wenn niemand einen Pfifferling auf die Chancen der deutschen Mannschaft gegeben hätte, sollte sie es bis ins Halbfinale des Hong Kong Qualifiers schaffen.

Auf dem Weg dorthin sorgte Deutschlands pfeilschneller Außen Phil Szczesny für einen unvergesslichen Moment. Im Gruppenspiel gegen Gastgeber Hongkong, die den Großteil der über 40.000 Zuschauer auf den Rängen der Arena auf ihrer Seite hatten, ging es in der Schlussphase eines extrem engen Spiels um alles. Nur dem Sieger winkte der sichere Einzug ins Viertelfinale des Turniers – die Nationalmannschaft Hongkongs, die hinter dem japanischen Team seit Jahren die zweitbeste Asiens ist und für die die große Bühne im pickepackevollen Stadion der Weltmetropole quasi das Wohnzimmer ist, ging hoch favorisiert in die Partie.

Mit den Fußballqualitäten Szczesnys hatten die Asiaten allerdings nicht gerechnet. Der Leistungsträger von Hannover 78 verteidigte hinter der Defensiv-Linie des deutschen Teams und sammelte einen weiten Befreiungskick der Gastgeber auf und setzte zum Konter an. Was er aus dieser Situation mit dem gesamten Feld und allen Gegenspielern vor sich machte, wurde zum Versuch des Turniers. Szczesny, auf seine Schnelligkeit und sein feines Füßchen vertrauend, kickte das Leder über die rasch auf ihn zurückende Defensiv-Linie.

Szczesny spurtete hinterher und war tatsächlich als Erster am Ball. Doch wie ein Rugby-Ball vom Boden abprallt, ist manchmal nicht vorherzusagen. Das Spielgerät sprang nicht wie erhofft in seine Hände, sondern kullerte vor ihm auf dem Rasen. Ihm blieb aber auch keine Zeit, um es aufzusammeln, da gleich zwei Verteidiger direkt hinter ihm waren. Also dribbelte er das Leder zwei Mal nach vorne, schaffte es, das ovale Leder dabei im absoluten Vollsprint zu kontrollieren, die beiden Gegenspieler abzuschütteln, den Ball aufzusammeln und zum siegbringenden Versuch abzulegen.

Im englischsprachigen TV-Feed, der in Rugby-Hochburgen um die Welt, von Neuseeland, über Australien, Südafrika und Großbritannien, bis in die USA eingespeist und von den dortigen TV-Stationen ausgestrahlt wird, beschrieb der Kommentator diese Szene so: »Fußball-Kunst, auf die selbst Jürgen Klinsmann stolz gewesen wäre!«

3. KAPITEL

LEGENDÄRE RUGBY-SPIELE

63. GRUND

Weil die legendären »Original All Blacks« einen Mythos begründet haben

Neuseeland ist selbst nach heutigen Maßstäben von Europa aus gesehen noch ein ferner Ort. Im Jahr 1905, ohne Interkontinentalflüge und mit einer monatelangen Schiffsreise, die man absolvieren musste, um an das andere Ende der Welt zu gelangen, galt das noch umso mehr. Damals machte sich eine neuseeländische Mannschaft auf, um einen Mythos zu begründen. Von einem damals kaum besiedelten Flecken Erde im Besitztum der Krone, den im Zentrum der Kolonialmacht London kaum jemand kannte. Es war die allererste neuseeländische Nationalmannschaft, die sich auf den Weg nach Europa machte.

In den langen Wochen der Anreise auf dem Schiff mussten sich die 27 Neuseeländer auf dem Deck der Rimutaka fit halten. Zwei kurze Zwischenstopps in Montevideo und Teneriffa zum Auffüllen der Vorräte. Sonst bekamen die Neuseeländer um Kapitän Dave

Gallaher wochenlang nur die Weite der Ozeane um sich zu sehen. Einmal in Großbritannien angekommen, begannen die Neuseeländer im September 1905 ihren völlig unerwarteten Siegeszug.

Zuerst tourte das Land quer durch England, um es mit den besten Vereins-, Universitäts- und County-Mannschaften des Mutterlandes aufzunehmen, eine damals übliche Tradition. Doch zur Überraschung der Gastgeber vermochte es niemand, diese Neuseeländer vom anderen Ende der Welt zu stoppen. Sie sammelten Sieg für Sieg, erst gegen Vizemeister Devon, dann gegen den Top-Klub Leicester, schließlich gegen County-Champion Durham, dann gegen die beiden Elite-Universitäten Oxford und Cambridge, die traditionell zu den besten Rugby-Mannschaften des Landes zählen.

Zunächst hatten nur wenige von der Ankunft der Mannschaft vom anderen Ende der Welt Notiz genommen. Doch mit jedem Sieg, mit jeder Zeitungsschlagzeile und jedem Spielzug wuchs das Interesse. Der Mannschaft eilte plötzlich ein Ruf wie ein Donnerhall voraus. Mehr und mehr Zuschauer säumten Woche für Woche die Plätze und Stadien, in denen das Team auflief, und auch Englands Presse war plötzlich voll des Lobes. »Diese Neuseeländer kommen blitzschnell aus der Verteidigung in den Angriff, da ist das Gedränge nur ein unwichtiger Nebenaspekt. Es gibt keinen Aspekt des Spiels, in dem sie nicht hervorragend sind« – so beschrieb der Daily Chronicle das Spiel der All Blacks.[16]

Das erste von insgesamt vier Länderspielen der Tour fand für die Neuseeländer bei völlig ungewohnten Bedingungen statt. In Edinburgh, gegen die Schotten, waren die Temperaturen am 18. November unter null gefallen, und da dies unerwartet kam, hatte niemand den Platz vorher gestreut. Schottland kam zunächst mit den eisigen Bedingungen besser zurecht und ging durch ein Dropgoal in Führung. Im 20. Spiel der Tour lagen die Neuseeländer erstmals zurück. Nach Versuchen auf beiden Seiten lagen die Neuseeländer auch noch zur Pause hinten – es roch nach der ersten Niederlage für die All Blacks. Doch mit nur noch wenigen Minuten auf der Uhr in Durchgang 2 bewiesen die Neuseeländer ihre Extraklasse und punkteten mit einer Kombination über das halbe Feld und gingen so siegreich mit 12:7 vom Feld.

In der Woche danach konnte auch Irland den Neuseeländern keine Niederlage zufügen, der Gast zog in Dublin mit einem klaren 12:0 vom Feld. Eine Woche später sollte das größte Match der Tour folgen, in London, der Hauptstadt des Empires, zu dem Neuseeland damals noch zählte. Schätzungen zufolge drängten sich bis zu 100.000 Zuschauer in das Chrystal-Palace-Stadion, mehr als doppelt so viele wie die damals offizielle Kapazität, und unter ihnen auch der Prince of Wales, der knappe fünf Jahre später als König Georg V. den Thron des Vereinigten Königreichs besteigen sollte.

Es war das dritte Länderspiel der All Blacks in nur drei Wochen. Doch von Müdigkeit war bei den Gästen keine Spur, im Gegenteil. Das Spiel wurde zu einer Demonstration der Stärke der Neuseeländer, deren Außen Duncan McGregor gleich vier Versuche legte – ein Rekord, der erst 1987 gebrochen werden sollte. Ein weiterer Versuch von Fred Newton stellte den Endstand von 15:0 für den Gast her.

Es war eine Demütigung der Engländer historischen Ausmaßes, und eine Karikatur im damals populären Satiremagazin *Punch* beschrieb die damalige Reaktion am besten: Ein Löwenjungtier mit dem Rugby-Ei unter dem Arm und »Neuseeland« auf dem Hemd geschrieben verpasst dem ausgewachsenen englischen Löwen den entscheidenden Schlag. England wird bis heute bei jedem Eröffnungsspiel einer Rugby-WM daran erinnert – denn die Pfeife des damaligen Schiedsrichters Gil Evans wird bei jedem Eröffnungsspiel einer Rugby-WM genutzt, um das Turnier zu eröffnen.[17]

Auch Neuseeland musste aber auf dieser Tour eine Niederlage hinnehmen, wenn auch unter fragwürdigen Umständen. Nach dem England-Triumph traten die All Blacks zwei Wochen später in Cardiff an. Im völlig überfüllten Waliser Nationalstadion drängten sich 50.000 Zuschauer, und trotz des eher schwachen Spiels waren die

Fans der Gastgeber in bester Stimmung, nachdem sie Außen Teddy Morgan durch einen nicht erhöhten Versuch mit 3:0 in Führung gebracht hatte.

Doch auch wenn Neuseeland in diesem Spiel die wohl schlechteste Leistung der gesamten Tour ablieferte, hätten sie fast dennoch den Sieg mitgenommen. Ein Durchbruch von Bob Wallace, der Außen Bob Deans bediente, hätte Minuten vor dem Ende fast im Versuch für Neuseeland resultiert. Selbst die Waliser waren sich später uneins, ob es Deans bis auf die Linie geschafft hatte. Doch der schottische Unparteiische gab den Versuch nicht, und so musste Neuseeland die einzige Pleite der 35 Spiele umfassenden Tour einstecken.

Eine weitere Premiere stand für Neuseeland noch auf dem Plan, bevor es nach Hause gehen sollte – ein Spiel gegen die französische Nationalmannschaft in Paris. Für les Bleus war es das erste Länderspiel überhaupt – am Neujahrstag 1906 fanden sich trotz fürchterlichen Dauerregens mehr als 10.000 Zuschauer im Stadion von Colombes ein. Doch eine dominante All-Blacks-Mannschaft vermieste den Franzosen die Premiere[18]. Das letzte Länderspiel auf europäischem Boden endete mit 38:8 für die Gäste – eine weitere Rugby-Lehrstunde der Original All Blacks, auch wenn Frankreich im Gegensatz zu Irland und England zumindest zu eigenen Punkten gekommen war.

Für die Neuseeländer war die Tour trotz der Niederlage gegen Wales ein riesiger Erfolg, und die Kunde von den Heldentaten des Rugby-Teams breitete sich rasend schnell bis in die Heimat aus. Premierminister Richard Seddon sah die Tour als Chance, sein kleines Land am anderen Ende der Welt endgültig im Bewusstsein der Weltöffentlichkeit zu etablieren, und finanzierte eine Verlängerung der Tour aus öffentlichen Mitteln. So tourten die Neuseeländer noch weitere drei Wochen durch Nordamerika und spielten zusätzliche Freundschaftsspiele gegen amerikanische und kanadische Mannschaften.

Doch wie war der Name All Blacks nun eigentlich zustande gekommen? Dass der Name All Blacks auf dieser Tour des Jahres 1905/06 etabliert wurde und seitdem nicht mehr wegzudenken ist, bleibt unbestritten. Doch selbst unter den Spielern des Teams gab es zwei rivalisierende Versionen. Unbestritten ist, dass die *Daily Mail* zum Ende der Tour einen Artikel mit dem Titel »Warum die All Blacks triumphierten« veröffentlichte. Einige Spieler gaben im Nachhinein an, erst dann von dem neuen Spitznamen gehört zu haben.

Andere beziehen sich auf einen anderen Zeitungsartikel nach dem 63:0-Sieg gegen Hartlepool noch in den ersten Wochen der Tour. In diesem hatte es geheißen, dass auch die Stürmer Neuseelands wie Hintermannschaftsspieler spielen können, also neben dem körperlich harten Spiel auch saubere Pässe an den Mann bringen können. Dieses Neuseeland-Team sei »all backs«, also wie ein Team aus 15 Hintermannschaftsspielern. Ein Tippfehler in der Überschrift habe daraus »New Zealand All Blacks« werden lassen, wie sich Zweite-Reihe-Stürmer Billy Wallace später erinnerte.[19]

Doch unabhängig davon, wie der Name zustande kam, er prägte sich ein. Diese allererste All-Blacks-Mannschaft hat bis heute einen legendären Ruf und hat den Mythos des erfolgreichen Rugby-Teams der Welt begründet.

64. GRUND

Weil Frankreich mit dem Versuch vom anderen Ende der Welt ein ovales Kunstwerk geschaffen hat

Es gibt legendäre Momente im Sport, die vergisst so schnell keiner – weder die Zuschauer vor Ort im Stadion, noch am Fernseher und erst recht nicht die direkt beteiligten Akteure. Frankreich und Neuseeland haben sich seit dem Neujahrstag 1906, an dem sie zum ersten Mal aufeinandertrafen, so einige unvergessliche Duelle geliefert.

Das Spiel am 3. Juli 1994 im Eden Park von Auckland wird nicht nur deswegen für immer in Erinnerung bleiben, weil es eines von nur vier Duellen mit den All Blacks ist, das Frankreich auf neuseeländischem Boden gewinnen konnte. Oder weil die All Blacks danach in ihrer Festung Eden Park 25 Jahre lang und bis heute ungeschlagen blieben. Wie das Spiel drei Minuten vor dem Abpfiff entschieden wurde, sollte in die Geschichte des Rugbys eingehen.

Frankreich lag in der Schlussphase mit 16:20 hinten und stand 180 Sekunden vor dem Abpfiff mit dem Rücken zur Wand. Neuseeland wollte die Führung dagegen sicher zu Ende spielen und kein Risiko vor dem eigenen Malfeld eingehen. So spielte All-Blacks-Spielmacher Stephen Bachop gegen Ende des Spiels auf Sicherheit und kickte Richtung Eckfahnen, damit Frankreich von der eigenen Linie aus attackieren musste. So auch in der 77. Minute, als er das Leder fast bis an die französische Mallinie beförderte, wo es Frankreichs kurze Ecke Philippe Saint-André aufsammelte und direkt zum Konter ansetzte. Der spätere französische Nationaltrainer setzte zum Lauf an und umkurvte gleich vier Neuseeländer, die ihn zu Boden bringen wollten, bevor er von Neuseelands 2.-Reihe-Stürmer Ian Jones zu Boden gebracht wurde.

Doch von der neuseeländischen 10-Meter-Linie wurde der Ball blitzschnell wieder ins Spiel gebracht und auf die rechte Seite gespielt, wo Verbinder Christophe Deylaud Flanker Abdelatif Benazzi bediente, der niemanden Geringeren als Jonah Lomu umkurvte. Benazzi bediente dann Cabannes, bevor Ntamack mit einer Schere auf Innen Phillipe Sella spielte und Guy Accoceberry Richtung Neuseeland-Linie stürmte. Ein weiterer Pass auf Schluss Sadourny, der sich mit dem Leder unter dem Arm ins Malfeld fallen ließ, und das Kunstwerk war vollendet.

Frankreich hatte den »Essai du bout du monde« erzielt, den Versuch vom anderen Ende der Welt. Sich innerhalb von nur 60 Sekunden ein Mal über das gesamte Feld des Eden Park vorgearbeitet und mit sieben Pässen, unzähligen Körpertäuschungen und Steps das gesamte Neuseeland-Team nach allen Regeln der Kunst vernascht. Wenn man heute an das berühmte »French Flair Rugby« denkt, kommt zuerst diese berühmte Szene aus dem Jahr 1994 in den Sinn.

65. GRUND

Weil am Tag, als den Pubs das Bier ausging, eine ganze Nation zum Stillstand kam

Es sollte ein Tag werden, der gleichermaßen in die walisische Geschichte wie in die Rugby-Folklore weltweit eingehen sollte – und zwar als Tag, an dem den Pubs das Bier ausging. Es war ein Rugby-Spiel, in dem sich der absolute Underdog durchsetzen und damit eine ganze Nation in Ekstase versetzen sollte. Was war passiert? Die All Blacks tourten im Winter 1972/73 durch Europa, wie es in den Jahrzehnten zuvor Tradition geworden war. Dabei nahm es die berühmte und schon damals als übermächtig geltende Rugby-Auswahl Neuseelands nicht nur mit Nationalmannschaften auf, sondern spielte auch gegen zahlreiche Vereinsmannschaften und Regionalauswahlen in Großbritannien, Irland und Frankreich. Schließlich verbrachten die Neuseeländer aufgrund der damals noch deutlich beschwerlicheren Anreise immer gleich mehrere Monate in Europa.

Eines dieser Spiele fand im Stradey Park von Llanelli statt. Die nur etwa 50.000 Einwohner zählende Stadt im Westen von Wales steht als mehrheitlich walisischsprachige wie kaum eine andere für die Kultur der keltischen Nation und vielleicht noch ein wenig mehr als andere Städte in Wales für die Rugby-Obsession des Landes. So fanden sich an diesem 31. Oktober 1972 laut offiziellen Angaben über 20.000 Zuschauer im viel zu kleinen und völlig überfüllten Stradey Park ein. Jedes Fleckchen in der alten Arena der Kleinstadt war besetzt, immerhin war ein Besuch der All Blacks schon damals eine riesige und gleichsam seltene Ehre. Bis an den Spielfeldrand drängten sich die Fans des scharlachroten Llanelli RFC, und keiner, der an diesem Oktobertag das Glück hatte, dabei zu sein, sollte ihn vergessen.

Llanelli bot den All Blacks den Kampf ihres Lebens. Sicher, der geniale Spielmacher Phil Bennett auf der Zehn war für die besonderen spielerischen Momente im Spiel verantwortlich. Doch ohne den Sturmführer und Kapitän Delme Thomas, der zusammen mit seinen sieben Mitstreitern im Gedränge der Gastgeber den gefürchteten Sturm der Neuseeländer neutralisierte, hätte Llanelli dieses Stück Rugby-Geschichte nie schreiben können. Sie lieferten auf dem tiefen Geläuf im herbstlichen Nass ihr Meisterstück ab, harte Rugby-Arbeit ohne Schnörkel, ganz nach dem Geschmack der industriell geprägten Region. Thomas hatte bereits zuvor in der Kabine die später legendären Worte an seine Teamkollegen gerichtet und sie damit mental auf die Schlacht eingestellt:

»Die meisten Mannschaften, die gegen die All Blacks spielen, haben schon verloren, bevor sie auf den Platz gehen. Ihr müsst daran glauben, dass ihr diesen Sieg holen könnt.«[20]

Gleichwohl betonte er gegenüber seinen Mitspielern, dass auch die All Blacks nur ganz ordinäres Rugby spielen, und so ging das Team aus Llanelli mit mehr Glaube in diese Partie als die meisten anderen Neuseeland-Gegner damals wie heute. Die frühe Führung für die Gastgeber kam auf kuriose Weise zustande. Phil Bennett hatte einen Straftritt auf die Stangen ans Gebälk gesetzt, der Ball war abgeprallt, und Neuseelands Neuner Lindesy Colling hatte ihn aufgelesen, wurde dann aber beim Versuch geblockt, den Ball per Kick aus der Gefahrenzone zu befördern. Llanelli-Innendreiviertel Roy Bergiers schmiss sich in den Kick und konnte das Leder danach unter Kontrolle bringen und zum Versuch ablegen. Der Stradey Park explodierte förmlich, und das nach nur fünf gespielten Minuten. Immerhin hatte selbst die walisische Nationalmannschaft ihre neuseeländischen Rivalen zu diesem Zeitpunkt bereits seit knapp 20 Jahren nicht mehr besiegen können.

Als Neuseeland durch einen Joe-Karam-Penalty auf 3:6 herankam, schien es nur noch eine Frage der Zeit, bis sich die haushohen Favoriten durchsetzen würden. Doch die Waliser waren an diesem Tag dermaßen determiniert, Geschichte zu schreiben, dass sie von diesem Moment an keinen einzigen Punkt der von fern angereisten Gäste mehr zuließen, im Gegenteil: Zwei Hill-Straftritte, einer von der Mittellinie aus getreten, waren wie Sargnägel für die Chancen der All Blacks. Der Sturm der Scharlachroten, angeführt von Kapitän Delme Thomas, verteidigte, als ginge es um das eigene Leben, und tatsächlich hielten sie das 9:3 bis zum Abpfiff. Die Massen stürmten alsbald aufs Feld, um ihre Helden zu feiern, und trugen sie sprichwörtlich auf Händen über den Rasen zur Ehrenrunde. Allen war klar, welche Leistung dieses Team vollbracht hatte – die Nationalmannschaft von Wales hatte zu diesem Zeitpunkt die All Blacks seit 19 Jahren nicht geschlagen, und bis heute hat sich das nicht geändert, obwohl Wales zu den traditionell besten Teams der Welt zählt.

Die Feierlichkeiten sollten in die Geschichte eingehen, als der Tag, an dem den Pubs das Bier ausging. Die Nachricht verbreitete sich in ganz Wales in Windeseile über das Radio, und ganz Wales feierte bis spät in die Nacht, mit einem Durst, den nur Rugby-Spieler und Fans an den Tag legen können. Der Sieg sollte später in einem Song des walisischen Sängers Max Boyd festgehalten werden, und die Anzeigetafel mit dem 9:3 aus dem alten Stradey Park ist heute in einem Museum nahe der neuen Heimat des Teams, dem Parc y Scarlets, untergebracht und wird noch heute als Postkartenmotiv genutzt.

66. GRUND

Weil Irland im 29. Anlauf gegen die All Blacks Geschichte schreiben und den schwarzen Fluch bezwingen konnte

Es war sehr, sehr lange eine Geschichte des tragischen Scheiterns, immer wieder. Wenn irische Rugby-Teams gegen die neuseeländischen All Blacks antraten, stand das Resultat gefühlt vorher schon fest. Für Generation nach Generation irischer Rugby-Legenden reichte es nicht für einen Sieg gegen Neuseeland, so gut sie auch gewesen sein mögen. Es war für die Boys in Green fast schon zu einer Art Trauma geworden, gegen die All Blacks ein ums andere Mal knapp zu scheitern.

Natürlich stehen die Iren mit diesem Problem nicht alleine da. Die Rugby-Macht vom anderen Ende der Welt hat gegen jedes andere Rugby-Land der Welt eine klar positive Bilanz – hat also gegen alle anderen Rugby-Nationalmannschaften deutlich mehr Spiele gewonnen als verloren. Manch große Rugby-Nation wie Schottland oder Argentinien konnte gar noch nie gegen die All Blacks gewinnen – sowohl Schottland als auch Argentinien konnten dem dreimaligen Weltmeister bisher lediglich ein einziges Mal ein Unentschieden abtrotzen. Bei den Iren sollte es deutlich über 100 Jahre dauern, obwohl sie in diesen Zeitraum meist zu den besten Teams der Welt zählten.

Fünf Mal waren die Iren dermaßen dramatisch gescheitert, dass man auf der grünen Insel schon vom Neuseeland-Fluch sprach. Nachdem die All Blacks in den ersten vier Aufeinandertreffen beider Teams von 1905 bis 1953 klar dominierten und als klarer Sieger vom Platz zogen, kam es 1963 im legendären Dubliner Stadion an der Landsdowne Road zum allerersten Krimi zwischen den Rivalen. Am zweiten Adventswochenende des Jahres traten die All Blacks nach knapp zehn Jahren erstmals wieder in Dublin an. Es war ein seltener Besuch, gingen doch alle Spieler in der Amateur-Ära noch einem normalen Beruf nach und war die Reise doch damals noch mit weitaus mehr Strapazen verbunden, als das heute der Fall ist.

Es war ein für Dubliner Verhältnisse glorreicher Dezembertag – die Zuschauer im restlos ausverkauften Nationalstadion Irlands an der Landsdowne Road waren guter Dinge, und erst recht, als Innen Jerry Walsh nach einem Gedränge der Iren den Außen John Fortune mit einem glorreichen Pass über einen All-Blacks-Verteidiger hinweg zum Auftaktversuch bediente. Mit der erfolgreichen Erhöhung lag Irland dem damaligen Punkteschema nach mit 5:0 in Front. Neuseeland konnte noch vor der Pause zurückschlagen durch einen Versuch Kel Tremain, der von seinem Sturmkollegen Stan Meads mustergültig per Offload bedient wurde. Doch ohne die Erhöhung lag Irland noch bis tief in die zweite Hälfte mit 5:3 vorne.

Erst ein Straftritt von Neuseelands Kicker Don Clarke aus extrem schwieriger Position, ungefähr 35 Meter von der Mallinie entfernt und fast an der Seitenauslinie, bescherte Neuseeland die hauchdünne 6:5 Führung. Auf Clarke, der aufgrund seiner außergewöhnlichen Kick-Fähigkeiten zeit seines Lebens als »the Boot« bekannt war, konnte sich Neuseeland verlassen. Die Führung der All Blacks sollte danach trotz eines irischen Ansturms auf die Linie bis zum Schlusspfiff halten. Irland hatte mit dem knappsten aller möglichen Ergebnisse gegen die All Blacks verloren – es sollte ein vertrautes Gefühl für die Boys in Green werden.

Zehn Jahre würde es dauern, bis Irland 1973 wieder eine Chance bekam, sich mit dem besten Rugby-Team der Welt zu messen. Zuvor hatten England und Wales sich im selben Jahr geweigert, zur Hochzeit des Nordirlandkonflikts nach Dublin zu reisen, wo wenige Monate zuvor die Britische Botschaft in Flammen gesetzt wurde. So bekam das Spiel eine noch größere Bedeutung und wurde zu dem Rugby-Fest, nach dem sich eine ganze Rugby-Nation sehnte, weil ihr zuvor zwei weitere verwehrt wurden. Dementsprechend festlich war die Atmosphäre im restlos ausverkauften Stadion an der Landsdowne Road.

Neuseeland ging als klarer Favorit in diese Partie, hatten sie doch mit Grant Batty den damals besten Außen der Welt in ihren Reihen, der gerade erst am Anfang seiner schlussendlich durch eine Knieverletzung zu kurzen Karriere für die All Blacks war. Zwar bekam Irland den Blondschopf mit dem ebenso hellen Schnurrbart über die 80 Minuten unter Kontrolle, dennoch zogen die All Blacks nach einer frühen 3:0-Führung für die Gastgeber durch einen Barry-McGann-Straftritt in einem relativ engen Spiel sukzessive davon.

Zwei Versuche – Gedrängehalb Sid Going mit einem starken Lauf durch mehrere Tackles hindurch und Flanker Grizz Wyllie, nachdem er von Verbinder Bob Burgess per Innenball freigespielt wurde – hatten die All Blacks mit 10:3 auf die vermeintliche Siegerstraße gebracht. Damals galt eine solche Führung noch als durchaus komfortabel. An diesem Januartag allerdings sollte sie sich als trügerisch herausstellen.

Irland rannte mit dem Mut der Verzweiflung an, und mit weniger als fünf Minuten auf der Uhr gab es den ersten Lohn. Ein Straftritt der Iren verkürzte den Rückstand auf vier Zähler, genau einen Versuch ohne Erhöhung nach dem damaligen Punktesystem. Nun glaubte auch der letzte Ire unter den 50.000 in Dublin an die Sensation, den ersten Sieg über die All Blacks.

Selbst die Gäste wurden nun nervös und bekamen Zweifel – Verbinder Bob Burgess setzte den Ankick direkt ins Aus, und vom resultierenden Gedränge auf dem Mittelpunkt startete Irland einen überfallartigen Angriff. Gedrängehalb Moloney ging auf die rechte Seite und legte maßgenau auf Außen Tom Grace ab, der mit Vollgas auf die schwarze Wand aus Verteidigern zulief.

Doch anstatt zu versuchen, diese auf dem tiefen Boden auszutanzen, platzierte er einen cleveren Bodenroller-Kick aus 40 Metern bis ins Malfeld und vertraute auf seine Geschwindigkeit. Gegen gleich vier Neuseeländer ersprintete Grace den am hinteren Ende des Malfelds kullernden Ball und legte den Versuch.

Grace rutschte mit dem Ball unter der Brust auf dem tiefen Dubliner Boden bis in die erste Reihe der dicht an dicht hinter den Stangen stehenden Zuschauer. Was folgte, waren wilde Szenen – das Publikum stürmte jubelnd auf das Feld, Grace wurde dutzendfach auf die Schulter geklopft, gefühlt halb Dublin tanzte auf dem matschigen Winterrasen der Arena an der Landsdowne Road.

Dabei war die Partie noch gar nicht entschieden, denn die Erhöhung stand noch aus, und quasi von der Seitenlinie aus war sie alles andere als einfach. Als Verbinder Barry McGann den Ball Richtung Stangen trat, brandete Jubel auf, doch eine Windböe erwischte das damals noch schwere Leder und sorgte dafür, dass der Ball hauchdünn links an den Stangen vorbeisegelte. Doch Irland war erstmals gegen Neuseeland nicht auf der Verliererseite, dementsprechend wurde das Unentschieden gefeiert. Kicker Barry McGann war jedoch untröstlich und gab zu Protokoll: »Ich dachte ich hätte den Wind mit einkalkuliert – hierfür werde ich mir für immer Vorwürfe machen.«[21]

So nah an den heiligen Gral des internationalen Rugbys sollte Irland erst 40 Jahre und zahlreiche deftige Klatschen gegen Neuseeland später kommen, in den exklusiven Klub von damals sechs Nationalmannschaften zu gelangen, der die All Blacks besiegen konnte. Dann aber bot sich die Chance, gleich zwei Mal innerhalb von nur gut anderthalb Jahren, als sich eine weitere goldene Generation des irischen Rugbys an den All Blacks versuchte. Zuerst in Christchurch an einem nasskalten Abend in der größten Stadt der neuseeländischen Südinsel, der nicht für Rugby-Feingeister gemacht war.

Ironischerweise waren es die beiden Neuner, die ihren Teams jeweils die einzigen Versuche bescherten. Aaron Smith für Neuseeland und Conor Murray bei den Iren – die beiden Spieler, die über das gesamte Jahrzehnt hinweg die Besten ihres Faches waren und sich einige großartige Duelle liefern sollten. Murray konnte sich in der Anfangsphase über die Linie wuchten, und Smith machte es ihm in Durchgang zwei, kurz nach dem Wiederanpfiff nach. Sonst war es ein Duell der Kicker – Irlands Johnny Sexton und Neuseelands Dan Carter waren jeweils mit vier Straftritten und der Erhöhung erfolgreich, sodass es beim Stand von 19:19 in die Schlussphase ging.

Irlands Hoffnungen auf einen historischen Triumph stiegen, als Neuseelands Außen Israel Dagg zur absoluten Unzeit Gelb kassierte. In Minute 71 musste er für einen späten Hit auf Kicker Kearney vom Feld, der den Ball schon losgeworden war, als Dagg ihn mit der Schulter erwischte. Dadurch mussten die Gastgeber das Spiel in Unterzahl beenden – es roch quasi nach der ganz großen Sensation, ein Sieg auf neuseeländischem Boden –, erst sechs Jahre später sollte das einer gastierenden Nationalmannschaft überhaupt wieder gelingen, als die Südafrikaner 2018 in Wellington siegreich vom Platz zogen.

Die All Blacks taumelten, doch Neuseeland wäre nicht Neuseeland, wenn sie in Unterzahl nicht über sich hinausgewachsen wären. Mit nur noch 14 Mann gegen eine irische Mannschaft, die mehr denn je an sich glaubte, mobilisierten die Neuseeländer noch einmal alle Kräfte, und tatsächlich: All-Blacks-Verbinder Dan Carter ließ sich tief hinter das Ruck fallen und nagelte in der allerletzten Spielminute das Leder per Dropkick durch die Stangen. Neuseeland jubelte, und Irland war wieder mal lediglich mit warmen Worten des Lobes vom Platz gezogen.

Dieses dramatische Spiel von Christchurch, aber auch die saftige 60:0-Demütigung der Iren eine Woche später zum Abschluss ihrer Tour nach Neuseeland in Hamilton, waren nicht vergessen, als Neuseeland ein gutes Jahr später nach Dublin reiste. Die Vorfreude in Irland war enorm, man sah seine Chance endlich gekommen – doch auch für die All Blacks stand an diesem Tag im späten November einiges auf dem Spiel: Sie hatten als erste Rugby-Nationalmannschaft überhaupt die Chance, in der professionellen Ära ein gesamtes Kalender-Jahr in jedem Spiel als Sieger vom Feld zu ziehen.

Irlands schierer Wille war schon bei den Hymnen zu spüren, der pure Wille war in den Gesichtern der Protagonisten dieses Teams zu sehen – ob O'Brien, Kearney oder Sexton. So stürmten die Boys in Green aus den Startlöchern, als gäbe es kein Morgen. Irlands Stürmer überrannten ihre Gegenspieler förmlich und spielten mutige Offloads, die man eher von den Neuseeländern erwartet hätte. Zwei Versuche mit brutaler Effizienz – erst von Conor Murray, der aus kurzer Distanz mit seinen für einen Halbspieler 1,88 m Körpergröße schwer zu stoppen ist, und Hakler Rory Best –, das gesamte Stadion an der Landsdowne Road stand kopf.

Erst recht, als eine Neuseeland-Kombination in der irischen Hälfte schiefging, der Abpraller bei Rob Kearney landete und der Irland-Schluss mit dem Leder unter dem Arm fast die gesamte Länge des Feldes entlangsprintete und zum dritten Versuch ablegte. Die Anzeigetafel log nicht – 19:0 nach nur 17 Minuten für Grün, niemanden hielt es mehr auf den Sitzen, und das berühmte irische Volkslied *Fields of Athenry* schallte in ohrenbetäubender Lautstärke durch das 52.000 Zuschauer fassende Rund.

Niemand unterlag jedoch dem Trugschluss, dass dieses Spiel entschieden sei. Irland, sicherlich mit ein wenig Angst vor der eigenen Courage, gab das Heft des Handelns sukzessive aus der Hand, und Neuseeland tat, wofür es im Rugby nun mal bekannt ist. Eine direkte Antwort folgte wenige Minuten später: Verbinder Aaron Cruden setzte einen passgenauen Bodenroller-Kick Richtung Eckfahne, den Außen Savea dankbar zum Versuch aufnehmen konnte. Neuseeland machte nun den gewohnten Druck und verlagerte das Spiel in Irlands Hälfte.

Aber die irische Defensive war heroisch und hielt erst einmal dicht – bis zur Pause konnte Verbinder Sexton per Straftritt auf 22:7 erhöhen, es sollten jedoch die letzten Punkte für Irland sein. Nach dem Intervall intensivierte sich der schwarze Sturmlauf. Die Neuseeländer warfen alles gegen die grüne Defensivwand, was sie an Power aufbringen konnten. Neuseelands Sturmtanks Retallick,

Read und die Franks-Brüder ermüdeten Irland mit ihren kraftvollen Ballvorträgen. Die beiden 1.-Reihe-Stürmer aus Christchurch, die als Brüderpaar gemeinsam alle Karriereschritte vollzogen hatten, brachten Neuseeland schließlich mit dem zweiten Versuch 15 Minuten vor dem Ende wieder in Schlagdistanz.

Wer das blutverschmierte Gesicht von Ben Franks sah, wie er mit dem Ball nach dem Versuch wieder aufstand und grimmig dreinblickte, wusste: Diese All Blacks würden in der Schlussphase noch einmal alles mobilisieren, um ihre perfekte Saison zu retten und den Iren ihren ersten Sieg zu verwehren. Jedoch gelang es den Iren nun ein wenig besser, mit dem All-Blacks-Angriffswirbel klarzukommen. Beim Stand von 22:17 sah Irland auch endlich mehr vom Ball, verpasste es mit noch sechs Minuten auf der Uhr, das Spiel mit einem Straftritt endgültig zu sichern, war aber mit 30 Sekunden auf der Uhr in Ballbesitz in der neuseeländischen Hälfte. Noch ein letztes Mal jedoch sollte Irland auf hochdramatische Weise in letzter Minute ein Spiel gegen Neuseeland verlieren.

Im Ballbesitz kassierten die Iren auf Höhe der Mittellinie ohne Not einen Straftritt für ein Vergehen am Ruck. Die All Blacks spielten schnell an und machten mit dem Mut der Verzweiflung Meter um Meter. Ma'a Nonu machte mehrmals wertvolle Meter, und in der zweiten Minute der Nachspielzeit spielte Hakler Dane Coles mit einem Weltklasse-Offload Ryan Crotty frei, der in der Ecke zum 22:22-Ausgleich ins Malfeld eintauchte. Die irischen Herzen waren wieder mal gebrochen.

Nachdem Neuseeland-Verbinder Cruden die erste Erhöhung verpasst und Irland vermeintlich das zweite Unentschieden seiner Rugby-Geschichte gegen Neuseeland geholt hatte, wurde den Iren auch noch dieser Trostpreis genommen. Schiedsrichter Owens ließ den Erhöhungskick wiederholen, da die irischen Blocker zu früh losgelaufen seien. Im zweiten Anlauf traf Cruden den schwierigen Kick von der Seitenlinie – die All Blacks hatten ihre perfekte Saison, und Irland ging wie schon die 27 Male zuvor nicht als Sieger vom Platz.

»Eine Minute davon entfernt zu sein, Geschichte zu schreiben, mit dem Ball in ihrer Hälfte, es ist zum Verzweifeln«, so jedenfalls beschrieb Irlands Trainer Joe Schmidt das, was sich zuvor in der Dubliner Arena abgespielt hatte. Ausgerechnet er, der gebürtige Kiwi, fand die richtigen Worte und sollte in den darauffolgenden Jahren der Antreiber sein, um das Ergebnis vergessen zu machen und den Fluch zu besiegen. So beendete eine weitere Reihe von Irland-Legenden um Brian O'Driscoll, Paul O'Connell und Tommy Bowe ihre glorreichen Rugby-Karriere in Grün, ohne jemals in den Genuss eines Sieges über Neuseeland gekommen zu sein.

Doch ein Großteil derjenigen, die im November 2013 den ultimativen Nackenschlag in der Nachsspielzeit erhielten, sollte noch in den Genuss eines Triumphs über die All Blacks kommen, und zwar ausgerechnet in Chicago. Irland und die All Blacks hatten ein Länderspiel im spektakulären Soldier Field der Windy City vereinbart, der Heimat des NFL-Teams Chicago Bears.

Der Appetit der Amerikaner auf Spitzen-Rugby ist seit jeher groß, und so war das 62.300 Zuschauer fassende Stadion bereits Wochen vorher ausverkauft. Die All Blacks steuerten auf eine erneute perfekte Saison zu und gingen an diesem 5. November noch ungeschlagen in das Duell mit Irland, und zwar als Favorit – Irland hatte es bei den Six Nations im gleichen Frühjahr nur auf Rang 3 gebracht. Wieder ging es auch für die All Blacks um einen Rekord – sie hatten zuvor 18 Länderspiele in Folge gewonnen, mehr als jedes andere Top-Team im Welt-Rugby und lediglich von Zypern getoppt, die aber während ihres Laufs von 24 Siegen gegen kein Top-Team antraten.

Amerikanische Sportfans sahen im World-Series-Sieg der Chicago Cubs nur wenige Meilen entfernt und drei Tage zuvor ein Omen. Das Baseball-Team der US-Metropole hatte nach 108 Jahren schier endloser Warterei endlich die Meisterschaft in die Stadt geholt – für die Iren sollte die 111 Jahre andauernde Warterei auf einen Sieg gegen Neuseeland an diesem Tag enden. Im Soldier Field leuchteten die mehrheitlich grünen Trikots in der Novembersonne, Irland wusste den Großteil des Publikums hinter sich. Doch zunächst ein Mal kamen die Neuseeländer, die wie immer favorisiert in das Spiel gingen, in Führung.

Wieder war das Glück in diesem Spiel nicht aufseiten der Iren. Nach einem Durchbruch von Waisake Naholo schien Irlands Flanker CJ Stander in bester Position in allerhöchster Not zu retten – Naholo wurde knappe 15 Meter vor der Linie zu Boden gerissen und schmiss einen No-Look-Pass genau auf den mitlaufenden Iren Stander. Doch der konnte das Leder nicht unter Kontrolle bringen, es prallte von seinen Händen an seinen Kopf, von da auf den mitlaufenden Neuseeländer Read und schließlich in die dankbaren Arme von Neuseelands Innen Moala. Das war die glückliche Führung für Neuseeland.

Doch Irland war an diesem Tag vom Glauben beseelt, die schwarze Serie gegen die All Blacks endgültig zu beenden. Erst fand der irische Sturm per Paket den Weg über die neuseeländische Linie, und dann konnte Stander seinen Slapstick-Fehler wiedergutmachen und Irland in Front bringen. Als Connor Murray dann mit einem tollen Solo zum 25:8-Pausenstand ablegte und Außen Zebo kurz nach der Pause auf 30:8 erhöhte, glaubte auch der letzte unter den Irland-Fans in Chicago an das Wunder.

Neuseeland wäre aber nicht Neuseeland, wenn es die All Blacks nicht noch mal unglaublich spannend gemacht hätten. Ein absoluter Sturmlauf Mitte des zweiten Durchgangs mit drei Versuchen in kurzer Folge brachte den Dreifach-Weltmeister auf 29:33 heran – Irland taumelte, und sicherlich werden einige Spieler Gedanken an das All-Blacks-Comeback drei Jahre zuvor verschwendet haben, aber dieses Mal nahm Irland anders als 2013 sein Schicksal selbst in die Hand und fiel nicht.

Irlands Payne kickte einen cleveren taktischen Kick direkt neben die Eckfahne, und die Iren stürmten dem Leder hinterher – Neuseelands Savea, der den Ball aufnahm, konnte sich gegen die heranstürmenden Verteidiger nicht mehr befreien und wurde von den Iren im eigenen Malfeld zu Fall gebracht. Das fällige Gedränge für Irland an der 5-Meter-Linie nutzte Achter Heaslip, um eine perfekte Schere mit Innen Robbie Henshaw zu spielen, der sich mit aller Wucht und durch mehrere Tackles über Neuseelands Linie katapultierte.

Mit nur noch vier Minuten auf der Uhr und einer 40:29 Führung im Rücken war allen klar: Das ist der Sieg. Der Jubel auf dem Feld und den Rängen hätte selbst in Dublin kaum überschwänglicher sein können. Im 29. Anlauf und nach 111 Jahren schafften es die Boys in Green endlich, den schwarzen Fluch zu besiegen, Geschichte zu schreiben und den exklusiven Klub derjenigen Nationalteams, die die All Blacks bereits besiegen konnten, auf sechs zu vergrößern.

Gejubelt wurde nicht nur auf den steilen Rängen der spektakulären NFL-Arena von Chicago und in Dublin, sondern auch gut 700 Meilen westlich im Weißen Haus von Washington DC. Dort saß zu dem Zeitpunkt mit Joe Biden ein großer Rugby-Fan, dessen Sohn und Enkel selbst Rugby spielte und der zufällig noch Cousin fünften Grades von Irlands Schluss Rob Kearney war. Kein Wunder, dass der Irland-Held bei einem Besuch im Weißen Haus feiern durfte.

67. GRUND

Weil Johnny Wilkinson mit dem falschen Fuß das Mutterland erlöste

England ist ohne Zweifel eine der größten Rugby-Nationen auf dem Planeten. Nicht nur hat das Mutterland bekanntermaßen den Sport erfunden – es zählte, seit in der zweiten Hälfte des 19. Jahrhunderts Länderspiele immer populärer wurden, konstant zur Weltspitze. Doch einen großen Makel trug die englische Nationalmannschaft lange mit sich herum: Sie konnte keine einzige Rugby-Weltmeisterschaft für sich entscheiden, während mit Australien, Neuseeland und Südafrika gleich drei ehemalige Kolonien den Webb-Ellis-Cup in die Höhe reißen durften.

Das sollte sich 2003 ändern. Nachdem gerade die Australier jahrelang besondere Freude daran hatten, den einstigen Kolonialherren bei dessen eigenem Spiel zu schlagen, konnte England damals in Sydney Rache nehmen. 2003 war die traditionell in Weiß auflaufende englische Nationalmannschaft als einer der Mitfavoriten in das Turnier gegangen. Wenige Wochen vor dem WM-Start war dem Team einer von nur zwei Siegen gegen die All Blacks auf neuseeländischem Boden in seiner gesamten Geschichte gelungen. Allen in England war klar: Dieses Team könnte es endlich schaffen und den Webb-Ellis-Cup mit nach Hause bringen.

Im Turnierverlauf steigerte sich die von Martin Johnson als Kapitän angeführte Mannschaft sukzessive. Souveräne Siege über andere Top-Teams – erst gegen Südafrika in der Gruppenphase, dann über Wales und Frankreich in den K.-o.-Spielen – hatten England den erst zweiten Finaleinzug der WM-Geschichte beschert. Doch den Engländern stand immer noch eine formidable australische Mannschaft gegenüber, die als Titelverteidiger beim Finale daheim den Großteil der 83.000 Zuschauer im Olympiastadion von Sydney hinter sich wusste. Doch England hatte mit Verbinder Johnny Wilkinson einen Superstar in seinen Reihen, der damals trotz seines jungen Alters von erst 24 Jahren bereits zu den besten seiner Zunft zählte. Nicht nur machte er seine Rolle als Ballverteiler und Strippenzieher hervorragend, was bekanntermaßen die Kernkompetenzen eines Spielmachers sind – Wilkinson war darüber hinaus wohl der beste Verteidiger, der je auf der Zehn gespielt hat.

Und er hatte noch eine Rechnung mit Australien offen: 1998, als 19-jähriger Neuling, hatte er erstmals gegen die Wallabies auf dem Platz gestanden und dabei seinen allerersten Einsatz in der Start-XV der Nationalmannschaft, als England die größte Demütigung seiner Geschichte erfuhr. In Brisbane wurde England damals von Australien 76:0 vom Platz gefegt, was bis heute die höchste

Niederlage ist, die England jemals einstecken musste. Anders als viele seiner Teamkollegen wurde das Supertalent Wilkinson aber danach nicht aussortiert, sondern die Mannschaft wurde um ihn herum wiederaufgebaut.

Fünf Jahre später stand den Wallabies im Finale eine andere englische Mannschaft gegenüber. Eine, die in der Zwischenzeit drei Six-Nations-Titel einfahren konnte und insgesamt als Mannschaft gewachsen war. So entwickelte sich in der Arena von Sydney ein unglaublich enges Spiel, in dem den Australiern früh der erste Schlag gelang. Außen Lote Tuquiri pflückte einen hohen Kick von Wallabies-Verbinder Larkham im Luftduell gegen Jason Robinson herunter und konnte das Leder zur frühen Führung im Malfeld ablegen. Robinson konnte jedoch, freigespielt von Wilkinson, nach einem schnellen Konter noch vor der Pause Revanche nehmen und Englands ersten Versuch legen.

Die zweite Halbzeit war ein Duell der Kicker, das zunächst keinen Sieger fand – beim Stand von 14:14 ging es in die Verlängerung und zwar zum allerersten Mal bei einem Rugby-WM-Finale. Ein Straftritt auf beiden Seiten, und alles lief auf ein Dropkick-Schießen hinaus, was ebenso eine Premiere gewesen wäre. Eine noch nervenaufreibendere und seltenere Angelegenheit als das Elfmeterschießen beim Fußball. Doch in der letzten Minute der Verlängerung, nach 100 Minuten Rugby, sollte doch noch eine Entscheidung fallen.

Englands Gedrängehalb Matt Dawson hatte die Engländer mit einem Solo-Lauf noch einmal in Reichweite gebracht. Wenige Sekunden später passte ebenjener Dawson auf den tief stehenden Wilkinson, der sich zum Dropkick bereit machte. Der Druck war immens, und zu allem Überfluss passte Dawson auf Wilkinsons falsche Seite. Der Linksfuß hatte aber keine Zeit, sich zu drehen, und wagte gegen die anstürmenden Australier, die seinen Kick blocken wollten, es mit seinem rechten Fuß. Wilkinson traf den Ball nicht perfekt, aber gut genug, dass er genau 26 Sekunden vor dem Ablauf der Zeit durch die knapp 30 Meter entfernten Stangen segelte.

Nur wenige Momente später erfolgte der Schlusspfiff. Die gut 10.000 England-Fans im Publikum verfielen in pure Ekstase, und England hatte tatsächlich in der Höhle des Löwen den Rugby World Cup gewonnen. Am Tag darauf sollten 750.000 Fans dem Team auf dem Trafalgar Square in London einen denkwürdigen Empfang bereiten. Das Bild von Queen Elizabeth, die mit ihren 1,63 neben dem zwei Meter großen England-Kapitän Martin Johnson winzig wirkte, ging um die Welt. Wilkinson hatte sich mit diesem Kick ein Denkmal gesetzt, und er wird in England und der Rugby-Welt für immer mit diesem Kick assoziiert werden.

68. GRUND

Weil sich Australien und Neuseeland im Jahr 2000 vor 109.874 Zuschauern ein Duell für die Ewigkeit geliefert haben

Es war ein Duell für die Ewigkeit, und das nicht nur aufgrund der riesigen Rekordkulisse, vor der das Tri-Nations-Spiel der beiden Erzrivalen Australien und Neuseeland damals ausgetragen wurde. Im Olympiastadion von Sydney sahen knapp 110.000 Zuschauer in der für die Olympischen Spiele temporär vergrößerten Arena der australischen Mega-Metropole. Bis heute ist dies die größte Zuschauerzahl bei einem Rugby-Länderspiel, und das wird sich wohl so schnell nicht ändern – denn lediglich das Stadion »1. Mai« im nordkoreanischen Pjöngjang bietet aktuell eine höhere Kapazität, und bekanntlich wird in Nordkorea so gut wie kein Rugby gespielt.

Doch nicht nur die Kulisse dieses Jahrhundertspiels war beeindruckend, auch was die beiden Teams auf den Rasen der Riesen-Arena zauberten, ging in die Rugby-Annalen ein. Beide Teams waren gespickt mit Superstars – Australien als damals amtierender Weltmeister mit den Legenden John Eales, Stephen Larkham und George Gregan an Bord war dennoch der Herausforderer gegen eine damals übermächtige Neuseeland-Mannschaft um den Besten aller Zeiten, Jonah Lomu. Diese wurde ihrer Favoritenrolle anfangs auch gerecht und stürmten innerhalb der ersten fünf Minuten mit drei überragenden Versuchen, die jeweils über das gesamte Feld herausgespielt waren, zu einer beträchtlichen Führung. Tana Umaga, Pita Alatani und Christian Cullen überrannten die Wallabies und stellten früh auf 24:0 für die im traditionellen Schwarz spielenden Gäste.

Nicht nur die frühe hohe Führung, sondern auch mit welchem Spielwitz sie herausgespielt wurde und wie selbstbewusst die Neuseeländer auftraten, schockte den Großteil der über 100.000 im Stadion. Doch auch Australien hatte damals mit dem kongenialen Spielmacher-Duo Gregan-Larkham, die nicht nur die WM für Australien holten, sondern gemeinsam für ihre Brumbies aus Canberra aufliefen und Titel sammelten, zwei der besten Spieler der Welt an den Schalthebeln.

Der kleinste Mann auf dem Feld, Wallabies-Gedrängehalb George Gregan, stoppte den 40 kg schwereren All-Blacks-Superstar Jonah Lomu, der auf dem Weg war, nach nur sieben Minuten den vierten Versuch für Neuseeland zu legen. Es sollte ein Weckruf sein – nach dem verschlafenen Start machte sich das Spielmacher-Duo nun daran, die Dinge in Sydney wieder gerade zu rücken. Erst brach der schmächtige, aber elegante Verbinder Larkham durch die Linie und legte entscheidend auf Außen Mortlock ab. Es sollte der Auftakt einer großartigen Aufholjagd der Wallabies werden.

Zuerst bediente Gregan aus kurzer Distanz den heranrauschenden Mortlock zum zweiten Wallabies-Versuch – die Australier waren nun in ihrem Spielfluss und rannten unermüdlich gegen die Neuseeland-Linie an, mit Erfolg. Bereits nach 28 Minuten war es wieder Gregan, der den richtigen Ballträger wählte und den mit Volldampf anlaufenden Schluss Chris Latham zu Australien-Versuch Nummer drei bediente. Neuseeland wackelte, und nur Minuten später dann tatsächlich der Ausgleich. Australien hatte sich unermüdlich Phase für Phase nach vorne gearbeitet, und Joe Roff musste schließlich aus kurzer Distanz nur noch vollenden – 24 zu 24, und die 110.000 standen kopf.

Als die Wallabies dann noch vor der Pause per Penalty erst mal in Front gingen, bahnte sich die Sensation an. Was für eine Halbzeit – sieben Versuche und ein Comeback für die Ewigkeit, dabei war dieses Jahrhundertspiel noch gar nicht beendet. Die All Blacks wären nicht die All Blacks, wenn sie so etwas auf sich sitzen ließen. Schon nach wenigen Minuten in Durchgang 2 konnte Gedrängehalb Justin Marshall sich durch die halbe Wallabies-Defensive tanzen und seinem All-Blacks-Team die Führung zurückerobern. Die sollte auch bis kurz vor dem Abpfiff halten, auch wenn beide Teams mit Straftritten den Punktestand auf 30:34 aus Sicht der Gastgeber hochschraubten.

In einer hochdramatischen Schlussphase sollte die Führung noch zwei Mal wechseln. Erst überraschte Gregan die All Blacks mit einem schnellen Wechsel auf die kurze Seite, wo Hakler Jeremy Paul zum vermeintlichen Wallabies-Sieg ablegte. Das Stadion stand erneut kopf, schien der Sieg gegen den Erzfeind im Rekordspiel doch nun sicher. Doch die überwiegende Mehrheit unter den 110.000 Zuschauern hatte die Rechnung ohne Jonah Lomu gemacht. Der wohl größte Spieler aller Zeiten war von den Wallabies über weite Teile des Spiels mit viel Mut und noch viel mehr Teamarbeit unter Kontrolle gehalten worden. Doch nur Sekunden vor dem Abpfiff hatte der wohl großartigste Rugby-Spieler aller Zeiten seinen Moment.

Flanker Taine Randell zog zwei Verteidiger auf sich und spielte den Superstar mit einem Basketball-artigen Pass über einen der anrauschenden Wallabies frei – der Rest ist Geschichte. Lomu hatte nun Platz und konnte mit Anlauf auf die Linie zu- und an Australiens Verbinder Larkham vorbeirennen. Er hatte die Wallabies mal wieder versenkt. Es war ein passendes Ende für ein großartiges Rugby-Spiel, was bis heute von den Anhängern der Wallabies und All Blacks als das großartigste aller Zeiten angesehen wird.

Trotz der Niederlage unter hochdramatischen Umständen war es für Australien-Legende John Eales das »großartigste Spiel«, an dem er je teilgenommen hatte. Und das soll was heißen, Eales hatte ein Jahr zuvor die Wallabies als Kapitän zum WM-Titel geführt. Dennoch sah er dieses Spiel als das größte seiner Karriere an. Das spricht nicht nur für seine Größe, sondern auch für das atemberaubende Spektakel, was beide Teams der größten Zuschauerzahl in einem Rugby-Stadion geboten hatten.

69. GRUND

Weil die USA im Siebener mit dem Duo Baker und Isles allen davonrennen

Die USA sind durchaus ein Rugby-Land, auch wenn American Football, das sich in der zweiten Hälfte des 19. Jahrhunderts aus dem Rugby heraus entwickelt hat, insgesamt im Land weitaus populärer ist. 2.673 Vereine und knapp 1.000 College-Teams jagen in den USA dem anderen ovalen Leder nach. Kein Wunder, dass die US-Boys bei bisher jedem Rugby World Cup vertreten waren. Auch im olympischen Siebener sind die USA Eagles seit 2009 als Kernteam auf der World Series vertreten. Doch lange waren die Eagles nur biederes Mittelmaß und zeitweise gar vom Abstieg bedroht.

Das sollte sich mit der Ankunft von zwei pfeilschnellen Neulingen mit vergleichsweise wenig Rugby-Erfahrung dramatisch ändern. Zuerst kam Carlin Isles 2012 in die US-Mannschaft, wenige Monate nachdem er ernsthaft mit dem Rugby-Sport begonnen hatte. Der nur 1,73 m große Ex-Sprinter und American-Football-Spieler hätte es mit seiner Bestzeit von 10,13 Sekunden auf 100 Metern bei Olympia in London bis ins Halbfinale geschafft. Kein Wunder, dass Isles im Siebener einschlug wie eine Granate. Im Siebener ist bekanntlich deutlich mehr Platz vorhanden als im traditionellen

Fünfzehner, und Isles weiß diesen zu nutzen. Auch ohne Rugby-Erfahrung konnte Isles die Rugby-Welt im Sturm erobern, und seine blitzschnellen Läufe, zum Teil an mehreren Verteidigern nacheinander vorbei, schafften es auf YouTube zum viralen Hit.

Doch nach Isles sollte noch ein zweiter Quereinsteiger dem US-Team auf seinem Weg an die Weltspitze helfen. Zwei Jahre nach Isles kam Perry Baker im nicht mehr ganz taufrischen Alter von 28 Jahren zu den Eagles. Ironischerweise war er drei Jahre zuvor von einem anderen Eagles-Team aufgrund der Folgen einer schweren Knie-Verletzung entlassen worden. Bakers Traum von der NFL schien zum Greifen nah, als ihn die Philadelphia Eagles unter Vertrag nahmen.

Doch der studierte Kriminologe eroberte stattdessen die Rugby-Stadien der Sevens World Series, und zwar im Sturm. Er hatte bereits zuvor neben seiner Football-Karriere in seiner Heimat Florida Rugby gespielt und brachte anders als Isles eine gewisse Spielintelligenz mit. Bakers Gewicht von nur 80 kg bei 1,85 cm Körpergröße lässt ihn zumindest im Rugby-Kontext eher schmächtig daherkommen. Mit einer persönlichen Bestzeit von 10,58 s auf 100 Metern ist er nur minimal langsamer als Isles, dafür aber mit noch schnelleren Seitwärtsbewegungen als der erste US-Supersprinter gesegnet.

Beide entwickelten sich von reinen Speedstern zu intelligenten Rugby-Spielern. Denn während pure Geschwindigkeit mit all dem Platz im Siebener ein unglaubliches Plus ist, muss jeder der sieben Spieler auf dem Feld genauso verteidigen können. Zusammen brachte das Duo die USA innerhalb von nur fünf Jahren von Rang 13 der World-Series-Gesamtwertung auf den 2. Rang. Baker räumte dabei gleich zwei Mal den Titel Weltspieler des Jahres von World Rugby ab.

Unter anderem mit Weltklasse-Aktionen, wie beim World-Series-Turnier Las Vegas 7s im März 2018. Gegen Olympiasieger Fidschi erhielt Baker das Leder im Halbfinale an der eigenen Linie, und gleich drei Fidschianer stürmten auf Baker zu. Dieser konnte sich mit zwei Körpertauschungen aus dieser gefährlichen Situation befreien, indem er die ersten beiden Fidschianer ins Leere hechten ließ und den dritten mit schierem Speed umkurvte. Von da waren es nur noch 90 Meter, die Baker zum Malfeld zurücklegen musste und dabei nebenbei noch den Schluss der Fidschianer abhängen. Dieses Kunststück gelang ihm, und Baker legte damit den Versuch der Saison, die US-Boys sicherten sich am gleichen Tag noch den allerersten Sieg beim Heimturnier in Vegas und zählen spätestens seitdem zur absoluten Weltspitze im olympischen Siebener.

70. GRUND

Weil eine Medaille ein erschüttertes Land in Ekstase versetzt hat

Der 22. August 2016 wurde in Fidschi von der Regierung des knapp eine Million Einwohner zählenden Inselstaates zum Feiertag erklärt – es war ein Tag der Freude nach einer harten Zeit für das kleine Land. Die gesamte Nation tief im Pazifischen Ozean befand sich tagelang im absoluten Ausnahmezustand, und zwar dieses Mal im positiven Sinne. Der Grund dafür war eine 586 Gramm schwere Goldmedaille, die am Tag zuvor im über 13.000 km entfernten Rio de Janeiro verliehen wurde. Es war die allererste olympische Medaille für das 161-bevölkerungsreichste Land der Erde überhaupt, und wo sonst als im Rugby hätte es auch passieren können.

Dabei hatte nur sechs Monate zuvor der stärkste jemals in der Südhemisphäre registrierte Wirbelsturm, der Zyklon Winston, das Land mit Windböen um die 300 km/h verwüstet und dabei mindestens 42 Menschenleben ausgelöscht. Es war eine Katastrophe historischen Ausmaßes, die das über 300 Inseln umfassende Land überzog. Als sich die Flying Fijians, das Siebener-Nationalteam und der Stolz der gesamten Nation, auf den Weg nach Rio zu den Olympischen Spielen aufmachten, waren nicht einmal die Aufräumarbeiten nach Winston beendet.

Die Mannschaft um Kapitän Osea Kolinisau hatte eine Mission: ihrem Land über die Katastrophe hinweghelfen und es mit Stolz erfüllen. Denn in Fidschi ist Rugby nicht nur Nationalsport und nationale Obsession – der ovale Ballsport kommt quasi einer Religion gleich. Die Flying Fijians hatten mit einer riesigen Erwartungshaltung zu kämpfen, zerbrachen aber nicht an ihr, sondern wuchsen mit ihr. Auf dem Weg ins Finale bezwangen sie Brasilien, Argentinien, die USA, schalteten im Viertelfinale Erzrivale Neuseeland aus, hatten im Halbfinale kein Problem mit Überraschungsteam Japan, und im Finale wartete schließlich Großbritannien. Fidschis Coach Ben Ryan hatte zuvor selbst England trainiert und über seine Fidschianer erklärt: »Wenn wir in Topform sind, jagen die anderen Teams Schatten hinterher!«

Genau so verlief das olympische Finale von Rio, in dem Fidschi Großbritannien mit 43:7 vom Feld fegte. Damit hatte Fidschi nicht nur dem Mutterland des Rugbys eine Lektion in der eigenen Sportart erteilt, der sportliche Triumph erfolgte ziemlich genau 46 Jahre nachdem sich Fidschi die Unabhängigkeit von der britischen Krone gesichert hatte. So erfüllte die Nationalmannschaft den Traum eines ganzen Landes – gar einer ganzen Region. Noch nie zuvor hatte einer der kleinen Pazifik-Inselstaaten eine Olympia-Goldmedaille gewonnen. Die Katastrophe Winston war für einige Tage vergessen und das Land mit Stolz erfüllt.

Der Weg des Teams zum Sieg wurde mittlerweile vom englischen Gold-Trainer Ben Ryan in einem Buch festgehalten, dessen Titel *Sevens Heaven* Ryans Erfahrungen als Trainer dieses unorthodoxen Teams festhält. Ein Zitat von Ryan, der vom reichsten Rugby-Verband der Welt England in das ärmliche Pazifikland kam, selbst aus Liebe zum Spiel auf Gehalt verzichtete, beschreibt die Leistung dieser Mannschaft wohl am besten: »Diese Jungs können großartige Dinge vollbringen, gegen Mannschaften, die mehr Ressourcen haben, die besser entwickelt sind, die wirklich von allem mehr haben – bis auf Talent, Herz und diese ganze Nation, die hinter dem Team steht.«

71. GRUND

Weil die Rivalität mit England das kleine Wales ein Land dermaßen elektrisiert

Sie treffen mindestens ein Mal im Jahr aufeinander, im späten Winter, dann wenn im Februar und März die Six Nations ausgespielt werden. Wales gastiert im Rugby-Tempel Twickenham, oder England in Cardiffs Rugby-Festung Millennium Stadium. Rein geografisch trennen die beiden Erzrivalen nur 144 Meilen der Autobahn M4 und die gut fünf Meilen lange Brücke über den Severn-Fluss, der die Grenze zwischen England und Wales demarkiert. Doch die beiden Rugby-verrückten Länder trennt in Sachen Mentalität noch so viel mehr als die imposante Grenzbrücke.

Dudley Wood, in den 1980ern und 1990ern der Generalsekretär des englischen Rugby-Verbands RFU, hat die Beziehung beider Brudervölker einst in einem mittlerweile legendär gewordenen Zitat zusammengefasst: »Die Beziehung zwischen den Walisern und Engländern beruht auf Vertrauen und Verständnis – sie vertrauen uns nicht, und wir verstehen sie nicht.«

Noch drastischer formulierte es die walisische Rugby-Legende Phil Bennett in einer Kabinenansprache vor dem Duell mit den Engländern 1977 in Cardiff, die ebenso in die Rugby-Annalen einging: »Schaut, was diese Bastarde mit Wales gemacht haben. Sie haben uns die Kohle, das Wasser und unseren Stahl genommen. Sie kaufen unsere Häuser und leben nicht einmal zwei Wochen im Jahr in ihnen. Was haben sie uns jemals gegeben? Absolut gar nichts! Wir wurden ausgenutzt, vergewaltigt, kontrolliert und bestraft von den Engländern, und genau gegen sie spielt ihr heute Nachmittag, die Engländer!«[22]

Der Spielmacher führte seine Waliser danach zu einem 14:9-Sieg, und auch wenn man seine Kabinenansprache als überspitzt abtun mag, die Rugby-Rivalität zwischen Wales und England ist eine der intensivsten weltweit. Die Engländer gelten im vom Kohle und Stahl geprägten Wales als versnobt. Kein Wunder, zählen doch Wales und seine stark von Industrie geprägten Täler zu den ärmeren Ecken des Vereinigten Königreichs. In Wales ist Rugby Arbeitersport, während in England eher die gut gebildete und wohlsituierte Mittel- und Oberschicht das ovale Leder in die Hand nimmt.

Auf dem Rasen wiederum hat Wales traditionell eher die Rugby-Feingeister produziert, während England die Sturm-Dampframmen ins Rennen schickte. So auch an diesem bedeckten Märznachmittag, als Kapitän Bennett seine Mitspieler mit seiner feurigen Ansprache vor dem Duell mit England heiß machte. Er selbst und seine elegante Art zu spielen wurden vom Teamkollegen Delme Thomas treffend als »Poesie in Bewegung« beschrieben. In diesem Duell sollten aber Bennets kongenialer Spielmacher-Partner Gareth Edwards und Schluss JPR Williams mit ihren Versuchen dafür sorgen, dass England statt mit der Triple-Crown-Trophäe, um die es an diesem Tag ging, mit einer unerwarteten Niederlage den Rückweg über den Severn-Fluss antreten musste.

Tatsächlich versetzen solche Spiele, wenn Wales wieder mal den scheinbar übermächtigen Nachbarn England vorführt, das gesamte Land in Ekstase. Die BBC nannte walisische Siege über England mal eine »patriotische Pflicht«, wohlgemerkt aus Sicht der Waliser. Denn während die Bilanz bei den direkten Duellen nach über 130 Spielen seit 1881 nahezu ausgeglichen ist, hat England insgesamt mehr Titel und Trophäen geholt als der ewige Rivale – nicht zuletzt den WM-Titel von 2003.

72. GRUND

Weil ein Rugby-Spiel ein ganzes Land versöhnt hat

Es gibt einerseits Momente, die Teil der Sportgeschichte werden – Meisterschaften, Medaillen und Rekorde –, und dann gibt es solche Momente im Sport, die Teil der Weltgeschichte werden. Als Südafrikas erster frei gewählter Präsident Nelson Mandela, gehüllt in das grüne Trikot der Springboks, dem Kapitän der südafrikanischen Nationalmannschaft François Pienaar die WM-Trophäe überreichte, war das so ein Sportmoment, der Teil der Weltgeschichte wurde.

Pienaar sollte selbst Jahre später zu Protokoll geben: »Als der Schlusspfiff erfolgte, hatte sich Südafrika für immer verändert.«[23] Dabei war selbst das Finale der Rugby-Weltmeisterschaft 1995 im Endeffekt nur ein Spiel wie jedes andere – 30 Männer aus zwei Teams rannten 80 Minuten lang zwischen zwei Torstangen dem ovalen Leder hinterher. Doch dieses Spiel und das gesamte Turnier bedeuteten für das Land am Kap so viel mehr als lediglich der Gewinn des ersten WM-Titels für die Springboks genannte Nationalmannschaft.

Südafrika hatte erst ein Jahr zuvor seine allerersten freien Wahlen abgehalten. Das System der Unterdrückung der schwarzen Mehrheitsbevölkerung, genannt Apartheid, war erst seit wenigen Jahren überwunden und die Lage im Land an der Südspitze Afrikas hoch kompliziert. Rugby war bis dahin als Bastion der weißen Minderheit verrufen und in weiten Teilen der schwarzen Mehrheitsbevölkerung dementsprechend verhasst.

Umso bemerkenswerter war es, dass sich Nelson Mandela schon in den ersten Monaten seiner Präsidentschaft öffentlich hinter die Rugby-Mannschaft des Landes stellte. Zum einen, da seine eigene Partei, der ANC, per Parteitagsbeschluss gefordert hatte, das Springbok-Logo verbieten zu lassen. Als er selbst erstmals öffentlich im dunklen Grün der Boks mit dem Springbock auf der Brust auftrat, wurde er trotz seines Nationalheldenstatus von den eigenen Anhängern ausgepfiffen.

Zum anderen wollte niemand auch nur einen Pfifferling auf die Chancen des südafrikanischen Teams geben. In den 70ern und 80ern wurde Südafrika aufgrund seiner von oben herab verordneten rassistischen Politik weltweit geächtet und von Sport-Wettbewerben ausgeschlossen – auch im Rugby waren die Boks von diesem Boykott betroffen und hatten deshalb bis zum Ende der Apartheid an keiner einzigen WM teilnehmen dürfen.

Mit der friedlichen Wende und dem Ende der staatlich organisierten Rassentrennung allerdings wurde dem Rugby-verrückten Land die Ausrichtung der WM 1995 zugesprochen, und Mandela begriff dies als Chance. Das Team hatte zwar lediglich einen einzigen farbigen Spieler in seinen Reihen, den Außen Chester Williams, und war damit alles andere als repräsentativ für das neue Südafrika. Nicht nur war Rugby bis dato unter nicht-weißen Südafrikanern eher unbeliebt, bis in die 80er-Jahre wurde die Rassentrennung gar im Sport vollzogen, sodass Südafrika ein gesondertes Nationalteam für Farbige hatte.

Doch das 95er-Team sollte dennoch für den Wandel im Land stehen – nicht nur wurde Chester Williams zum Helden und Superstar des Teams. Die weißen Spieler um Kapitän Pienaar sangen die neue Hymne des Landes in den vier wichtigsten Sprachen, darunter auch die von den meisten Farbigen gesprochenen Xhosa und Zulu, mit Inbrunst. *Nkosi Sikelel'iAfrika* – die Xhosa-Hymne *Gott schütze Afrika* – wurde auch zum Schlachtruf auf den Tribünen.

Genau mit diesem Schlachtruf und den Fans im Rücken arbeiteten sich die Boks bis ins Finale vor. Chester Williams, der 1995 zum Gesicht des Teams wurde, krönte seine Turnier-Leistung im Viertelfinale mit gleich vier Versuchen. In das Finale von Johannesburg gingen die Gastgeber gegen Neuseeland und deren Superstar Jonah Lomu dennoch als Außenseiter. Doch die neu gefundene Einheit, die über 60.000 Zuschauer in Johannesburgs Ellis Park, ließen das

Team über sich hinauswachsen und trieben es über 80 Minuten und mehr nach vorne – bis in die Nachspielzeit, in der Joel Stransky das Stadion und eine ganze Nation in Ekstase versetzte: Sein Dropgoal brachte Südafrika den ersten WM-Titel ein.

Als Mandela dann schließlich am 24. Juni 1995 auf dem Rasen der Johannesburger Arena den William-Webb-Ellis-Cup an François Pienaar übergab und dabei wie der Bok-Kapitän das grüne Trikot mit der 6 trug, war nicht nur das vierwöchige Turnier vorbei. Es war für das Land am Kap auch ein neuer Anfang, ein Moment der Aussöhnung zwischen den Unterdrückten und ihren einstigen Unterdrückern. Pienaar, dem einst als Schüler vom Apartheidregime eingeimpft wurde, Mandela sei ein Terrorist, lud Mandela zu seiner Hochzeit ein und machte ihn zum Patenonkel seines Sohnes. Beide wurden 2015 in die World Rugby Hall of Fame aufgenommen, und das Bild von Mandela und Pienaar mit dem WM-Pokal steht bis heute für die Aussöhnung im modernen Südafrika.

73. GRUND

Weil Japan im Krimi von Brighton gegen die Springboks die größte Rugby-Sensation aller Zeiten gelang

Japan zählt seit Jahren konstant zu den zehn Ländern mit den meisten aktiven Rugby-Spielern weltweit. Der Sport ist in Japan eine große Sache, und die dortige Top League zählt zu den besten Vereinswettbewerben der Welt. Das Nationalteam der Japaner, nach den im Land so verehrten Kirschblüten Brave Blossoms genannt, zählte allerdings nie so richtig zur Weltspitze.

Bei sieben Teilnahmen am Rugby World Cup hatte Nippon bis 2015 nur einen einzigen Sieg eingefahren – 1991 in Belfast, gegen Simbabwe in der Gruppenphase der damaligen Weltmeisterschaft. Ansonsten waren die Männer aus dem Land der aufgehenden Sonne eher Kanonenfutter für die großen Teams im Welt-Rugby und kassierten 1995 mit 17:145 die bis heute höchste Niederlage der WM-Geschichte gegen die All Blacks.

Auch bei der WM in England, am 19. September 2015, dem zweiten Tag der Weltmeisterschaft, waren die meisten Zuschauer im Stadion des südenglischen Brighton und vor den TV-Geräten um den Globus von einer klaren Angelegenheit im Gruppenspiel für die Südafrikaner gegen Japan ausgegangen. Immerhin trat hier der zweimalige Weltmeister und Turnier-Mitfavorit gegen die chronisch unterlegenen Außenseiter an. Die Buchmacher taxierten die Quote auf einen Japan-Sieg vor dieser Partie auf 1:500 und sollten sich irren. Denn dieses Mal sollte es anders kommen, und was sich an diesem warmen Herbstnachmittag in Brighton abspielte, wurde zu Rugby-Folklore, über die man in Jahrzehnten noch sprechen wird.

Ein atemberaubendes Spiel einer körperlich gegen die Boks unterlegenen Brave-Blossoms-Mannschaft, die ihren Masse-Nachteil aber mit umso mehr Geschwindigkeit, Disziplin und einer von Coach Eddie Jones ausgeheckten Taktik wettmachte. Von der ersten Minute an warfen sich die Japaner selbstlos in die immer wieder gnadenlos anrennenden Springboks und fällten die größer gewachsenen, stabiler gebauten und im Schnitt rund 8 kg schwereren südafrikanischen Stürmer ein ums andere Mal.

Selbst der nur 1,66 m große Fumiaki Tanaka, der kleinste Spieler des Turniers, warf sich selbstlos in jeden Kontakt und konnte dem 40 kg schwereren Boks-Stürmer Schalk Burger mit einem harten Tackle den Ball abluchsen. Jeder Springbok hatte, sobald er den Ball bekam, innerhalb von Sekunden-Bruchteilen gleich mehrere japanische Verteidiger am Hals, die ihn zu Boden brachten.

Im Angriff spielten die unglaublich fitten Japaner ein atemberaubendes Tempo, das die Boks zuweilen schlicht nicht mitgehen konnten. Als Hakler Shota Horie nach rund fünf Minuten mit einem Pass hinter dem Rücken Gedrängehalb Fumiaki Tanaka freispielte und Japan auf Außen fast durchbrach, dürfte auch dem letzten Springbok klar geworden sein, dass dieses Spiel nicht der antizipierte Spaziergang werden würde.

Selbst wenn Südafrika ein Mal durch die japanische Linie brach und so insgesamt vier Mal per Versuch zu Punkten kam, gab sich der krasse Außenseiter Japan an diesem Tag nicht auf und kam immer wieder zurück. Ganze sechs Mal ging Südafrika in Führung, und jedes Mal konnte Nippon dem haushohen Favoriten die Führung wieder abnehmen. Schluss und Japan-Superstar Ayumu Goromaru schloss einen der schönsten Versuche des Turniers ab, nachdem der Ball blitzschnell durch die Hände der gesamten Hintermannschaft Japans gewandert war und er von Kotaro Matsushima bedient wurde.

Die hochdramatische Schlussphase jedoch, das wohl beste Finish eines Rugby-Spiels jemals, macht dieses Spiel zu einem absoluten Klassiker. Kurz vor dem Ablauf der 80 Spielminuten rannte Japan einem 3-Punkte-Rückstand hinterher – ein erfolgreicher Straftritt hätte also damals ein Unentschieden bedeutet und ein Versuch den sicheren Sieg. Die Brave Blossoms setzten sich tief in der Hälfte Südafrikas fest, und Kapitän Leitch weigerte sich gleich drei Mal, per Strafkick über die Stangen das sichere Unentschieden, was an sich schon eine riesige-Sensation gewesen wäre, zu nehmen.

Stattdessen spielte Japan weiter und weiter, angetrieben von den gut 30.000 Zuschauern im ausverkauften Stadion von Brighton, die im Spielverlauf mehr und mehr zu Japan-Fans geworden waren, und riskierte dabei die Niederlage. In der 4. Minute der Nachspielzeit dann, nachdem die Boks mit allen Mitteln minutenlang die eigene Linie verteidigt hatten und dabei über die Grenzen des Legalen gegangen waren, war es so weit: Das ovale Leder wanderte von der rechten Eckfahne über Hiwasa, Tatekawa, Mafi quer über das Feld auf Hesketh, der an der anderen Eckfahne zum japanischen Sieg ablegen konnte.

Das Stadion in Brighton stand kopf, selbst Securitymitarbeiter und Polizeibeamte am Spielfeldrand im Dienst reckten die Fäuste zum Jubel in die Höhe. Japans Fans überkamen die Gefühle: Jubel, Freude und schließlich Tränen. Es war ein Sieg für die Ewigkeit, den ihre Mannschaft hier vollbracht hatte. Englands Weltmeistertrainer Sir Clive Woodward nannte es »das großartigste Spiel der WM-Geschichte«[24] und stand mit dieser Einschätzung nicht alleine da.

Selbst die Springboks-Fans konnten ihre Enttäuschung nach dem Spiel schließlich überwinden und formten am Ausgang des Stadions ein Spalier und applaudierten dem japanischen Team auf dem Weg zum Teambus. Japans Fans wurden in Brighton den ganzen Abend lang gefeiert, und die Jubelorgien in ganz England auf den Fan-Festen, die das Spiel übertrugen, gingen um die Welt. Es war nur ein WM-Gruppenspiel, aber das wohl beste aller Zeiten.

74. GRUND

Weil der Lone Piper im Murrayfield bei 70.000 Schotten kollektive Gänsehaut erzeugt

Nur gute zwei Meilen Fußweg vom Schloss von Edinburgh steht die zweite große Trutzburg der schottischen Hauptstadt, das Murrayfield Stadium. Das größte Stadion Schottlands ist die Heimspielstätte der Rugby-Nationalmannschaft und jedes Mal wenn diese dort eines ihrer Six-Nations-Heimspiele austrägt, pilgern knapp 70.000 Fans in den mystischen Rugby-Tempel.

Der emotionalste Moment eines jeden Schottland-Spiels im Murrayfield ereignet sich bereits vor dem Ankick, und zwar wenn die Hymne »Flower of Scotland« ertönt. Der »lone piper«, der einsame Dudelsackspieler auf dem Dach der riesigen Arena, spielt dann die ersten Akkorde der De-facto-Nationalhymne Schottlands an, und dann stimmen 67.000 Schotten mit ein. Sie erzählt davon, wie die Schotten einst »das kleine bisschen Hügel und Tal« gegen England verteidigten.

Passenderweise wurde *Flower of Scotland* zum ersten Mal vor einem Länderspiel gegen England angestimmt – jedoch nicht beim allerersten Rugby-Länderspiel überhaupt, das 1871 in Edinburgh zwischen den beiden alten Rivalen stattfand. Erst 119 Jahre später, beim Five-Nations-Entscheidungsspiel, ertönten die Dudelsäcke erstmals zu den Klängen dieser Hymne. Denn eigentlich ist die Hymne Schottlands als eine der vier Nationen, die das Vereinigte Königreich von Großbritannien bilden, *God Save the Queen*.

Doch in Schottland gibt es seit Langem starke Unabhängigkeitsbestimmungen, und Schotten fühlen sich weit weniger britisch und der Krone verbunden als beispielsweise ihre englischen Nachbarn oder gar die Waliser. So wurde Flower of Scotland erst in den 1970ern innerhalb der Nationalmannschaft selbst durch Außen Billy Steele als Teamsong eingeführt.

Es sollte bis zum Jahr 1990 dauern, bis *Flower of Scotland* als Hymne vor Länderspielen eingeführt werden sollte, und es hätte keine bessere Gelegenheit geben können: Im letzten Spiel der Five Nations Championship gastierte England in Edinburgh – beide Teams waren im Turnierverlauf ungeschlagen, und der Sieger dieses Duells würde als Grand Slam Champion die Trophäe mit nach Hause nehmen.

England wurde als haushoher Favorit gehandelt, und am Ende gewann doch die schottische Mannschaft, welche an diesem Tag über sich hinauswuchs, dieses unglaublich enge Duell mit 13:7. Vor dem Anpfiff hatten die Schotten zum ersten Mal gemeinsam mit dem restlos ausverkauften Murrayfield *Flower of Scotland* gesungen. In den 119 Jahren zuvor wäre lediglich *God Save the Queen/King* ertönt, doch so hatten die im traditionellen Dunkelblau auflaufenden Schotten ihre Hymne und ihren Moment mit ihren Fans.

Heute kann sich niemand mehr ein Schottland-Spiel ohne die Hymne *Flower of Scotland* vorstellen, die sieben Jahre nach dem Rugby-Team auch von der Fußballmannschaft des Landes adoptiert wurde. Speziell wenn die zweite Strophe des Liedes im Murrayfield ertönt und die Dudelsäcke verstummen – dann singen 67.000 Fans und 23 schottische Spieler, Schulter an Schulter auf dem Rasen, a cappella – Gänsehaut garantiert.

75. GRUND

Weil Rugby überall gespielt wird, vom Nordpol bis zum Everest

Auch wenn es Deutschland nicht jedem bewusst ist, Rugby ist eine der am weitesten verbreiteten Sportarten der Welt. In über 120 Ländern der Welt wird Rugby organisiert betrieben – diese Länder sind als Mitgliedsverbände bei World Rugby organisiert. Die britische Krone trug das Spiel einst in die weite Welt, doch heute gelten so gänzlich unterschiedliche Länder wie Georgien, Argentinien, Madagaskar und Japan als Rugby-verrückt.

Selbst darüber hinaus findet das ovale Leder noch weit mehr Verbreitung, als es die 120 Mitgliedsverbände vermuten lassen. Ex-England-Nationalspieler Ollie Phillips hat es sich zur Aufgabe gemacht, den Sport an alle Ecken und Enden der Welt zu tragen und dabei noch Spenden für einen guten Zweck zu sammeln. So organisierte der ehemalige 15er- und Siebener-Nationalspieler einen über 100 Meilen langen Treck zum Nordpol, wo er 2015 den Guinness-Buch-Rekord für das nördlichste Rugby-Spiel aller Zeiten schaffte.

Doch dabei wollte es Phillips nicht belassen, und er fügte seiner Liste von Pionierleistungen ein weiteres Kapitel hinzu. 2019 nahm er unter anderem Shane Williams mit auf eine Expedition nach Nepal, um das höchste Rugby-Spiel jemals zu organisieren. Auf einer Flanke des Mount Everest auf mehr als 6.300 Metern richtete die Gruppe ein Rugby-Feld regulärer Größe samt Torstangen ein und spielte ein gesamtes Siebener-Spiel, mit Schiedsrichter, in dem Fall Tamara Taylor, Frauenweltmeisterin von 2014.

Die Höhe machte den Teilnehmern natürlich zu schaffen, wie Phillips selbst erklärte: »Ein Sprint, und man brauchte gefühlt zehn Minuten, sich zu erholen.«[25] Dabei ging es auch hier in erster Linie darum, Spenden zu sammeln, und immerhin kamen 250.000 Pfund zusammen, die an Kinderkrankenhäuser im Vereinigten Königreich gingen. Genauso bewies Phillips aber auch: Rugby kann man fast überall spielen.

4. KAPITEL

RUGBY-LEGENDEN UNTER SICH

76. GRUND

Weil Wayne »Buck Shelford« in der »Schlacht von Nantes« zur Legende wurde

Rugby-Spieler sind harte Kerle und -spielerinnen ebenso taffe Mädels, das bezweifelt eigentlich niemand. Sich beim Rugby als besonders hart, mutig, oder tapfer hervorzuheben, ist also schon eine Leistung – Buck Shelford gelang genau dies und noch weit mehr. Die neuseeländische Legende schaffte es, in die Annalen des Rugbys als der wohl mutigste und härteste Spieler aller Zeiten einzugehen.

Der von Neuseelands Ureinwohnern abstammende Shelford hatte sich über seine gesamte fünfjährige All-Blacks-Karriere einen Ruf als furchtloser Krieger erarbeitet, ganz in der Tradition seiner Maori-Vorfahren. Doch sein Legendenstatus beruht vor allem auf einem Duell für die Ewigkeit. In der sogenannten »Schlacht von Nantes« im Jahr 1986, als 15 wie von der Tarantel gestochene Franzosen, angefeuert von über 50.000 fanatischen Anhängern im Stade de la Beaujoire, auf Rache sannen.

Nur eine Woche zuvor in Toulouse hatten ihnen die All Blacks, mit dem Debütanten Shelford in ihren Reihen, eine schmerzliche 7:19 Niederlage zugefügt. Das wollten les Bleus nicht auf sich sitzen lassen und attackierten die schon damals beste Mannschaft der Welt über 80 Minuten, und das nicht immer nur mit fairen Mitteln. Selbst die Rugby-Feingeister und -Superstars im französischen Team, wie Innen Phillip Sella und Schluss Serge Blanco, hatten das sprichwörtliche Messer zwischen den Zähnen.

Shelford, der als Neuseelands Achter die Defensivschlacht der Gäste anführte, geriet in einem unübersichtlichen Ruck nach nur 20 gespielten Minuten unter die Räder. Gleich mehrere nach vorne stürmende Franzosen trampelten mit ihren 25 Millimeter langen Eisenstollen über den wehrlos am Boden liegenden All-Blacks-Stürmer. Shelford verlor bei dieser Aktion vier Zähne und zog sich einen Hodenriss zu, was wohl wirklich jeden anderen Sportler auf der Welt außer Gefecht gesetzt haben dürfte, doch nicht Shelford[26].

Sein eiserner Wille, seine noch sehr junge All-Blacks-Karriere nicht dermaßen umglamourös beenden zu müssen und seine Team-Kollegen nicht im Stich zu lassen – Auswechslungen beim Rugby wurden erst zehn Jahre später eingeführt –, trieben ihn an und ließen ihn weiterspielen. Der damals 28-Jährige hatte lange gebraucht, um sich den Kindheitstraum vom sagenumwobenen All-Blacks-Trikot zu erkämpfen. So ließ sich Shelford vom Team-Arzt der Neuseeländer noch am Spielfeldrand liegend die Verletzung vor mehr als 100.000 Augen im Stadion nähen, und zwar ohne jegliche Betäubung.

Ein französischer Kameramann dokumentierte das Geschehen und hielt es für die Ewigkeit fest – Shelford kehrte tatsächlich auf den Rasen zurück und hielt bis weit in die zweite Spielhälfte durch, als ihn eine nach einer Kollision erlittene Gehirnerschütterung endgültig ausknockte und vom Feld zwang. Die All Blacks sollten dieses Spiel mit 3:16 verlieren. Shelford selbst hat keine Erinnerung mehr an das Geschehen, und wie er Jahre später gegenüber dem neuseeländischen Fernsehen betonte, sei dies in seinen Augen auch besser so.

Shelford wurde zur All-Blacks-Legende, führte das Team bereits im Folgejahr als Kapitän aufs Feld und sollte nie wieder ein Spiel im Neuseeland-Trikot verlieren. Als 38-Jähriger absolvierte Shelford sein letztes offizielles Rugby-Spiel im Jahr 1995, dem Jahr also, in dem Rugby professionell wurde. In seinen 21 Jahren Erstliga-Rugby verdiente Shelford also nicht einen einzigen Cent mit dem Sport, den er so sehr liebt. Nach dem Ende seiner Nationalmannschaftskarriere und noch bis heute halten Neuseeland-Fans Schilder mit der Aufschrift »bring back Buck« hoch. Diesen Ruhm kann Shelford niemand mehr nehmen.

77. GRUND

Weil Jonah Lomu als erster Rugby-Superstar das Spiel für immer veränderte

Eigentlich sollte es sie im Rugby nicht geben, Stars. Für lange Zeit waren die Hüter des Rugby-Sports beim Weltverband extrem darauf bedacht, dass Rugby-Spieler eben genau nicht zu Stars werden und das Team an sich immer im Vordergrund steht. Der Amateurstatus des Sports war bis Mitte der 1990er-Jahre in Regeln des Sports zementiert, und mehr als in anderen Sportarten war man darauf erpicht, die Charakter-bildenden Werte hochzuhalten und nicht den kommerziellen Erfolg an erste Stelle zu setzen. Die Einführung einer Weltmeisterschaft wurde von den sogenannten *home unions*, also den britischen Verbänden plus Irland, jahrzehntelang abgelehnt, und selbst als der Weltverband im Vorfeld der World-Cup-Premiere 1987 endlich das globale Spektakel auf Drängen der Australier und Neuseeländer einführte, widersprachen Irland und Schottland zunächst noch.

Doch als der Rugby-Sport 1995, im Jahr von Jonah Lomus 20. Geburtstag, endlich den Weg der Professionalisierung ging und die WM sich so langsam, aber sicher etabliert hatte, war die Zeit reif. Jonah Lomu war der richtige Mann zur richtigen Zeit und wurde zum ersten globalen Superstar, der in den Rugby-Himmel schoss. Seine Art, das Spiel zu spielen, sein bescheidenes Benehmen abseits des Platzes, all dies zusammen mit den damals neuen und kommerziell äußerst erfolgreichen Pay-TV-Kanälen des Australiers Rupert Murdoch sorgten dafür, dass Lomu innerhalb kürzester Zeit auf die TV-Schirme des Welt-Rugbys gelangte und zum globalen Phänomen wurde. In Neuseeland konnte er nur, kurz nachdem er selbst die Schule verlassen hatte, keinen Schritt mehr machen, ohne von Paparazzi-Kameras verfolgt zu werden. Auf einmal boten sich Spielern und allen voran Lomu auch beträchtliche kommerzielle Möglichkeiten: War es nur Monate zuvor noch verboten, für das Betreiben des Rugby-Sports bezahlt zu werden, brachte es der neue Neuseeland-Superstar in kurzer Zeit zu beträchtlichem Reichtum.

Doch was machte das Phänomen Lomu aus? Er war erst spät in seiner Jugendkarriere von der Flanker-Position auf die Außen-Position gewechselt und schon von seiner massiven Statur her für einen Winger damals einzigartig. Er vereinte auf dem Feld alle Attribute, die einen guten Rugby-Spieler ausmachen. Er war pfeilschnell, und mit einer 100-Meter-Bestzeit von unter elf Sekunden würde er auch heute noch zu den allerschnellsten Spielern auf dem Planeten gehören. Er war war trotz seiner 1,96 m Größe und gut 120 Kilogramm Körpergewicht dennoch unglaublich wendig und war mit diesem Speed und dieser Power im Kontakt natürlich ein absolutes Biest. Im Angriff hatte er schlicht alle Waffen im Arsenal, um selbst erfahrene Weltklassespieler alt aussehen zu lassen: Er konnte Gegenspieler mit Körpertäuschungen und Seitwärtsbewegungen aussteigen lassen oder schlicht über sie hinwegwalzen – er ging meist als Sieger aus Eins-gegen-eins-Duellen hervor, und sollte er dann doch noch von mehreren Gegenspielern zu Boden gebracht werden, glänzte er obendrein noch mit seinem tollen Offload-Spiel, das er nutzte, um seine Mitspieler in Szene zu setzen. Dazu war er auch ein eisenharter Verteidiger, der in der Defensive krachende Hits setzten konnte – schlicht der Prototyp für den perfekten Rugby-Spieler.

Was ihm jedoch noch mehr als alles andere zu globalem Ruhm verhalf, war die WM 1995, die nur eine Woche nach seinem 20. Geburtstag startete. Dabei hätte Lomu selbst die Nominierung fast verpasst. Als damals noch völlig unerfahrener Spieler mit nur zwei Kurzeinsätzen auf dem Konto galt er in Neuseeland zu diesem Zeitpunkt nicht mal ansatzweise als unersetzbar. Doch dies sollte sich sehr schnell ändern. Schon im ersten Spiel der Weltmeisterschaft mit den Neuseeländern gegen Irland zeigte er sein gesamtes Rugby-Repertoire: Nach nur wenigen Minuten Spielzeit bereitete er mit einem kraftvollen Lauf durch gleich mehrere Tackles und einem Offload zu Jason Little den ersten Versuch vor. Dann sollte er selbst zwei Mal im Johannesburger Ellis Park per Versuch nachlegen – erst mit Power und durch zwei Tackles hindurch und dann mit der anderen Waffe, seinem Speed. Den anderen 18 Teams im Turnier war spätestens nach diesem ersten Neuseeland-Spiel klar, welche Waffe die All Blacks da plötzlich in ihren Reihen hatten. Ein später legendär gewordenes Fax aus der neuseeländischen Heimat an das Team mit unbekanntem Absender sollte die Ausgangslage großartig zusammenfassen:

Denkt daran, Rugby ist ein Mannschaftssport, also alle 14 von euch: Passt den Ball zu Jonah![27]

Das wohl berühmteste aller Lomu-Spiele folgte im Halbfinale, als Lomu das Rugby-Mutterland England beim 45:29 in Kapstadts Rugby-Tempel Newlands mit gleich vier Versuchen fast im Alleingang auseinandernehmen sollte. Einer seiner Versuche, bei dem er über England-Schluss Mike Catt spazierte, als sei dieser ein Fußabtreter, schafft es bis heute in alle Highlight-Videos der Rugby-WM-Geschichte. Lomu war spätestens nach diesem Husarenritt zum Superstar geworden. Im Finale von Johannesburg jedoch, da, wo sein WM-Märchen wenige Wochen zuvor gegen Irland begonnen hatte, sollte dieses Märchen dann doch unvollendet bleiben. Südafrika und allen voran dessen Kapitän François Pienaar und der schmächtige Gedrängehalb Joost van der Westhuizen stürzten sich bei jeder Gelegenheit auf Lomu und ließen den damals bereits besten Spieler der Welt nicht zur Entfaltung kommen. Im Endspiel reichte es für Neuseeland zu keinem Versuch, das vermochte auch der neue Superstar nicht zu ändern. Der Webb-Ellis-Cup blieb im Land am Kap der Guten Hoffnung.

Was damals ganz wenige ahnten: Schon bei seinem großen Durchbruch beim World Cup 1995 im Alter von nur 20 Jahren litt Lomu bereits an einer Nierenkrankheit. Er sollte später zu Protokoll geben: »Ich fuhr zu dieser WM in dem Wissen, dass ich krank bin.«[28] Diese Erkrankung, die ihn im Jahr 2015 schließlich viel zu früh das Leben kosten sollte, beeinträchtigte seine Karriere in ihrem Verlauf immer wieder. Wer weiß, vielleicht hätte es Lomu zum so sehr ersehnten WM-Titel mit den All Blacks geschafft, der ihm schlussendlich verwehrt bleiben sollte. Er würde zwar in den acht Jahren im Schwarz der All Blacks immer wieder großartige Leistungen zeigen und mit seinen Gegnern Katz und Maus spielen, aber beim wichtigsten Turnier reichte es nie zum Titel. Lomu jedoch wurde aber auch ohne diesen Titel zum Superstar, und dieser Status als global gefeiertes Rugby-Phänomen stieg ihm dabei nie zu Kopf.

Als Neuseeland im Jahr 1999 im Halbfinale des Rugby World Cups trotz zweier Lomu-Versuche von wie entfesselt aufspielenden Franzosen aus dem Turnier gekegelt wurde und Lomu seine wohl beste Chance auf die WM-Trophäe verpasste, war er der Erste, der den Franzosen gratulierte, obwohl er als bester Try-Scorer und bester Spieler die Titel-Chance verpasste. Ihm war wohl damals bereits klar, dass es seine letzte Chance hätte sein können. Denn Lomus Gesundheitszustand verschlechterte sich zusehends, und schon 2002, im noch viel zu jungen Alter von gerade einmal 27 Jahren, bestritt er sein letztes Spiel im Trikot der All Blacks. Er brauchte eine

Spenderniere, und erst nach einer Transplantation und einer mehr als zwei Jahre andauernden Pause wagte er einen Comeback-Versuch, der aber vor allem durch Verletzungen geprägt war. Lomu sollte nie wieder zu der Fitness und der Power zurückfinden, die ihn Mitte der 90er bis Anfang der 2000er zum klar besten Spieler der Welt gemacht hatten.

Sein Einfluss auf das Spiel sollte jedoch weitaus größer sein als nur die 37 Versuche, die er in diesen Jahren für die All Blacks gelegt hatte. Ausgerechnet ein ehemaliger Wallaby sollte Lomu im Laufe seiner Karriere am besten beschreiben: »Lomu ist ein Güterzug in Ballettschuhen.«[29] Lomu war genau das, ein unglaublich harter Spieler, der trotzdem grazil, schnell und beweglich war. Ein neuer Typus von Rugby-Spieler, speziell auf der Außen-Position, auf der bis dahin nie sonderlich große oder kraftvolle Spieler zum Einsatz kamen, sondern lediglich schnelle und wendige. Doch Lomu verband genau das mit seiner unglaublichen Power. Die Tatsache, dass bis heute für die absoluten Superstars auf der Außen-Position »the big man Lomu« als Referenz gilt, ist Zeugnis genug für den Einfluss, den der tongaischstämmige Neuseeländer auf das Spiel bis heute hat.

78. GRUND

Weil Carlos Spencer als Enfant terrible für die All Blacks zauberte

Er passte nicht so wirklich in das Klischee des selbstlosen neuseeländischen Gentleman, der dem ovalen Leder hinterherjagt. Neuseelands größte Zeitung *Herald* nannte ihn einst »einen eitlen Pfau, dessen anhaltende Brillanz auf dem Feld nur ab und an durch einen Aussetzer unterbrochen wird«.[30] Carlos Spencer war ein Enigma: einer der besten Verbinder, die das neuseeländische Rugby je hervorgebracht hat, aber genauso der Bad Boy, der die Öffentlichkeit spaltete. Über lange Jahre zogen die All Blacks Coaches den etwas biederen, aber in ihren Augen verlässlicheren Andrew Mehrtens vor, wenn es darum ging, wer das berühmte All-Blacks-Shirt mit der 10 auf dem Rücken tragen sollte.

Seine Fans gaben ihn den Namen King Carlos, und er war es, der dem Aucklander Klub Blues zu vier Finalteilnahmen und drei Titeln im Super Rugby verhalf. Er hatte alles – Auge, Speed, einen präzisen Pass und war selbst mit dem Ball in der Hand eine Gefahr für die gegnerische Linie. Doch ebenjene Aussetzer und seine aufbrausende Art verhinderten, dass der wohl talentierteste Spielmacher jemals mehr aus seiner Karriere gemacht hat.

Für ihn war die große Bühne oftmals »nur« das Duell Auckland gegen Christchurch, Blues gegen Crusaders, wenn die beiden besten neuseeländischen Teams gegeneinander antreten. In den späten 90ern und frühen 2000ern glänzte er hier mit seinen Blues gegen die vom All-Blacks-Konkurrenten Mehrtens angeführten Crusaders. Eine Szene, die Spencers Art wohl am besten beschreibt, ereignete sich im Jahr 2004. Spencer war mit seinen Blues in die Höhle des Löwen gereist, ins Jade Stadium des Erzrivalen Crusaders.

Er lag mit seinen Blues mit nur noch einer Minute auf der Uhr mit 31:29 in Front, als er den Ball auf der eigenen Mallinie erhielt. Jeder andere Verbinder hätte das Leder so schnell und weit wie nur möglich aus der Gefahrenzone befördert, nicht Spencer. Er riskierte alles, leitete auf der eigenen Linie den hochriskanten Konter ein, passte nur Zentimeter an den eigenen Stangen vorbei und bekam den Ball, nachdem er durch mehrere Hände gewandert war, gute 15 Sekunden später und 70 Meter weiter auf dem Feld – er sprintete die letzten Meter bis ins Malfeld.

Dort wiederum ließ er sich dann die Zeit, die er am eigenen Malfeld nicht hatte – spazierte gemütlich unter den Buhrufen der Crusaders-Fans und legte den Ball absichtlich ganz außen ab und machte sich selbst die Erhöhung noch schwerer. Nur um es den Fans des Erzrivalen und den Kritikern zu zeigen, traf er den schweren Erhöhungskick und gab dem gegnerischen Anhang den 1-Finger-Salut, wie man im Englischen sagen würde. Oder wie er im deutschen bekannt wurde, den Effe-Finger.

Bei Spencer lagen Genie und Wahnsinn zu aktiven Zeiten immer sehr nah beieinander, und gerade deshalb haben ihn seine Fans in Auckland geliebt. Jedoch war er auch genau deswegen lange Zeit für Neuseeland nicht erste Wahl. Schlicht Neuseelands Enfant terrible im Rugby.

79. GRUND

Weil Nobody perfect ist

John Eales ist bis heute der größte Spieler, den das australische Rugby je hervorgebracht hat. Er ist einer von nur 21 Spielern, die den Webb-Ellis-Cup zwei Mal in die Höhe stemmen durften. 1991 war der 2-Meter-Mann erst 21 Jahre alt, als er mit den Wallabies zum ersten Mal Weltmeister wurde, und im Jahr 1999 führte er sein Nationalteam als Kapitän zum zweiten Titel. Eales war ein Ausnahmekönner, der trotz seiner imposanten Statur von 2 m Körpergröße und seinem harten Sturm-Spiel, für das er mit seinen 120 kg bekannt war, auch ein Virtuose am Ball war.

Er war einer der letzten Stürmer, die vom Hütchen auf die Stangen gekickt haben – schon damals eine absolute Ausnahme und im heutigen hoch professionellen Rugby eigentlich unvorstellbar. Neben den beiden WM-Siegen war im Jahr 2000 wohl das entscheidende zweite Spiel im Bledisloe-Cup, den die beiden Erzrivalen Neuseeland und Australien Jahr für Jahr gegeneinander austragen, eines seiner absoluten Karriere-Highlights. Die Wallabies hatten das Hinspiel in Sydney im sogenannten Jahrhundertspiel vor knapp 110.000 Zuschauern verloren und mussten in Neuseelands Hauptstadt Wellington siegen, um die für die beiden Rugby-Nationen so wichtige Trophäe zu behalten.

Mit abgelaufener Uhr bekamen die Wallabies einen Straftritt zugesprochen, und beim Stand von 21:23 aus Sicht der Australier war die einfache Losung – das Leder muss durch die Stangen, und man würde den Bledisloe Cup behalten und die Tri Nations gewinnen. Eales als Kapitän zeigte zu den Stangen, wohl wissend, dass der eigentliche Kicker Stirling Mortlock bereits vom Feld war. Eales legte sich das Leder aus halblinker Position selbst zurecht, und ohne großes Zögern jagte er das Leder unter den staunenden Blicken der neuseeländischen Zuschauer über den Querbalken.

Das bis auf den letzten Platz gefüllte Stadion der neuseeländischen Hauptstadt Wellington war verstummt, lediglich der Jubel der australischen Spieler war noch zu hören. Eales zählte, nicht nur aufgrund seiner Nerven aus Stahl und seiner für einen Stürmer ungewöhnlichen Sicherheit vom Kicking-Tee, zu den damals besten Spielern der Welt. Dazu war Eales ein eloquenter Botschafter des Rugby-Sports, und seinerzeit überstrahlte ihn lediglich Neuseelands Superstar Jonah Lomu. Kein Wunder, dass Australiens bestem Spieler des Jahres heutzutage die John-Eales-Medaille verliehen wird.

Was Eales aber zeit seiner Karriere verfolgte, war der Spitzname Nobody. Wieder und wieder war in der australischen Presse und später überall zu lesen, dass ihn seine Mitspieler so nennen würden, da er der perfekte Spieler sei und der Spruch »nobody is perfect« wie auf ihn gemünzt sei. Doch der Superstar des australischen Rugbys war viel zu bescheiden, um derlei überschwängliches Lob anzunehmen.

Er erklärte später dem *New Zealand Herald* den Hintergrund. Am Ende einer langen Saison, an deren Ende die traditionelle Europa-Tour der Wallabies stand, verabschiedeten sich die Spieler mit 5-Dollar-Geschenken. Eine Tradition, die man in Deutschland wohl Schrottwichteln nennen würde. Eales bekam von Außen Mitch Hardy ein Buch über Mr. Perfect, durchaus mit Ironie. David

Campeses Bemerkung zu diesem Buch, dass niemand perfekt sei, fand den Weg zur Presse, die das Ganze missinterpretierte.

Aber auch wenn die Geschichte um den vermeintlichen Spitznamen des größten aller Wallabies auf einem Missverständnis beruht. John Eales war wohl einer der komplettesten Spieler, die je den Sport betrieben haben.

80. GRUND

Weil Richie McCaw die All Blacks zu zwei WM-Titeln nacheinander führte

148 Spiele für die All Blacks, davon 110 als Kapitän und alle in der dritten Sturmreihe als Flanker. Wie McCaw auf dieser knüppelharten Position, die einem Spieler körperlich extrem viel abverlangt, 14 Jahre lang bei den All Blacks durchhielt und dabei quasi verletzungsfrei blieb, mehr Länderspiele als jeder andere Rugby-Spieler in der Geschichte absolvierte, bei vier WM-Turnieren zwei Titel als Kapitän abräumte und zum wohl besten Spieler aller Zeiten reifte, wird allein McCaws Geheimnis bleiben.

McCaw war über seine gesamte Karriere hinweg Herr über die Kontaktpunkte, dabei war nicht mal unbedingt das Tackle seine allergrößte Stärke – er konnte besser als jeder andere Spieler seiner Generation Bälle in den Offenen klauen. Damit manipulierte er die gegnerische Offensive und fütterte das eigene Team mit wertvollen Konterbällen.

Dabei ging McCaw bis in die Graubereiche der Rugby-Regeln am Kontaktpunkt – ein Balanceakt, den keiner besser beherrschte. Als Liebling der Schiedsrichter, mit denen er einen hervorragenden Umgang pflegte, ließ man ihm eventuell auch mehr durchgehen als anderen auf dieser Position. Das machte ihn gerade für den Erzrivalen Australien und dessen Fans zu einem roten Tuch – leitete

McCaw doch als Kapitän eine schier endlose Dominanzphase der All Blacks gegenüber den Wallabies ein.

Um zu verstehen, welch eisenharter Typ Spieler McCaw war, muss man lediglich auf die WM 2011 zurückblicken. Nachdem die All Blacks zuvor zwei Mal mit ihm als Nummer 7 und Kapitän bei WM-Turnieren als Favoriten vorzeitig ausgeschieden waren, schien die Erwartungshaltung beim neuseeländischen Publikum vor dem Heimturnier ein Maximum erreicht zu haben. Die All Blacks arbeiteten sich bis ins Endspiel vor, und auch weil es McCaw als seine Pflicht begriff, dem Land den so lang ersehnten Titel zu bescheren, spielte McCaw das Finale mit einem gebrochenen Fuß, und zwar über die vollen 80 Minuten. Er hatte die Verletzung selbst seinen eigenen Teamkollegen und dem Trainerteam verschwiegen und stand die Tortur nur mit »Schmerzmitteln und Adrenalin« durch, wie er ein Jahr später zugab.[31]

Das Finale gewannen die All Blacks mit 8:7, und hätte McCaw nicht gespielt, nachdem mit Spielmacher Dan Carter der andere Superstar des Teams ausgefallen war, hätte es durchaus eine weitere Niederlage gegen den Angstgegner Frankreich bei einem World Cup geben können. Es war nicht das einzige Mal, dass McCaw sein eigenes körperliches Wohlbefinden seines Teams wegen zurückgestellt hat. 2014 brach er sich in einem Länderspiel gegen England eine Rippe und spielte im folgenden Länderspiel eine Woche darauf dennoch. Den konstanten Schmerz beim Ein- und Ausatmen empfand McCaw im Rückblick als noch schmerzhafter als die Fußverletzung drei Jahre zuvor.

Doch nicht nur McCaws Furchtlosigkeit machte ihn zu einem ganz besonderen Spieler. Sein Einfluss auf dem Feld brachte ihm drei Mal den Titel »Weltspieler des Jahres« ein, und dennoch hob der aus dem ländlichen Otago auf der Südinsel Neuseelands stammende McCaw nie ab. Er blieb seine ganze Karriere den Crusaders treu und machte das Team aus Christchurch zum besten Neuseelands.

Der zweite WM-Titel in Folge im Jahr 2015 wurde zum krönenden Abschluss für McCaw, denn nie zuvor konnte ein Team den Rugby-WM-Titel verteidigen. Statt nach dem Ende seiner All-Blacks-Karriere einen lukrativen Vertrag in den europäischen Top-Ligen oder Japan zu suchen und ein Vielfaches von dem zu verdienen, was in Neuseeland möglich ist, beendete der Rekordspieler seine Karriere und arbeitet seitdem als Helikopterpilot.

Lukrative Jobs als TV-Kommentator oder Coach kamen für McCaw nicht infrage. Stattdessen macht er seitdem mit seiner zweiten Leidenschaft Schlagzeilen. Am Weihnachtstag 2017 beispielsweise flog McCaw Rettungseinsätze, als große Waldbrände seine Heimatregion Canterbury heimsuchten.[32] Oder 2016, als er nach einem Erdbeben Rettungskräfte in die betroffene Region um Kaikoura flog. McCaw blieb sich treu und ist auch nach seiner Rugby-Karriere mutig und selbstlos.

81. GRUND

Weil Stephen Donald beim Fliegenfischen gestört wurde und wenige Tage später zum WM-Helden seines Landes wurde

Stephen Donald war so etwas wie der Ansgar Brinkmann Neuseelands. Ein talentierter, aber nicht unbedingt immer fleißiger Spieler. Einer, der bei zahlreichen Vereinen anheuerte und immer als absoluter Charakterkopf auffiel und es dabei im Laufe seiner Karriere zum Kulthelden geschafft hat. Sein ungewöhnlicher Spitzname »Beaver« (zu deutsch Biber), im lokalen Slang ein anderes Wort für weibliche Geschlechtsteile (in etwa Muschi), verfolgt den Spielmacher seit seiner Jungend. Seine kurze All-Blacks-Karriere schien zum Scheitern verdammt, nachdem er 2010 dem Team mit einem verpassten Kick gegen den Erzrivalen Australien den Sieg in einem wichtigen Bledisloe-Cup-Spiel gegen Australien verdorben hatte.

So genoss er die WM 2011 in seinem Heimatland, wie die meisten Neuseeländer, als Fan. Donald war bei mehreren Spielen mit einem kühlen Bier in der Hand auf der Tribüne zu sehen. Er hatte einen Vertrag bei Bath unterschrieben, sollte nur wenige Monate später in die englische Liga wechseln und wollte das Beste aus seinen vorerst letzten Wochen in Neuseeland machen. So traf er sich mit Freunden zum Grillen, verfolgte die ersten All-Blacks-Spiele bei Bier und Bratwurst und hätte nicht ahnen können, dass er bei dieser WM noch selbst eine Rolle spielen würde.

Es war auf einem Angelausflug mit Freunden am Waikato-Fluss, als Stephen Donald einen Anruf auf seinem Handy bekam. Die ersten Anrufversuche ignorierte Donald, da er die Nummer nicht kannte und eigentlich nicht beim Angeln gestört werden wollte. Doch der Anrufer am anderen Ende der Leitung insistierte, und so ging Donald schließlich doch ans Telefon. Es war niemand Geringerer als All-Blacks-Coach Graham Henry. Der Trainer, der ihn knapp ein Jahr zuvor öffentlichkeitswirksam aussortiert hatte und dessen Nummer er danach aus Frust gelöscht hatte.

Neuseeland hatte mitten während der Heim-WM ein Spielmacherproblem, nachdem sich Verbinder und Superstar Dan Carter bei einem Routine-Kick im Training eine Adduktoren-Verletzung zugezogen hatte und danach auch Back-up Collin Slade ausgefallen war. Auf einmal brauchte Neuseeland den Mann, den sie Beaver nennen, dringender denn je. Noch vor Beginn der WM hatte Neuseelands berühmtester Karikaturist Tom Scott eine Zeichnung veröffentlicht, nach der es Neuseelands größter Albtraum sei, sich im WM-Finale auf den unzuverlässigen Kicker Donald verlassen zu müssen.

Genau dieses Szenario trat aber schließlich im Finale gegen Frankreich ein, als sich Verbinder Aaron Cruden nach einer halben Stunde verletzte und Donald, der die ersten Spiele des Turniers noch als Fan verfolgt hatte, plötzlich auf dem Feld des ausverkauften Eden Park von Auckland stand. Das hautenge All-Blacks-Trikot spannte bei Donald bedenklich um den Bauch herum – er hatte die Rugby-freie Zeit zuvor häufiger mit Grillgut und Gerstensaft genossen, und genau das sah man ihm nun an. Doch sein Straftritt in der zweiten Halbzeit sicherte Neuseeland in einem unglaublich engen Finale schließlich den 8:7-Sieg und den damals erst zweiten WM-Titel der All Blacks überhaupt.

Donald wurde vom Buhmann zum Nationalhelden, und die Geschichte des Kicks, der Neuseeland den WM-Titel einbrachte, wurde in einer TV-Dokumentation festgehalten. Als Donald nach dem WM-Triumph in seine Heimatstadt Waiuku zurückkehrte, war das Rugby-Feld, auf dem er das Rugby-Spielen erlernt hatte, in Beaver Park[33] umbenannt. Die Straße, auf der er aufwuchs, zierte nun ein Schild mit »Beaver Boulevard«. Der unartige Spitzname war auf einmal überall zu finden. Das Finale des World Cups war das letzte Spiel, das Donald für die All Blacks absolvieren sollte. Doch in Neuseeland wird der Beaver dennoch auf ewig ein Held bleiben.

82. GRUND

Weil die Tuilagi-Brüder Verteidiger um den Rugby-Globus terrorisieren

Tuilagi, ein Name, der bei Rugby-Spielern um den Globus Respekt, Ehrfurcht und oftmals schiere Angst hervorruft. Gleich sechs Brüder der Tuilagi-Familie einer einzigen Generation spielten in den späten 90ern und im Fall von Manu bis heute professionell Rugby in Europa. Was Andy, Sanele, Freddie, Henry, Alesana und Manu gemein haben: Auf dem Feld sind sie gnadenlos physisch, nehmen keine Gefangenen und sind wohl die härtesten Brüder im Rugby-Geschäft.

Englands James Haskell, selbst als einer der furchtlosesten Rugby-Spieler bekannt, wurde zu seinem Karriere-Ende im Frühjahr 2019 gefragt, vor welchem Spieler er denn auf dem Feld jemals

Angst gehabt habe. Zwar insistierte der 1,93-m-Mann Haskell, dass nie Angst gehabt habe, jedoch immer ein Auge auf Henry Tuilagi werfen musste, um ihn nicht aus den Augen zu verlieren. »Er hat Leute zu Kleinholz gemacht, und zwar mit einem Lächeln auf dem Gesicht, wieder und wieder«[34], so Haskell über Henry Tuilagi.

Was die alle im gleichen samoanischen Dorf als Söhne eines Regierungssprechers aufgewachsenen Brüder gemein haben, ist ihre überlegene Physis und ihre Furchtlosigkeit. Im Angriff mit dem Ball unter dem Arm kaum zu Boden zu bringen und in der Defensive mit krachenden Hits. Dabei sind vier der sechs Brüder in der Hintermannschaft daheim, obwohl alle Brüder weit über 100 kg auf die Waage bringen, womit sie theoretisch besser im Sturm aufgehoben wären. Doch trotz ihres Gewichts sind Alesana, Manu, Freddie und Andy wendig und schnell genug, um die hohen Ziffern auf dem Rücken zu tragen.

Fünf von ihnen liefen im Nationaltrikot ihres Heimatlandes Samoa auf, nur Manu entschied sich für seine Wahlheimat England. Er war als 13-Jähriger zu seinem Bruder Freddie gezogen, der damals in Großbritannien bereits als Profi spielte. Manu, benannt nach der Rugby-Mannschaft seines Geburtslandes Manu Samoa, brachte dem englischen Team eine komplett neue Dimension des Rugbys. Seine kompromisslosen Läufe machen ihn bis heute zu einer Waffe der Engländer.

Für Manu gilt, wie für seine fünf Brüder: Wenn Gegner den Namen Tuilagi auf der Kaderliste finden, können sie sich auf einiges gefasst machen.

83. GRUND

Weil Shane Williams als Rugby-Zwerg zum Weltstar wurde

Shane Williams kommt lediglich mit sehr viel gutem Willen auf 1,70 m Körpergröße. Doch der kleine Mann aus der walisischen Hafenstadt Swansea ist dennoch einer der Größten seiner Zunft. Die Liste der sportlichen Erfolge des Wales-Außens liest sich wie ein Buch: Weltspieler des Jahres, der in Großbritannien für Sporthelden obligatorische Ritterschlag, die Aufnahme in die Hall of Fame von World Rugby und die Tatsache, dass kein Waliser jemals mehr Versuche legte als er und dass er auch im weltweiten Vergleich als viertbester Try-Scores aller Zeiten einer der Allerbesten ist, machen ihn zu einer Legende des ovalen Ballsports.

Dabei hätte man meinen können, dass es nach der Ära von Jonah Lomu nur noch XXL-Außen zu absoluten Rugby-Weltklassespielern schaffen können. Lomu hatte als 1.96-m-Brecher auf der einst für pfeilschnelle filigrane Techniker reservierten Außenposition für eine Revolution gesorgt, indem er gnadenlos die kleinere Konkurrenz überrollte. Was Shane Williams jedoch an Körpergröße und Muskelmasse während seiner aktiven Karriere fehlte, machte der Magier mit seinen blitzschnellen Läufen und noch viel mehr Herz gut.

Dabei hatte ihm der damalige Wales-Coach Steve Hansen 2002, in der Frühphase seiner Karriere, gesagt, dass er schlicht nicht für die Anforderungen des internationalen Rugby-Sports gebaut sei. Tatsächlich wirkte Williams in den damals noch üblichen weiten Baumwolltrikots wirklich ein wenig verloren, und auf fast jedem Rugby-Feld, welches Williams in seiner Karriere betrat, war er der allerkleinste Spieler.

Doch die Rugby-Welt und die Waliser insbesondere können froh sein, dass der kleine Magier am Ball dem Rat des späteren Weltmeister-Trainers der All Blacks nicht gefolgt ist. Zuerst versuchte

Williams schwerer zu werden, um den Coaches gerecht zu werden. »Doch das hatte seine Nachteile, ich war regelmäßig verletzt, lange frustriert und hatte wirklich in Erwägung gezogen, die Schuhe an den Nagel zu hängen«, wie Williams in Retrospektive in einem Interview erklärte.[35]

Der Rat, dem ihn ein anderer späterer Neuseeland-Trainer mit auf den Weg gab, sollte ihm jedoch viel mehr als Motivation dienen. »Trainiere und spiele immer mit einem Lächeln auf dem Gesicht«, so der Rat von Graham Henry, und genau dies nahm sich Williams seine gesamte Karriere lang zu Herzen. Er war von Anfang an ein Spieler, der sich von seinem Instinkt leiten ließ, der ein besonderes Auge für Räume, und wie sie sich entwickeln würden, hatte. Sein Stern sollte kurz nach der Jahrtausendwende aufgehen und damit die Renaissance des walisischen Nationalteams einleiten.

Für Wales waren die 1990er-Jahre nämlich die dunkelste Periode seiner Geschichte – sowohl auf als auch neben dem Rugby-Platz. Der Untergang der Schwerindustrie in den 80er-Jahren und der darauffolgende Strukturwandel machten dem kleinen Land schwer zu schaffen – Armut und Arbeitslosigkeit grassierten, und auch das Nationalteam, eine fast schon ungesunde Obsession der Waliser, bereitete dem Land mehr Sorgen als Freude. Mit vier letzten Plätzen bei den Five Nations war es die schlechteste Dekade der walisischen Rugby-Geschichte. Rekordniederlagen gegen Frankreich (0:51) und Südafrika (13:96) werden wohl für immer und ewig Negativrekorde bleiben.

Aber eine goldene Generation um Williams schaffte es, Wales Mitte der 2000er endlich zu altem Glanz zurückführen. 2005 konnten die Waliser bei den Six Nations das erste Mal nach zwölf langen Jahren in Cardiff gegen England gewinnen, und Shane Williams Versuch sollte am Ende den Unterschied machen. Drei weitere souveräne Siege, und Wales stand vor der Chance, sich den ersten Grand Slam seit knapp 30 Jahren zu sichern. Im Rugby-Tempel Millennium Stadium holte sich eine entfesselt spielende walisische

Mannschaft um Williams einen 32:20-Sieg über Irland und brachte dem walisischen Team einen Platz in den Geschichtsbüchern.

2008 konnte Wales das Kunststück wiederholen und sich den zweiten Grand Slam der Six-Nations-Ära sichern, im Turnierverlauf ganz nebenbei den ersten Sieg im englischen Nationalstadion Twickenham holen und die verkorkste WM des Vorjahres vergessen machen. Es war das Jahr des Shane Williams, der in den fünf Spielen des 6-Nationen-Turniers sechs Versuche legen konnte, bester Try-Scorer des Turniers und zum besten Spieler der Six Nations gewählt wurde. Im November folgte mit einem 21:18-Sieg über die Wallabies noch die Revanche an dem Team, das die Waliser im Jahr zuvor in der Gruppenphase der WM rausgekegelt hatte. Auch hier war Williams mit seinem Versuch der entscheidende Mann – folgerichtig krönte ihn der Weltverband zum Weltspieler des Jahres. Keinem anderen Waliser wurde diese Ehre jemals zuteil.

Die Krönung von Williams' elfjähriger Karriere im scharlachroten Trikot der walisischen Nationalmannschaft hätte 2011 erfolgen sollen, bei der dritten WM seiner Laufbahn, die in Neuseeland ausgetragen wurde. Die ersten beiden waren enttäuschend verlaufen, und mit seinem nahenden Rugby-Ruhestand in Sicht hatte sich der kleine Außen für das Turnier Großes vorgenommen. Tatsächlich spielte Wales ein sehr gutes Turnier, setzte sich in einer Gruppe mit Südafrika, Samoa und Angstgegner Fidschi, die die Waliser noch 2007 bei der vorherigen WM bezwungen hatten, durch.

Im Viertelfinale gewannen die Waliser klar gegen Irland, und wieder war es Shane Williams, der sie per Solo-Versuch auf die Siegerstraße brachte. Doch dann folgte, was in Wales bis heute als nationale Tragödie wahrgenommen wird. In Cardiff hatten sich 65.000 Zuschauer im Millennium Stadium versammelt, um das Halbfinale gemeinsam vor dem großen Bildschirm zu verfolgen – mehr als im mit 60.000 Zuschauern ausverkauften Eden Park von Auckland, wo das Spiel stattfand. Wales musste gegen eine französische Mannschaft antreten, die sich mit viel Glück und trotz einer

Überraschungsniederlage gegen Tonga in der Gruppenphase für die K.-o.-Spiele qualifiziert hatte, dort aber im Viertelfinale überraschenderweise Vizeweltmeister England eliminiert hatte. Die Waliser rechneten sich durchaus große Chancen auf den ersten Einzug in das Finale eines Rugby World Cup jemals aus, nicht zuletzt weil sie mit Williams einen auch in seinem letzten Karrierejahr immer noch großartigen Finisher in ihren Reihen hatten.

Doch bekanntermaßen sollte es dazu nicht kommen. Wales-Kicker James Hook verpasste im ersten Durchgang zwei einfache Kicks, und dann erhielt Kapitän Sam Warburton eine damals äußerst kontroverse Rote Karte nach nur 20 Minuten für ein gefährliches Tackle. Wales kämpfte und kam nach einem 3:9-Rückstand in Unterzahl 20 Minuten vor dem Ende noch auf 8:9 heran. Aber es sollte nicht reichen, ein potenziell siegbringender Kick landete am Gebälk, knapper und unglücklicher hätte das Team nicht verlieren können. Die Waliser sollten auch bei ihrer zweiten Halbfinal-Teilnahme nach 1987 nicht den Sprung in das Endspiel des Rugby World Cup schaffen.

Shane Williams' außergewöhnliche Karriere blieb damit zumindest im Bezug auf seine drei Teilnahmen beim Rugby World Cup gewissermaßen unvollendet. Doch im letzten Spiel der WM 2011, dem kleinen Finale um Platz 3 gegen die Wallabies, konnte Williams noch einmal unter Beweis stellen, was ihn als Spieler ausmachte und welchen Charakter er hatte. In seinem letzten Duell auf der größten Bühne, die der Rugby-Sport zu bieten hat, kassierte er nach nur neun Minuten das wohl härteste Tackle des gesamten Turniers.

Australiens Spielmacher Quade Cooper hatte einen cleveren taktischen Kick hinter die Defensivreihe bis kurz vor die walisische Mallinie genau an die Eckfahne platziert. Williams musste sich zurückbewegen, um die brenzlige Situation zu entschärfen. Der Ball rollte unvorhersehbar auf dem Boden herum, und als Williams ihn schließlich aufnehmen konnte, kamen bereits mehrere Australier mit voller Geschwindigkeit auf ihn zu.

Just in dem Moment, als er zum Befreiungskick ansetzte, flogen Wallabies-Flanker David Pocock und Hakler Tatafu Polota-Nau, zwei der härtesten Tackler Australiens, gnadenlos in Williams' Beine, um ihn zu Boden zu bringen. Der kleine Waliser stand aufgrund des angesetzten Kicks nicht sonderlich stabil auf nur einem Bein, und die Power der beiden heranrauschenden Wallabies traf ihn derart hart, dass er unfreiwillig einen Vorwärtssalto machte und äußerst unsanft auf dem Boden landete.

Doch Williams wäre nicht Williams, wenn ihn dieser Hit außer Gefecht gesetzt hätte – er spielte weitere 70 Minuten, bis zum Schlusspfiff, legte Wales' ersten Versuch und bereitete den zweiten vor. Wales sollte mit 18:21 erneut knapp verlieren, symptomatisch für Wales' Geschichte des knappen glorreichen Scheiterns bei WM-Turnieren, aber Williams hatte ein letztes Mal unter Beweis gestellt, welch großartiger und gleichsam mutiger Spieler er zeit seiner Karriere war.

Williams selbst äußerte einmal 2008, dem besten Jahr seiner Karriere, in einem Interview, dass ihm diese Erfahrung als kleiner Mann im Sport der Riesen weitergeholfen habe und er die meiste Fanpost von jungen Rugby-Spielern bekomme, denen selbst auch gesagt wurde, zu klein zum Rugby-Spielen zu sein. Es sei ihm eine große Genugtuung, die Zweifler Lügen zu strafen, jedoch sei es ihm eine noch größere Genugtuung, diesen Kindern und Jugendlichen zurückzuschreiben und ihnen klarzumachen: »Größe ist nicht alles«[36], auch nicht im Rugby.

84. GRUND

Weil Thierry Dusautoir als Dark Destroyer die weltbeste Mannschaft quasi im Alleingang bezwang

Die Frage, wie man die All Blacks besiegt, beschäftigt Rugby-Coaches, seit sie 1905, als sie, erstmals auf europäischem Boden gastierend, alles in Grund und Boden spielten. Taktische Kniffe, Psychospielchen und schmutzige Tricks – in den 114 Jahren seit den Original All Blacks wurde so ziemlich alles versucht, und nicht viel war von Erfolg gekrönt. Ein Name wird jedoch in Rugby-Kreisen für alle Ewigkeit mit einem historischen Triumph über Neuseeland in Verbindung gebracht werden, und zwar der von Thierry Dusautoir. Dieser kegelte den damaligen WM-Favoriten Neuseeland 2007 quasi im Alleingang aus dem Turnier, und zwar mit einer schier übermenschlichen Leistung.

Dabei hätte Dusautoir eigentlich gar nicht im Frankreich-Kader für diese WM stehen sollen. Der zu diesem Zeitpunkt 25-Jährige, der als Sohn eines Franzosen und einer Ivorerin erst im Alter von zehn Jahren nach Frankreich kam, hatte erst ein Jahr zuvor sein Nationalmannschaftsdebüt gegeben und war im Team nicht wirklich etabliert. Als er nicht in den eigentlichen 30-Mann-Kader für das Turnier kam, verwunderte das in Frankreich nicht sonderlich viele. Erst als sich Clermont-Stürmer Elvis Vermeulen in der Vorbereitung einen Bandscheibenvorfall zuzog, schaffte es der Toulouse-Flanker überhaupt erst in letzter Minute in den Kader.

In der Vorrunde des Rugby World Cup 2007 hatte sich die Grande Nation dann einen Ausrutscher gegen Argentinien erlaubt, weswegen auf les Bleus als Gruppenzweiter schon im Viertelfinale die übermächtigen All Blacks warteten. Dusautoir war im ersten Spiel gar nicht zum Einsatz gekommen, spielte sich mit starken Leistungen in den anderen Gruppenspielen aber ins Team und durfte es im Viertelfinale mit dem größten aller Zeiten, Richie McCaw, aufnehmen. Es sollte das Spiel seines Lebens werden. Unter den Augen des damaligen französischen Präsidenten Nicolas Sarkozy näherten sich les Bleus während des Haka bis auf wenige Zentimeter an ihre neuseeländischen Widersacher. So standen sich die Viertelfinalkontrahenten Auge in Auge gegenüber, bevor es auf dem Platz zur Sache gehen sollte. Nie davor und danach ist ein Team den All Blacks bei ihrem Haka so sehr auf die sprichwörtliche Pelle gerückt, und sie sollten ihrer großen Geste Taten folgen lassen.

Die haushoch favorisierten und zu dem Zeitpunkt bereits seit drei Jahren an der Spitze der Weltrangliste stehenden All Blacks fabrizierten einen fast 80 Minuten andauernden Sturmlauf Richtung Malfeld der Franzosen. Doch wieder und wieder stellte sich insbesondere der Sturm der Franzosen den All Blacks in den Weg und holte die im ungewohnten Auswärts-Grau spielenden All Blacks wieder und wieder kompromisslos von den Füßen. Allen voran war es der junge Thierry Dusautoir, der sich heroisch jedem Neuseeländer in den Weg stellte.

Dabei sollte Dusautoir einen Rekord für die Ewigkeit aufstellen: Mit 38 Tackles über den 80-minütigen Spielverlauf brachte er mehr All Blacks zu Boden, als das gesamte Neuseeland-Team in diesem Spiel zusammengerechnet tacklen sollte. Angesichts einer Nettospielzeit von nur gut 40 Minuten eine unglaublich beeindruckende Leistung, zumal gegen den damals als bestes Team der Welt angesehenen Gegner. Bis heute sind 38 Tackles ein Allzeitrekord im internationalen Rugby.

Die Art und Weise, wie er beispielsweise den damals gefürchteten All-Blacks-Flanker Jerry Collins in Durchgang eins mit Anlauf aus dem Weg räumte oder sein Gegenüber Richie McCaw nach der Pause in einer Spielsequenz innerhalb weniger Sekunden gleich zwei Mal stoppte, hielt Frankreich überhaupt erst im Spiel. Selten hat ein Spieler mit einer mutigeren Leistung so viel zu einem Sieg beigetragen. Passenderweise war er es auch, der in Minute 55 eine tolle Kombination durch zwei versuchte Neuseeland-Tackles hindurch abschließen und zum ersten Frankreich-Versuch ablegen konnte. Am Ende würde Frankreich das Spiel mit 20:18 für sich entscheiden, während Neuseeland zum ersten und bis heutige einzigen Mal nicht in das Halbfinale einer Weltmeisterschaft einzog. Dusautoir verdiente sich die Lorbeeren seines Coaches und in Frankreich den Spitznamen »Dark Destroyer«. Dusautoir selbst sollte später mit einem Augenzwinkern zu Protokoll geben: »Durch dieses Spiel habe ich mich im internationalen Rugby ein wenig bekannter gemacht.«[37]

Dusautoir war fortan aus der XV de France nicht mehr wegzudenken, auch wenn 2007 im Halbfinale das Aus folgte. Beim Rugby World Cup 2011, als Kapitän des Teams, führte der Flanker die Mannschaft bis in das Endspiel des Turniers. In Neuseelands Festung Eden Park hatte Frankreich den damaligen WM-Gastgeber an den Rand einer Niederlage gebracht, was zehn Jahre zuvor und zehn Jahre danach keinem Team gelingen würde – Dusautoir selbst sollte wieder gegen seinen Lieblingsgegner einen Versuch legen. Doch am Ende unterlag Frankreich mit 7:8, im knappsten aller Endspiele der WM-Geschichte. Dem Dark Destroyer blieb als Trost zumindest, dass er als einer von nur zwei Franzosen jemals zum Weltspieler des Jahres gewählt wurde.

85. GRUND

Weil Paul O'Connell Rugbys Aggressive Leader war

Paul O'Connell hat über seine 14 Jahre andauernde Karriere als professioneller Rugby-Spieler all das verkörpert, was das irische Rugby über Jahrzehnte hinweg ausmachte: hartes, ehrliches und sturmlastiges Spiel. O'Connel war mit seinen 1,98 m Körpergröße immer eine imposante Statur, Herr der Lüfte in der Gasse, Turm in der Schlacht – schlicht einer der besten 2.-Reihe-Stürmer jemals.

Doch wofür der Mann, der seine gesamte Profikarriere nur für seinen Verein Munster und die Nationalmannschaft Irlands auflief, vor allem bekannt war, sind seine Führungsqualitäten. Ottmar Hitzfeld prägte im Fußball einst den Begriff »Aggressive Leader« mit Blick auf seinen holländischen Mittelfeldmann Mark van Bommel. Im Rugby wird dieser Begriff nicht benutzt, aber wenn man nach einem Paradebeispiel für eine vergleichbare Figur suchen würde, wäre es O'Connell.

Der Rotschopf war schon als Kind von seinem Ehrgeiz durchdrungen und räumte zuerst im Schwimmen nationale Nachwuchstitel ab und war später auch im Golf als Teenager sehr erfolgreich, während er bereits seine ersten Schritte im Rugby versuchte. Seine wahre Berufung fand er aber erst auf dem Rugby-Platz. In seiner Autobiografie, die passenderweise den Titel *Die Schlacht* trägt, beschreibt er, wie ihn nicht das Talent, sondern der unbedingte Einsatz, der Trainingswille und die Aggressivität auf dem Platz nach vorne und bis an die Spitze brachten.

Dass er eine besondere Gabe hatte, diesen Ehrgeiz und seine Aggressivität an andere weiterzugeben, war seinen Coaches früh klar. So war er im Verlauf seiner Karriere Kapitän seines Vereins Munster, der irischen Nationalmannschaft und der British and Irish Lions. Letzteres gilt als die größte Ehre für einen Rugby-Spieler derjenigen vier Länder, die einmal alle vier Jahre das Lions-Team stellen.

Unvergessen ist eine Rede in der Kabine Minuten vor dem Ankick eines Six-Nations-Spiels seines irischen Teams gegen Frankreich im Jahr 2007, die von RTE-Kameras eingefangen wurde. Der öffentlich-rechtliche TV-Sender Irlands hatte das Team wochenlang auf seinem Weg durch das traditionsreichste Rugby-Turnier der Welt verfolgt. O'Connell, der damals Irland als Kapitän aufs Feld führen sollte, wandte sich an seine Mannschaft und hielt eine bis heute legendäre Rede:

»Hört mir jetzt zu, ich will, dass sie {die Franzosen} von der ersten Sekunde an zurückgeschlagen werden und sich denken: Was zum Teufel geht hier vor? Nicht nur die ersten fünf Minuten, das gesamte verdammte Spiel lang – manische Aggression. Am Ende des Spiels müsst ihr euch fragen: Habe ich heute jemandem Angst eingejagt, habe ich sie Gott fürchten gelehrt? Ihr müsst euren Worten jetzt Taten folgen lassen!«

Mehrere Spieler, die unter O'Connell für Irland und Munster gespielt haben, betonten später, wie sie ihm bis in die Hölle gefolgt wären, wenn er darum gebeten hätte. Irland sollte an diesem Tag bis in die Schlussphase führen und nur durch einen Geniestreich von Frankreich-Außen Vincent Clerc in allerletzter Minute verlieren. Frankreich sollte für den ganz großen Mann des irischen Rugbys zeit seiner Karriere ein schlechtes Omen sein.

Irland konnte im restlichen Turnierverlauf alle Spiele gewinnen und hatte am Ende genauso viele Punkte wie die Franzosen auf dem Konto. Doch den Titel gewannen sie nicht, aufgrund des geradezu lächerlichen Unterschieds von vier Punkten Differenz, also weniger als einem Versuch. Nicht nur in diesem Jahr bei diesen Six Nations sollte die Karriere O'Connells unvollendet bleiben.

O'Connells Führungsqualitäten jedoch standen nie im Zweifel und sind nicht nur in Ruby-Kreisen bekannt. Auf Einladung des nordischen Weltklasse-Golfers Rory McIlroy sprach der im Jahr zuvor zurückgetretene Irland-Stürmer 2016 vor dem europäischen Ryder-Cup-Team. Als Ex-Golfer und hochdekorierter Spitzensportler war O'Connell der perfekte Motivator und sprach am Abend vor dem Abflug des europäischen Teams in die Vereinigten Staaten. Europa-Kapitän Darren Clarke gab später zu Protokoll, dass man eine Nadel hätte fallen hören können, als O'Connell das Wort hatte: »Das gesamte Team wurde von Paul inspiriert.«[38]

Die größten Erfolge seiner Karriere feierte O'Connel mit Irland bei den Six Nations, die er mit den Boys in Green drei Mal gewinnen konnte. Ihm gelang dabei 2015 das Kunststück, im allerletzten 6-Nationen-Turnier seiner Karriere und im stolzen Alter von 35 Jahren zum Spieler des Turniers gewählt zu werden. Doch auch wenn O'Connell für seine Erfolge im grünen Irland-Trikot auf der gesamten Insel verehrt wird, in seiner westirischen Heimat in Limerick ist er quasi ein Gott. Die 90.000-Einwohner-Stadt im äußersten Westen Irlands ist der wohl Rugby-verrückteste Ort der Insel und das dortige Munster-Team sein ganzer Stolz.

O'Connell wuchs im Schatten des Munster-Stadions Thomond Parks auf, und weswegen ihn die Menschen in Irlands drittgrößter Stadt für immer verehren werden, sind die beiden Europapokaltitel in den Jahren 2006 und 2008. Limerick hatte es früh schon genossen, sich als Kleinstadt im Konzert der ganz Großen zu messen und den großen und finanzstärkeren Teams aus London, Paris und Toulouse ein Schnippchen zu schlagen.

Beim zweiten Titel 2008 führte der Zweite-Reihe-Stürmer Munster als Kapitän auf das Feld, als sie vor über 74.000 Fans im Millennium Stadium, die mit großer Mehrheit das Munster-Rot trugen, Frankreichs Rekordmeister Stade Toulousain mit 16:14 niederrangen. Weggefährte Ronan O'Gara, mit dem er Europapokal-Triumphe und Six-Nations-Siege feierte, verpasste ihm den Spitznamen »Stolz von Limerick«.

Sein legendärer Ruf als Anführer in der Schlacht fußte auch darauf, dass er immer für seine Teamkollegen einstand und nie einen Schritt zurück machte. Seine Duelle mit dem Kanadier Jamie Cudmore, einer der anderen harten Rugby-Männer der alten Schule, waren legendär. Beide gerieten im Verlaufe ihrer Karriere mehrmals aneinander, am heftigsten im Jahr 2008, als sich die Wege beider im Thomond Park kreuzten. Cudmore für Clermont, den französischen Top-Klub aus der Auvergne, und O'Connell im berühmten Rot seiner Heimatstadt Munster, die als Titelverteidiger in den Wettbewerb ging.

Es waren nicht mal 20 Minuten gespielt, da kochten die Emotionen komplett über. Die hitzige Atmosphäre im Thomond Park, der mit 26.000 Fans mehr als ein Viertel der Bevölkerung Limericks beherbergt und bei großen Europacupspielen schon Wochen vorher restlos ausverkauft ist, trug sein Übriges dazu bei. Ein Tackle, nachdem das Spiel bereits unterbrochen war, löste eine riesige Rauferei aus, bei der auch zahlreiche Schläge fielen. Damals wurden im Rugby im Normalfall lediglich die Rädelsführer vom Platz gestellt, weswegen solche Szenen keine Seltenheit waren, während sie heute im Rugby keinen Platz mehr haben.

In diesem Fall wollte Cudmore das Gesetz in die eigene Hand nehmen, als Munsters Prop Marcus Horan Clermonts Gedrängehalb Mignoni nach dem Pfiff unsanft tacklete und zu Boden brachte. Cudmore griff den nach dem Tackle am Boden liegenden 1.-Reihe-Stürmer an, doch Paul O'Connell kam seinem Mitspieler Horan in Sekundenbruchteilen zu Hilfe. Nicht wenige hätten es sonst mit dem 1,96-m-Kanadier aufgenommen, Paul O'Connell stellte sich in den Weg und verwies Cudmure in seine Schranken – dabei kassierte aber auch der irische Riese drei, vier Treffer, und das sah man ihm danach auch an.

Beide mussten vom Platz – Cudmore mit Rot, also endgültig für seine aggressive Rolle in dieser Auseinandersetzung, O'Connell mit Gelb und somit nur für zehn Minuten, da er sich nur verteidigt habe. Diese Szene sollte Clermont das Spiel kosten und damit auch das Weiterkommen im Europacup.

Doch auf den Respekt der beiden voreinander hatte dies nie einen Einfluss. Cudmore sollte später in einem Interview sagen, dass er und sein vermeintlicher Erzfeind O'Connell erstaunlich gut neben dem Platz miteinander klarkämen. »Wenn der Abpfiff erfolgt, ist es vorbei, dann gibt man sich die Hand, und es geht weiter«[39], so Cudmore, O'Connell sehe dies im Übrigen genauso. Deshalb dürfte es auch keinen verwundern, dass der Kanadier seinen irischen Gegenpart nach dessen Karriereende auf sein Weingut eingeladen hat.

O'Connell wiederum muss nach dem Ende seiner Karriere als einer der ganz Großen im Welt-Rugby lediglich mit einem Makel leben, den er mit allen Iren gemein hat. Der Rugby World Cup wurde für Irland ein ums andere Mal zum Drama. Die Negativhöhepunkt war dabei sicher das Turnier 2007 in Frankreich. Die erste goldene Generation Irlands mit O'Connell selbst und Brian O'Driscoll und Ronan O'Gara auf dem Höhepunkt ihrer Karrieren sollte Irland erstmals unter die Top vier der Welt bringen. Mit zwei zweiten Plätzen bei den Six Nations sowie einem Sieg gegen Vizeweltmeister Australien wenige Monate zuvor im Rücken ging Irland als Mitfavorit auf den Titel ins Turnier.

Was in Frankreich folgte, war ein absolutes Waterloo für die hochgehandelten Iren. Ein Stottersieg zum Auftakt gegen den krassen Außenseiter Namibia sollte nichts Gutes verheißen – eine deutliche Niederlage gegen Gastgeber Frankreich, ein 14:10-Zittersieg über Georgien und eine krachende Niederlage im abschließenden Gruppenspiel gegen den späteren Dritten Argentinien bedeuteten das vorzeitige Aus der Boys in Green nach der Gruppenphase. Eine historisch schlechte Leistung der Iren – O'Connell nahm später die Schuld zum Teil auf sich und verwies auf seine Besessenheit. Selbst die vier freien Tage nach dem langen Vorbereitungscamp hatte er mit einigen anderen Führungsspielern durchtrainiert – »es war dumm, und so gingen wir völlig platt ins Turnier.«[40] Im Jahr 2011 schafften es O'Connell und die Iren, diese Balance in Sachen Training zu finden, schafften es aber wieder nur ins Viertelfinale und mussten sich dort Wales geschlagen geben.

Die Karriere des größten Anführers im irischen Rugby sollte schließlich auch beim Rugby World Cup ein Ende finden, aber nicht mit dem krönenden Abschluss, den sich in Irland jeder für O'Connell gewünscht hatte. Mit dem 35-jährigen Routinier hatte sich Irland im Frühjahr 2015 den zweiten Six-Nations-Titel in Serie und O'Connell die Ehre »Spieler des Turniers« erarbeitet, bevor es im September in die Weltmeisterschaft ging. Irland ging erneut mit großen Vorschusslorbeeren ins Turnier und konnte dieses Mal zumindest in der Gruppe mit vier souveränen Siegen nachlegen und sich in einem unglaublich hart geführten Duell mit Frankreich den Gruppensieg sichern.

Doch genau in jenem Duell mit Frankreich passierte es. Beide Teams schenkten sich von der ersten Sekunde an nichts, denn der Verlierer sollte es mit dem amtierenden Weltmeister Neuseeland zu tun bekommen. Noch in der ersten Hälfte wollte O'Connell einen Ball aus einem gegnerischen Ruck stehlen, lehnte sich nach vorne über das Leder und kassierte genau in diesem Moment ein hartes Clean-out. Eine Szene, die sich in jedem Spiel mindestens ein Dutzend Mal abspielt, doch in diesem Fall erwischte es O'Connell so unglücklich, dass er einen Riss des hinteren Oberschenkelmuskels erlitt.

Eine unglaublich schmerzhafte und seltene Verletzung, die selbst den irischen Riesen zu Boden brachte. O'Connell wurde mit schmerzverzerrtem Gesicht und einer Sauerstoffmaske auf einem präparierten Golf-Wagen vom Platz transportiert, den er nur eine halbe Stunde vorher als Kapitän der irischen Nationalmannschaft betreten hatte. Es sollte das 108. und leider auch letzte Mal sein, dass O'Connell im Grün Irlands auf ein Rugby-Feld auflief, und das letzte Spiel seiner 15-jährigen Profi-Karriere sein.

Irlands meistgelesene Zeitung *Independent* schrieb nach O'Connells Karriereende durch diese schwere Verletzung zum schlimmstmöglichen Zeitpunkt: »Es ist irgendwie passend, dass O'Connell sich mit einer solch blutigen Schlacht verabschiedet.«[41] Irlands Rugby-Verband verabschiedete sich nach O'Connells letztem Spiel mit den Worten »ein Anführer, ein Krieger, ein Gentleman – Paul O'Connel hat sein letztes Spiel für Irland gespielt«.

86. GRUND

Weil Siya Kolisi als erster farbiger Springboks-Kapitän Geschichte schrieb

Siya Kolisi ist ein typischer südafrikanischer Openside-Flanker. Er spielt folglich mit der 6 auf dem Rücken in der dritten Sturmreihe – wie es in Südafrika, anders als im Rest des Rugby-Universums, üblich ist, wo der Sechser auf der Blindside der dritten Sturmreihe spielt. Mit 1,88 m und und knapp über 100 kg bringt er Idealmaße für diese Schlüsselposition mit. Als der konstant beste Spieler beim Kapstädter Top-Team Stormers über mehrere Jahre hinweg und mit herausragenden Leistungen im Springboks-Trikot hat sich Kolisi bis zur Kapitänswürde bei den Südafrikanern vorgearbeitet.

Seine starken Ballvorträge, seine für einen Stürmer unglaubliche Schnelligkeit und die Tatsache, dass er auch die Drecksarbeit in den Rucks zuverlässig erledigt, haben ihm den Weg zum Kapitänsamt geebnet. So die einhellige Meinung in Südafrika und so weit nichts Ungewöhnliches – eine typische Sport-Erfolgsstory, könnte man meinen. Doch damit läge man weit von der Wahrheit entfernt.

Denn Kolisi unterscheidet vor allem eines von seinen 60 Vorgängern in der knapp 130-jährigen Geschichte der Springboks. Er gehört der schwarzen Mehrheitsbevölkerung Südafrikas an. Vielleicht wäre dies in den meisten Ländern überhaupt kein Thema, doch Südafrika ist nicht irgendein Land. Bis Anfang der 1990er-Jahre herrschte hier eine staatlich verordnete strikte Politik der Rassentrennung, und jahrzehntelang repräsentierte nicht ein einziger farbiger Südafrikaner sein Heimatland im Trikot der Springboks, im Gegenteil. Die Rugby-Nationalmannschaft galt als eine Bastion der weißen Minderheit und war lange Zeit von der schwarzen Mehrheit verhasst.

Es gab sogar Bestrebungen in der Regierungspartei ANC, nach dem Ende der Apartheid das Springboks-Logo zu verbieten, die jedoch vom ersten frei gewählten Präsidenten Nelson Mandela unterbunden wurden. Kolisi jedenfalls ist in einem Armenviertel von Port Elizabeth aufgewachsen und hat es nur durch ein Rugby-Stipendium an eine prestigeträchtige Privatschule und damit aus dem Township bis hin zu einem der größten Sportstars des Landes geschafft.

So verwundert es kaum, dass Kolisis Ernennung zum Kapitän im Juni 2018 weit über Südafrika hinaus für Schlagzeilen gesorgt hatte und dass der neue Springboks-Anführer bei seinem ersten Spiel als Kapitän gegen England unter besonderer Beobachtung stand. Südafrikas Trainer Rassie Erasmus sah sich gar genötigt, Kolisi zu bescheinigen, sein Kapitänsamt nur durch sportliche Leistungen verdient zu haben. Denn auch mehr als 20 Jahre nach dem Ende der Apartheid sind die Wunden der jahrzehntelangen Diskriminierungspolitik der Apartheid-Regierung im Land am Kap noch nicht allesamt verheilt. Jedoch fühlten sich angesichts Kolisis Rugby-Lebenslauf und seiner Leistungen nur einige wenige genötigt, ihm eine Bevorzugung aufgrund seines Backgrounds vorzuwerfen, während das überwiegende Echo extrem positiv war.

Auf dem Platz konnte Kolisi schließlich untermauern, wie sehr er sich diese Ehre verdient hatte. Genau an der Stelle, wo Nelson Mandela im Grün der Boks 23 Jahre zuvor François Pienaar den WM-Pokal verliehen hatte, führte Kolisi die Boks erstmals als Kapitän auf den Rasen. Der Johannesburger Ellis Park war mit über 60.000 zum Bersten gefüllt. Zu allem Überfluss aber legte England einen Traumstart mit drei Versuchen zum 24:3 nach nur gut 15 Minuten hin. Das Publikum war gelinde gesagt geschockt.

Aber angeführt von Kolisi konnten die Boks in der Partie arbeiten und sie sukzessive drehen – zum Schlusspfiff stand nach einem absoluten Krimi ein 42:39 gegen das Mutterland zu Buche. Nach Jahren im Mittelmaß sind die Boks nunmehr wieder im Kommen, und noch im gleichen Jahr gelang den Südafrikanern ein Kunststück, das ihnen zuvor zehn Jahre verwehrt blieb – ein Sieg gegen die All Blacks auf neuseeländischem Boden. Das 36:34 gegen den Weltmeister in Wellington war Kolisis bisher größter Triumph als Kapitän Südafrikas, und 2019 in Japan nutzte er die Chance, in einen illustren Zirkel aufzusteigen: Er wurde der erst dritte Südafrika-Kapitän, der das Land zu einem WM-Titel führte. Mit dem 32:12-Finalsieg über England in Yokohama vollendete er nicht nur sein eigenes Rugby-Märchen. Er trieb die Versöhnung durch Rugby ein gehöriges Stück voran.

87. GRUND

Weil Brian O'Driscoll das schöne Spiel nach Irland brachte

Grundehrlich, schnörkellos, aber am Ende des Tages doch einfach bieder. Das war der Ruf des irischen Rugbys, über Jahrzehnte hinweg. Immer im Dunstkreis der Weltspitze, aber ganz selten ganz oben auf dem Treppchen zu finden. Es sollte sehr lange dauern und quasi das Lebenswerk eines Mannes sein, der für Irland konstant Erfolge mit dem ovalen Leder einfuhr und – noch viel wichtiger – das schöne Spiel auf die grüne Insel brachte.

Seine Fähigkeiten am Ball suchten ihresgleichen. Eine Ballbehandlung wie kein anderer, Pässe aus unmöglichen Lagen, die Fähigkeit, den Ball aus dem vollen Sprint vom Boden aufzulesen, ohne auch nur abbremsen zu müssen. Bälle hinter dem Rücken, durch die Beine, Volley-Kicks über Gegenspieler und schlicht ein siebter Sinn, der ihn wissen ließ, wo das Leder hin muss und wo er selbst zu stehen hat. Brian O'Driscoll war der wohl talentierteste und beste Spieler, den Irland je hervorgebracht hat.

Dafür wurde dem Mann, der meist liebevoll BoD genannt wurde, auf der grünen Insel ein gottgleicher Status zuteil, und zwar schon zu seinen aktiven Zeiten. Auf Fan-T-Shirts war über ihn wahlweise zu lesen: »BoD is God« (Brian O'Driscoll ist Gott) oder »in BoD we trust«, eine Abwandlung des auf den US-Dollar-Scheinen zu findenden Mottos »in God we trust« (Wir vertrauen auf Gott). Unter diesem Titel erschien schließlich auch eine Biografie des wohl besten Dreizehners im Welt-Rugby aller Zeiten.

Denn BoD war quasi mit dem grünen Trikot mit der weißen 13 auf dem Rücken verwachsen – über 15 Jahre hinweg von seinem Hattrick beim Six-Nations-Spiel in Paris im Jahr 2000, als er quasi aus dem Nichts zum Irland-Superstar wurde, in über 133 Einsätzen für Irland bis zu seinem letzten Einsatz in Grün, ebenfalls passenderweise in Paris, wo er noch einmal als Kapitän die 6-Nationen-Trophäe in den Himmel recken konnte. Nur ein einziger Spieler, Neuseelands Rekordkapitän Richie McCaw, hat mehr Länderspiele absolviert als der große Mann des irischen Rugbys O'Driscoll.

Er ist auch fünf Jahre nach seinem Karriereende das Synonym für den perfekten Dreizehner schlechthin – gedanken- und noch viel mehr handlungsschnell, mit der Gabe, das Spiel perfekt zu lesen, und nicht zuletzt mit seiner unglaublichen Kreativität, die ihn von den meisten anderen Weltklasse-Innendreivierteln abhob.

Immer wieder fing O'Driscoll mit seiner überlegenen Spielintelligenz und Antizipation weite Pässe des gegnerischen Spielmachers ab, um mit dem Leder unter dem Arm am anderen Ende des Feldes selbst zu punkten. Solche Intercepts sind gerade auf O'Driscolls Position ein unglaubliches Risiko, denn verschätzt man sich und verpasst den Ball, brennt es lichterloh – doch BoD gelangen sie immer wieder. Dazu wusste er immer seine Nebenmänner in Szene zu setzen, im Blau seines Dubliner Klubs Leinster, den er zu vier Europacuptiteln führte.

Im Verlauf seiner Karriere erfand sich der sympathische Ire, der auch neben dem Platz ein absoluter Gentleman ist und vom öffentlich-rechtlichen TV-Sender RTE 2009 zu Irlands Sportler des Jahres gewählt wurde, dazu ein ums andere Mal von Neuem. Als er Ende der 90er-Jahre erstmals auf dem allerhöchsten Niveau angekommen war, hatte Rugby gerade eben erst seinen Amateur-Status aufgegeben, und die Spieler liefen noch in den damals charakteristischen weiten Baumwolltrikots auf. Nicht nur diese sollten sich im Verlauf der anderthalb Dekaden langen Karriere O'Driscolls ändern und zu hautengen Synthetik-Outfits werden – der Rugby-Sport wurde immer physischer, die Kollisionen härter und O'Driscoll im letzten Drittel seiner Karriere nicht unbedingt schneller.

Doch O'Driscoll passte sein Spiel an – nachdem er anfangs vor allem durch seinen Speed und seine direkten Laufwege glänzte, wurde sein Positionsspiel über die Jahre immer besser –, offensiv wie defensiv. Er verteidigte cleverer denn je und galt auch in den letzten Jahren vor seinem Karriere-Ende 2014 mit Mitte 30 noch als einer der besten seines Faches. Wales-Legende Ieuan Evans fasste die Facetten O'Driscolls wie folgt zusammen: »O'Driscoll hat sich in über 14 Jahren an der Spitze des Sports mindestens fünf Mal komplett neu erfunden!«[42]

Doch wofür er in Irlands Öffentlichkeit, bei Leinster und dem Nationalteam vor allem in Erinnerung bleiben wird, ist, dass er der Anführer der ersten goldenen Generation des irischen Rugbys war. Dabei bediente er sich nicht der lauten Worte, wie es Team-Kollege Paul O'Connell tat, O'Driscolls Art war subtiler. Er wollte mit gutem Beispiel vorangehen, er war ein natürlicher Anführer, der mit seinen Leistungen die Autorität ausstrahlte, durch die ihm seine Teamkollegen bis zur letzten Sekunde in die Schlacht folgten.

Diese Art führte zu Erfolgen – mit Leinster und Irland hatte O'Driscoll die erfolgreichste Ära in der Geschichte des irischen Rugbys – drei Triumphe bei den Six Nations und die Krönung 2009: O'Driscoll führte seine Boys in Green als Player of the Tournament und bester Try-Scores zum Grand Slam. Dem erst zweiten der irischen Rugby-Geschichte, nachdem die Iren 61 Jahre auf den Triumph im ältesten Rugby-Turnier der Welt hatten warten müssen.

Als er im Jahr 2014 schließlich endgültig die Rugby-Stiefel an den Nagel hängte, überschlug sich nicht nur die Rugby-Welt mit

Lobpreisungen. Der damalige US-Präsident Barack Obama ließ es sich nicht nehmen, dem »legendären« irischen Innen zu seiner Karriere zu gratulieren[43]. Für die Iren ist er sowieso der größte aller Zeiten, auch wenn es nie zum Sieg gegen die All Blacks gereicht hat, in 13 Spielen gegen das beste Team der Welt.

Besonders tragisch war sein letztes Duell mit den Neuseeländern 2013, als O'Driscoll mit einer Gehirnerschütterung vom Feld musste, als sein Team noch führte und er mit ansehen musste, wie der damalige Weltmeister noch in der 3. Minute der Nachspielzeit Irlands ersten Sieg über Neuseeland verhinderte. Er konnte aber immerhin zuschauen, wie eine Reihe seiner alten Weggefährten zwei Jahre nach seinem Karriereende das vollbrachten, woran der wohl größte aller Zeiten der Iren 13 Mal gescheitert war.

88. GRUND

Weil Christian Lealiifano von der Chemotherapie zurück ins Profi-Rugby schaffte

Sich als Sportler oder Trainer über das Verletzungspech zu beschweren, gehört fast schon zum Sport wie die abgedroschenen Interviewphrasen, die man üblicherweise von Profisportlern landauf und landab zu hören bekommt. Sicherlich trifft es gerade Rugby-Spieler häufiger als andere, weswegen sie zumindest schlechte Nachrichten von Ärzten gewohnt sind. Doch was Christian Lealiifano Mitte des Jahres 2016 widerfuhr, ist wahrscheinlich einer der größten Tiefschläge, die sich ein Mensch ausmalen kann.

Der Brumbies- und Australien-Spielmacher war nur zwei Monate zuvor erstmals Vater geworden und mit 28 Jahren wohl auf dem sportlichen Höhepunkt seiner Karriere in seiner Heimat Down Under. Doch in der kurz zuvor beendeten Juni-Länderspielserie gegen England war Lealiifano in allen drei Spielen jeweils nur von der Bank gekommen. Er hatte sich wochenlang schlapp gefühlt und war selbst lange von einer verschleppten Erkältung ausgegangen.

Als er sich jedoch kurz vor den Play-offs mit seinem Verein Brumbies aus der australischen Hauptstadt Canberra sicherheitshalber doch zum Arzt begab, erfolgte die schockierende Diagnose. Der Verdacht auf einen Virus-Infekt erhärtete sich nicht, es sollte für den jungen Familienvater viel schlimmer kommen. Denn ihm wurde mitgeteilt, dass er an Leukämie erkrankt war und monatelang als Krebskranker internationales Rugby gespielt hatte.

Für den samoanischstämmigen Australier ging nun alles ganz schnell, noch am selben Tag wurde Lealiifano ins Krankenhaus eingewiesen, und keine 48 Stunden später begann die Chemotherapie. Durch diese und die damit verbundene Krankheitsanfälligkeit durfte er seinen Sohn Jeremih vorerst nicht mehr im Arm halten, der Gedanke an ihn brachte Lealiifano aber durch diese schwere Zeit. »Niemals hätte ich meinen Sohn ohne Vater aufwachsen sehen wollen, dieser Gedanke hat mich so motiviert«, gab er Jahre später in einem Interview zu Protokoll[44].

Die Therapie sollte aber zuerst einmal eine riesige Herausforderung sein, mental und körperlich zugleich. Innerhalb von nur zwei Wochen verlor Lealiifano zwölf Kilo Körpergewicht, sein Haupthaar und sogar seine Augenbrauen. Die Tatsache, dass sein Sohn ihn dennoch weiterhin erkannte, habe ihm, so Lealiifano, Kraft gespendet. Dazu bewies er, dass er als Profisportler natürlich auch den eisernen Willen hatte, die Therapie ohne Wenn und Aber durchzuziehen. Es sollte acht harte Monate Chemotherapie und eine Knochenmarkstransplantation brauchen, bis der Krebs zumindest vorerst besiegt war und Lealiifano sich in der Remission befand.

Der australische Rugby-Star hatte jedoch noch einen weiteren Kampf vor sich, denn er wollte zurück auf das Rugby-Feld, das ihm so dermaßen viel bedeutet. Weitere drei Monate harter Kampf, dieses Mal jedoch im Gym und auf dem Trainingsplatz, und dann war es so weit: Im Trikot der viertklassigen Vikings feierte er nur elf Monate nach der Diagnose sein Comeback auf dem Platz in einer unterklassigen Liga der australischen Hauptstadt Canberra. Doch damit nicht genug, im allerletzten Spiel seiner Brumbies der 2017er-Saison gegen die Hurricanes im Viertelfinale von Super Rugby konnte er schließlich auch wieder für seine geliebten Brumbies auflaufen, wenn auch nur für wenige Minuten. Ziemlich genau ein Jahr nach der schrecklichen Diagnose, ein Triumph, auch wenn das Spiel in einer Pleite für seine Brumbies endete.

Für den immer noch nicht zu 100% wiedergenesenen Spielmacher eine Enttäuschung, aber in der australischen Sommerpause unterschrieb er beim nordirischen Klub Ulster aus Belfast, um wieder an seine alte Form anknüpfen zu können. Dort wurde aus ihm wieder der elegante Spielmacher mit der tollen Übersicht auf dem Feld, der er einst war. Bis heute muss sich Lealiifano regelmäßigen Nachsorgeuntersuchungen unterziehen und gilt nicht als 100% geheilt – doch der vorerst größte Coup gelang ihm im Sommer 2019, als er es nach dreijähriger Abstinenz zurück in den Wallabies-Kader schaffte und den zweimaligen Weltmeister zu einem Rekord-Sieg über den Erzfeind Neuseeland führte. Das Comeback des sympathischen Verbinders bei der WM in Japan dürfte eine der bewegendsten Storys dieser WM werden.

89. GRUND

Weil das verrückte Genie Quade Cooper immer für besondere Momente sorgt

Es gibt Spieler, die polarisieren einfach. Im Rugby vielleicht weniger als im Fußball. Aber auch im ovalen Ballsport findet man sie. Auf jeder Liste der kontroversesten Rugby-Spieler liegt Quade Cooper immer ganz weit vorne. In Australien als einer der größten Rugby-Helden gefeiert, in seinem Geburtsland Neuseeland als Staatsfeind

Nummer eins verteufelt. Quade Cooper hasst man oder liebt man. Warum er so spaltet, liegt nicht nur an seinem Background, sondern auch an seiner Spielweise und einer berühmt gewordenen Fehde mit Neuseeland-Legende Richie McCaw.

Cooper ist als Spielmacher ein ganz besonderer Typ, immer gewillt, auf Risiko zu spielen, gewagte Pässe oder Kicks zu versuchen. Wenn diese Aktionen gelingen, ist er einer der spektakulärsten Spieler der Welt, und er führte so beispielsweise seine Queensland Reds 2011 zum Super-Rugby-Titel. Doch wenn seine Vabanque-Spielchen schiefgehen, kann Cooper eine gesamte Mannschaft mit sich zu Grunde reißen. Dazu empfinden viele seine Art und Weise zu spielen - seien es die No-Look-Pässe oder die Pirouetten mit dem Leder unterm Arm - als arrogant und angeberisch.

Was ihn mehr jedoch als alles zur kontroversen Figur macht, ist seine Beziehung zu seinem Geburtsland Neuseeland, das er als 13-Jähriger mit seinen Eltern verlassen hatte, um sich in Queenslands Hauptstadt Brisbane niederzulassen. Bereits die Entscheidung, für seine zweite Heimat zu spielen und nicht für sein Geburtsland, machte ihn für viele All-Blacks-Fans zum Verräter in der Zeit um die WM in Neuseeland 2011, als Australien ein ernsthafter Konkurrent für die All-Blacks-Dominanz schien.

Dazu kamen zwei Vorfälle im Jahr 2011 im direkten Duell bei einem Tri-Nations-Spiel Australien–Neuseeland. Cooper stand nach einem Ruck vom Boden auf und erwischte den liegenden Neuseeland-Kapitän Richie McCaw mit dem Knie am Kopf. Ebenjenen McCaw, der schon zu aktiven Zeiten als einer der Größten aller Zeiten galt und in Neuseeland quasi Heldenstatus innehat und damals bereits hatte. Cooper schien es, obwohl er McCaw bei der Aktion nicht direkt ansah, auf den All-Blacks-Kapitän abgesehen zu haben.

Diesem zu Hilfe kam ausgerechnet ein weiterer Neuseeländer, der als Teenager nach Queensland/Australien ausgewandert war, sich aber für das schwarze Jersey Neuseelands entschieden hatte

– der imposante Brad Thorn »kümmerte« sich sogleich um den Wallabies-Star und schubste ihn unsanft von McCaw weg. Sieben Jahre später sollte Thorn ein zweites Mal Rache nehmen, als er in seiner Funktion als Reds-Coach Quade Cooper aussortierte.

Doch zunächst musste sich Cooper von Neuseelands Presse allerlei anhören und wurde vor der WM in der Heimat der All Blacks wenige Monate später zum Staatsfeind Nummer eins erklärt. Er schaffte es mit seinen Wallabies bis ins Halbfinale, traf dort aber ausgerechnet auf Neuseeland. Mit dem gesamten Eden Park und über 60.000 Neuseeland-Fans gegen ihn, die Cooper bei jeder Ballberührung auspfiffen, was im Rugby alles andere als üblich ist, lieferte Cooper eine der schlechtesten Leistungen des Jahres ab – Neuseeland zog mit 20:6 ins Finale ein und sollte schließlich eine Woche später auch den Webb-Ellis-Cup einheimsen.

Cooper wiederum bleibt nicht nur deswegen ein unvollendetes Genie. Seine Art zu spielen, Gegenspieler auszustanzen und eigentlich nie wirklich berechenbar zu sein, macht ihn zu einer besonderen Art von Spieler. Er ist wohl mit mehr Talent gesegnet als fast alle Spieler seiner Generation, und seine Highlight-Sammlung auf YouTube sucht ihresgleichen. Die ganz großen sportlichen Erfolge blieben ihm aber verwehrt. Aber festzuhalten bleibt, dass er immer für die besonderen Momente sorgen kann – positiv wie negativ.

90. GRUND

Weil Paul Thorburne das Leder weiter kickte als jeder vor ihm

Thorburne mag heute nicht mehr jedem Rugby-Fan ein Begriff sein, aber der Wales-Schluss der 1980er-Jahre begründete eine Tradition der Rugby-Scharfschützen. Thorburne war als Kicker ein Pionier, und sein rechter Huf ließ ihn die damals tatsächlich noch aus Leder gefertigten Bälle aus der eigenen Hälfte über die Stangen treten. Damals unerhört und noch heute außergewöhnlich.

Ein Kick aus dem Jahr 1986, als er den Ball hinter der eigenen 10-Meter-Linie links versetzt mit dem damals noch üblichen Häufchen sandiger Erde platzierte und auf die Stangen zielte, sollte sein Meisterwerk werden. Beim Stand von 15:15 im Five-Nations-Duell gegen die Schotten waren so ziemlich alle überrascht, als er aus dieser Distanz überhaupt den Kick versuchte. Doch er sollte ihm tatsächlich gelingen: Das ovale Leder flog über 70 Meter durch die Luft und zielsicher über die Stangen. Das Cardiffer Nationalstadion tobte, wie es bei einem Kick vorher und nachher wohl nie wieder getan hat, und der Kick sollte Wales schließlich auch auf die Siegerstraße bringen.

Selbst heute wäre dieser Schuss noch immer eine absolut überragende Leistung. Doch gibt es mittlerweile mehr Kicker, die es von der Höhe der Mittellinie oder gar dahinter probieren. Dabei helfen natürlich auch die heutzutage besser produzierten Bälle, mit denen es sich präziser und weiter kicken lässt. Deutschlands Nationalspieler Marcel Coetzee zählt zu dieser Gattung von Kicker, und 2018 gelang ihm gegen Samoa im Heidelberger Rugby-Wohnzimmer Fritz-Grunebaum-Sportpark ein solcher Straftritt aus der eigenen Hälfte. Er hätte dem deutschen Team fast einen historischen Sieg beschert. Thorburnes Riesen-Kick gegen Schottland von vor über 30 Jahren bleibt aber bis heute unübertroffen.

91. GRUND

Weil Sergio Parisse der wohl eleganteste Stürmer im Rugby jemals war

Sergio Parisse ist auf der Acht beheimatet. Die Position erfordert in erster Linie Qualitäten als starker Ballträger gegen hart und kompromisslos aufrückende Defensiv-Linien. Es fällt sehr viel wenig glamouröse Drecksarbeit in den Offenen an, Qualitäten in den Mauls sind dabei essenziell – schlicht gesagt ist es sehr viel harte Maloche, die unglaublich viel Power erfordert. Parisse bringt davon mehr als genug mit – mit 1,96 m Körpergröße und deutlich über 100 kg ist der als Sohn italienischer Einwanderer in Argentinien geborene Dritte-Reihe-Stürmer wie prädestiniert für die harte Arbeit im Sturm. Jedoch wird Parisse nicht in erster Linie für die klassischen Sturmqualitäten in Erinnerung bleiben, sondern vielmehr als der talentierteste und eleganteste Hüne, der je auf dieser Position gespielt hat.

Schon früh in einer Karriere eines jeden Rugby-Spielers entscheidet sich, ob man trickreich und schnell genug für die Dreiviertelreihe oder stark genug für den Sturm ist (Reihespieler würden behaupten, Stürmer seien zu untalentiert für ihre Position, während diese die Hintermannschaft für zu schwach halten, um im Sturm zu agieren). Parisse schien sich früh zu weigern, diesem dichotomischen Schema zu entsprechen – er war von Anfang an ein unglaublich begabter schneller Spieler im Körper eines Sturm-Hünen und mit dessen Arbeitseinstellung.

Kein Stürmer vor oder nach ihm war mit einem derart großartigen Passspiel und einer dermaßen grandiosen Übersicht gesegnet. Seine Fähigkeit, Bälle in der Luft sicher herunterzupflücken, glich der eines Schlussspielers. Dazu sorgte Parisse mit Kabinettstückchen immer wieder für Aufsehen: Ob es nun der Pass hinter dem Rücken, No-Look-Pässe oder Bälle rückwärts durch die Beine sind – solche für einen Stürmer ungewohnten Aktionen machten Parisse zeit seiner Karriere zum absoluten Publikumsliebling.

Beim Glamour-Verein Stade Français Paris war er 14 Jahre lang Leistungsträger und langjähriger Kapitän – er führte die Soldats Rose zu gleich zwei französischen Titeln und einem Europacup. Doch was Parisse an Erfolgen mit Stade feierte, gelang ihm als Italien-Kapitän nicht. Was jedoch nicht unbedingt an seiner Klasse lag

– denn fast ausnahmslos war der Sohn italienischer Einwanderer, der im argentinischen La Plata großgeworden war, Italiens bester Spieler. Im Jahr 2019 erreichte er dabei gleich zwei Meilensteine – er wurde der Spieler mit den meisten Six-Nations-Spielen, als er mit seinem 66. Auftritt den großen Brian O'Driscoll übertrumpfte. Während der Six Nations wurde er allerdings auch zum ersten Spieler, der 100 Länderspiele verloren hat, ebenso ein einsamer Rekord.

Doch Parisse wäre nicht Parisse, wenn er sich daran stören würde. »Manchmal denkt man schon, wow, das waren schon einige Spiele, dann aber kommt bereits das nächste«, so Parisse in einem Interview 2019[45]. Die Tatsache, dass er auf der körperlich besonders belastenden Achter-Position dermaßen lange auf allerhöchstem Niveau durchgehalten hat, ist auch Zeugnis für die Ausdauer und Langlebigkeit des besten italienischen Rugby-Spielers aller Zeiten. Im Herbst 2019 wurde Parisse der erst dritte Spieler, der es zum fünften Rugby World Cup seiner Karriere schafft. Selbst im Rugby-Rentner-Alter bekamen die Zuschauer in Japan einige Kabinettstückchen mit dem ovalen Leder zu sehen. Ausgerechnet Taifun Hagibis, der die WM 2019 in Japan durcheinanderwirbelte, kostete Parisse seinen letzten Auftritt auf der ganz großen Bühne. Das Spiel gegen Neuseeland hätte sein letztes sein sollen. Es wurde aus Sicherheitsgründen abgesagt.

92. GRUND

Weil El Mago am Ball alles konnte

Wenn man dem argentinischen Spielmacher Juan Martín Hernández im Laufe seiner 20-jährigen Karriere bei seiner Arbeit zugeschaut hat, schwankte man meist zwischen zwei Gedanken. Wie konnte er nur, ist der verrückt? Oder wahlweise: Wie zum Teufel hat er das gemacht? Meist war der Mann, den sie in Argentinien el

Mago, also den Magier, nennen, näher am Genie als am Wahnsinn. Aber die Grenze verlief gerade beim Argentinier, der 2018 seine verdienstvolle Karriere beendete, meist fließend. Pässe hinter dem Rücken, durch die Beine, ohne zu schauen gehörten zum Standardrepertoire des Verbinders.

Die richtig verrückten Momente kamen, wenn er kurz vor der eigenen Linie in höchster Not eines seiner Kabinettstückchen auspackte. Ein 25-Meter-Pass gegen die All Blacks, kurz vor der Linie, nur mit einer Hand locker aus dem Gelenk geworfen, kommt da in Erinnerung. Wohl bei jedem anderen Spieler hätten die Coaches versucht, ihm solche brandgefährlichen Kabinettstückchen zu untersagen. Aber bei Hernández gehörte es einfach zur Rugby-DNA.

Doch nicht nur seine Pässe und Offloads waren ein Augenschmaus. El Mago war auch einer der besten Kicker der Welt, nicht nur vom Hütchen, sondern vor allem auch aus dem offenen Spiel aus der Hand. Sein Bananen-Kick, der einen harten Rechtsdrall entwickelte, war wohl der beste der Welt. Dieser erlaubte es ihm, in brenzligen Defensiv-Situationen von der Seitenlinie den Ball viel weiter zu bringen und ihn gleichzeitig dennoch sicher ins Aus zu befördern als andere Kick-Spezialisten.

Sein größter Erfolg war die WM 2007, als er sein Nationalteam los Pumas als Spielmacher bis ins Halbfinale und auf Rang drei führte – das bis heute beste Ergebnis einer Argentinien-Mannschaft beim Rugby World Cup. Bei seinem damaligen Vereins-Teamkollegen bei Stade Français machte er sich dabei nicht sonderlich beliebt, kickte er doch im Heimstadion seines Klubs die Argentinier gleich zwei Mal zum Sieg über Frankreich – erst in der Gruppenphase, später im kleinen Finale.

Zum ganz großen Wurf, dem Rugby World Cup, hat es zwar nie gereicht, aber als Hernández im Alter von 35 Jahren mit einer Knieverletzung zum letzten Mal vom Rugby-Feld ging, gab er der Presse gegenüber zu Protokoll: »Das wars, es ist vorbei, ich wollte nie etwas bereuen, ich wollte, dass es auf einem Rugby-Feld zu Ende geht.«[46] El Mago konnte auf 18 Jahre Profi-Rugby in Argentinien, Frankreich und Südafrika zurückblicken. Er wird als der große Zauberer in die Rugby-Geschichte eingehen.

93. GRUND

Weil Tendai Mtawarira zu »The Beast« wurde

Wenn ein ganzes Stadion mit Zehntausenden Zuschauern bei jeder Ballberührung unisono deinen Spitznamen schreit, weißt du, du hast es geschafft. Südafrika-Stürmer Tendai Mtawarira hat es geschafft und wurde bereits zu aktiven Zeiten zu einer absoluten Legende. In über 100 Spielen für die Springboks, was ihn zum Südafrika-Prop mit den meisten Länderspielen macht, sowie knapp 200 Partien für seine Sharks im Currie Cup und Super Rugby hat sich der 1.-Reihe-Stürmer in Durban und ganz Südafrika Heldenstatus erarbeitet. Dabei ist die Prop-Position sicherlich die am wenigsten glamouröse in einer Rugby-Mannschaft – die meiste Arbeit findet im Verborgenen statt – ob beim Gedränge oder in den Offenen.

Doch Mtawarira war schon früh in seiner Karriere einer der athletischsten 1.-Reihe-Stürmer im gesamten Welt-Rugby. Trotz seiner 120 kg Körpergewicht brilliert er seit seinem Debüt 2007 als einer der besten Ballträger in der ersten Reihe überhaupt. Dazu hat er wohl den so ziemlich einprägsamsten Spitznamen, den man sich nur vorstellen kann: »The Beast«, also die Bestie. Warum? Ein Blick auf den durchtrainierten und muskelbepackten Modellathleten verrät es. Seine schier unglaubliche Stärke ist der Stoff von Legenden. 2.-Reihe-Stürmer beim Ankick hochzuheben, damit diese den aus Luft fallenden Ball vor dem Gegenspieler fangen, zählt zu seinem Standardrepertoire.

Mehrmals musste Mtawarira dabei aus dem Gleichgewicht geratene Rugby-Kolosse balancieren, wie beispielsweise im August 2016 in einem Spiel gegen Argentinien. Da hob Beast Mtawarira Südafrikas schwersten Stürmer – den 2,04 m großen und über 125 kg schweren Eben Etzebeth – mit beiden Armen an der Hose packend über den eigenen Kopf. Als dieser dann in der Luft mit dem Ball die Balance verlor und nach hinten fiel, blieb Beast Mtawarira wie ein Fels stehen und hielt den 125-kg-Koloss in der Luft, balancierte ihn aus und brachte ihn sicher zu Boden. Nicht nur diese unmenschliche Stärke, sondern auch Mtawariras sanfter Charakter abseits des Platzes machen ihn in Südafrika und der Rugby-Welt zu einem der beliebtesten Sportler.

Dabei wäre Mtawarira zwischenzeitlich fast die Möglichkeit genommen worden, für Südafrika zu spielen. Denn der heutige südafrikanische Rugby-Superstar stammt gebürtig aus dem Nachbarland Simbabwe und ging erst im Alter von 16 Jahren in seine heutige Heimat Durban, die Millionenmetropole am Indischen Ozean. Nach den damaligen Regeln des Weltverbands war er 36 Monate später bereits für Südafrika spielberechtigt, doch Südafrikas Regierung selbst hatte seinen Sportverbänden eine Regel auferlegt: Nur südafrikanische Staatsbürger dürfen das Land vertreten. Mtawariras Antrag auf Einbürgerung war aber in der Bürokratie Südafrikas hängen geblieben, und so spielte er seine ersten Länderspiele, obwohl er zu dem Zeitpunkt schon acht Jahre in Südafrika gelebt hatte, mit einem Pass Simbabwes.

Das wurde im Land am Kap damals zu einem Politikum, und der Sportausschuss-Vorsitzende im Parlament Buthana Komphela drohte dem damals schon zu Südafrikas besten Spielern zählenden Mtawarira öffentlich mit der Abschiebung nach Simbabwe.[47] Dazu kam es glücklicherweise nicht, aber the Beast verpasste gleich mehrere Spiele für die Boks in der zweiten Jahreshälfte des Jahres 2009. Erst eine Intervention von der damaligen Innenministerin Nkosazana Clarice Dlamini-Zuma, mit der sein Antrag auf Einbürgerung beschleunigt wurde, klärte die Situation. Seitdem sind sie wieder zu hören – die langgezogenen »Beeeeaaaaast«-Rufe, jedes Mal, wenn Tendai Mtawarira mit dem Leder unter dem Arm unterwegs ist. Seinen Legendenstatus zementierte er endgültig in seinem 117. und letzten Springboks-Spiel. Es war das WM-Finale, und Mtawariras Leistung im Gedränge war entscheidend beim dritten WM-Titel der Boks.

94. GRUND

Weil Mike Catt als »Rugby-Drehkreuz« weltberühmt wurde

Mike Catt hat auch 25 Jahre nach diesem einen Moment noch immer ein Problem. Wenn man seinen Namen in eine beliebige Internet-Suchmaschine eintippt, stößt man fast unter Garantie zuallererst auf genau diese eine Szene. Dabei könnten es so viele andere Highlights seiner fast 20-jährigen Karriere in der 1. englischen Liga und im blütenweißen Trikot der englischen Nationalmannschaft sein.

Denn Catt, der einst elegante und wendige englische Hintermannschaftsspieler, blickt heute auf eine verdiente Nationalmannschaftskarriere zurück: Insgesamt 75 Länderspiele, zahlreiche Titel und Triumphe, sowie als Krönung der WM-Sieg mit dem Rugby-Mutterland im bis heute unvergessenen Finale von Sydney im Jahr 2003.

Doch dieser eine Moment definiert seine Karriere bis heute mehr als jeder andere: Es war das Halbfinale der Rugby-Weltmeisterschaft 1995, und England bekam es mit den übermächtigen All Blacks zu tun. Im Rugby-Tempel Newlands der Metropole Kapstadt, im Schatten des Tafelbergs, an einem sonnigen Wintertag ging es darum, ob England oder Neuseeland dem Gastgeber Südafrika in das Finale folgen würde. Catt spielte als Schluss für die Engländer, die zuvor im Viertelfinale Titelverteidiger Australien ausgeschaltet hatten und auch gegen Neuseeland auf ihre Chance hofften.

Schon vor dem Spiel war klar, dass England den All-Blacks-Superstar Jonah Lomu würde stoppen müssen. Der damals erst 20-jährige Außen war im Laufe der WM zum absoluten Starspieler gereift und hatte die Defensiv-Reihen der Gegner Neuseelands reihenweise deklassiert – wahlweise sprintete er an ihnen vorbei oder gar gleich über sie drüber. Catt und die restliche Hintermannschaft Englands sollte also nun den 1,96 m großen, weit über 100 kg schweren und dennoch pfeilschnellen Lomu stoppen. Das war im Turnierverlauf noch keinem Team gelungen, und auch an diesem 18. Juni 1995 sollte es nicht gut gehen.

Lomu fertigte das Mutterland des Rugbys in diesem Spiel schließlich fast im Alleingang ab. Vier Versuche, Lomu spielte Katz und Maus mit den Engländern, die sich am Ende glücklich schätzen können, nur 45 Punkte von den Neuseeländern kassiert zu haben. Doch kein Moment sollte sich mehr ins kollektive Rugby-Gedächtnis der Welt einbrennen als der allererste Versuch dieser Partie.

Neuseelands Gedrängehalb Graeme Bachop bediente Lomu mit einem eigentlich schwachen Pass – Lomu musste erst hinter sich greifen, um das Leder aufzunehmen. Doch was dann folgte, wurde Rugby-Geschichte: Erst umkurvte Lomu Englands Tony Underwood, durchbrach auch den Tackle-Versuch von Will Carling, und schließlich überrollte er Mike Catt, der als letzter Engländer zwischen ihm und der Mallinie stand. Als wäre er lediglich ein Pappaufsteller und nicht einer der besten Rugby-Spieler seiner Generation, walzte Lomu über Catt.

»Den armen Mike Catt«, wie ihn ein englisches Boulevard-Blatt am Tag darauf betitelte. Für einen Sportler und erst recht für einen Rugby-Spieler ist Mitleid noch einmal schlimmer als jede Kritik. Doch auch davon gab es genug – Catt wurde wahlweise als »Lomus Fußabtreter« oder als »Drehkreuz« beschrieben, da er als Verteidiger dermaßen einfach zu überwinden sei.

Die Szene mit Catt und Lomu war am Ende nicht spielentscheidend – England kassierte im Spielverlauf weitere 40 Zähler, mehr als jemals zuvor in einem Länderspiel, und war aus dem Titelrennen. Für Mike Catt jedoch sollten diese drei Sekunden im erst zweiten Jahr seiner Nationalmannschaftskarriere der Moment bleiben, an den alle beim Namen Mike Catt denken.

Catt selbst zeigte sich Jahre später gegenüber der BBC versöhnlich, als er zu Protokoll gab: »Eigentlich muss ich ihm {Jona Lomu} dafür dankbar sein, denn eigentlich hat er mich dadurch erst so richtig berühmt gemacht!«[48] Der andere Protagonist, Jona Lomu, war bis zu seinem viel zu frühen Ableben aufgrund eines Nierenleidens ein gern gesehener Gast in England: »Da rennst du über einen Haufen Engländer, und am Ende mögen sie dich noch![49]«

95. GRUND

Weil Andy Goode auch ohne quälende Pre-Season zum Helden wurde

Andy Goode ist so ziemlich das Gegenteil eines Modellathleten und Rugby-Schönlings. Jahrelang war er in der englischen Nationalmannschaft der Back-up zu Nationalheld Johnny Wilkinson. Dieser war nämlich genau das und als Modellathlet und Rugby-Schönling der genaue Gegenentwurf seines Ersatzmannes und führte England 2003 mit seinem Dropgoal in der Nachspielzeit zum bisher einzigen WM-Titel. Goode jedoch hat in Englands Rugby-Kreisen heute ähnlichen Kultstatus wie Wilkinson. Und das, ohne der Poster-Boy einer ganzen Rugby-Nation und eine omnipräsente Figur in der Werbung gewesen zu sein, wie es Wilkinson zu seinen Hochzeiten war.

Dafür war Goode mit seinem Bierbauchansatz und seinem schon früh rapide ausfallendem Haupthaar auch wohl nicht der Richtige. Dennoch erarbeitete sich Goode in seinen 18 Spielzeiten als Rugby-Profi bis zu seinem Karriere-Ende 2016 einen legendären Ruf. Dabei spielten seine Fähigkeiten als einer der besten Verbinder in der englischen Premiership – seine Spielübersicht, sein Passspiel und sein überragender kick brachten ihm mehrmals den Titel Spieler der Saison ein – gar nicht unbedingt die größte Rolle. Der Charakter des Spielmachers, seine beißende Selbstironie und seine Art, eher als freundlicher Nachbar von nebenan rüberzukommen als wie ein abgehobener Profisportler, trugen gleichermaßen dazu bei.

Pressekonferenzen nach Spielen sind für viele Profisportler ein Graus, doch Goode versüßte sich selbst die lästige Pflichtaufgabe und nahm auf den Weg in den Presseraum des Öfteren ein Bier mit und beantwortete die Fragen der Journalisten mit Gerstensaft in der Hand. Aus seiner Abneigung gegenüber hartem Konditionstraining in der Saisonvorbereitung und gesunder Ernährung machte er genauso wenig einen Hehl – seine an den falschen Stellen angesetzten Pfunde waren Zeugnis davon.

Goode gehörte zu einer aussterbenden Spezies, die mit der zunehmenden Professionalisierung im Rugby immer seltener wurde. Heute mag ein Rugby-Profi mit einer derartigen Einstellung abseits des Feldes schon fast unvorstellbar sein. Im Jahr 2015 jedoch holten die Newcastle Falcons, damals stark abstiegsgefährdet, Goode während der laufenden Premiership-Saison aus dem Ruhestand. Falcons-Verbinder Mike Delaney, immerhin mit einem Spiel für die All Blacks, hatte es nicht vermocht, die Nord-Engländer aus dem Tabellenkeller zu holen.

Ein damals 35-jähriger sichtbar übergewichtiger und nach einer Haartransplantation wieder mit einigermaßen vollem Haarschopf auftretender Goode, der sich per Botox-Injektionen von seinen chronischen Knieschmerzen entledigte, sollte es aber schaffen. Dabei arbeitete er in seiner 18. und letzten Saison als Profi weiter an seinem Kultstatus. Unter anderem mit der Aussage, dass er das mit dem Ruhestand im Frühjahr zuvor ja nur angekündigt habe, um dem harten Preseason-Training in der Vorbereitung zu entgehen.

Dazu behielt Goode seinen selbstironischen Humor. In einem unglaublichen engen Spiel gegen die Northampton Saints in seiner letzten Saison 2015/2016, das mit 26:25 für Goodes Falcons endete, scherzte der Falcons-Spielmacher mit Schiedsrichter Wayne Barnes für alle über das im Rugby übliche Schiedsrichter-Mikro hörbar. Als dieser ihn auf sein am Bauch spannendes Trikot ansprach, antwortet Goode mit einem Augenzwinkern: »Was meinst du denn? Ich bin auf meinem Leistungszenit!« Kein Wunder, dass Barnes zu seinem Karriere-Ende als Schiedsrichter auf die Frage, welchen Spieler er am liebsten gepfiffen habe, antwortete: »Andy Goode, neben ihm sah ich immer schlank aus.«

96. GRUND

Weil Waisale Serevi als King of 7s in Hongkong regiert

Es war eine Szene für die Ewigkeit. Am Ende einer brutalen Spielsequenz gegen den Erzrivalen Neuseeland, bei der es über mehrere Minuten hin und her ging und alle 14 Spieler auf dem Rasen des Hong Kong Stadiums über ihre Grenzen hinausgehen mussten, stolzierte Waisele Serevi im berühmten Weiß von Fidschi mit dem Ball, den er wie auf dem Präsentierteller in einer Hand in die Höhe reckend hielt, über die Mallinie. Er hatte in dieser Sequenz fast jeden Neuseeland-Spieler mindestens ein Mal aussteigen lassen, und der ausgelassene Jubel war berechtigt. Es war ein Bild für die Götter, sagt man im Deutschen – doch Serevi war zu diesem Zeitpunkt im Jahr 2007 mit fast 40 Jahren bereits der König von Hongkong, der König des Siebener-Rugbys.

Im Jahr 1989, 18 Jahre zuvor also, war ein blutjunger Serevi erstmals auf die größte Bühne des Siebener-Rugbys getreten, als Debütant bei den Hong Kong 7s. Für den aus einem kleinen abgelegenen fidschianischen Dorf stammenden Rugby-Spieler, der in seiner Kindheit immer nur über ein verstaubtes Transistorradio von den Heldentaten seiner fidschianischen Vorbilder in Hongkong gehört hatte, muss es ein überwältigendes Erlebnis gewesen sein, erstmals selbst in der atemberaubenden Metropole Hongkong zu stehen. Da störte es auch nicht, dass nicht mal ein Bett im Team-Hotel für ihn bereitstand – Fidschis damaliger Trainer hatte seinen Vater eingeladen, und der hatte eines der von der Turnierleitung bereitgestellten Betten für sich beansprucht. Wie selbstverständlich hatte Serevi als der Jüngste im Team auf dem Boden geschlafen, aus Respekt vor dem Alter und der Team-Hierarchie.

Seinen Leistungen sollte es aber keinen Abbruch tun, im Gegenteil. Während es für Fidschi nicht zum Titel reichen würde, konnte der Debütant sich als bester Spieler des Turniers in die Geschichtsbücher einschreiben – zum ersten Mal, und weitere vier Ehrungen als MVP sollten folgen. Den Hongkong-Titel konnte er mit seinen Fidschianern erst im Jahr darauf holen – es war der erste von insgesamt sieben Titeln beim berühmtesten Rugby-Turnier der Welt. Für Serevi, wie für Fidschi insgesamt ist das Turnier in der Mega-Metropole Jahr für Jahr der Höhepunkt. Mehr als zehn Mal so viele Menschen leben in Hongkong als auf den über 300 Inseln des Staates Fidschi. Für den nur 1,69 m großen Serevi, der sich fast 20 Jahre durch die Defensiv-Reihen der weltbesten Teams tanzte, war es immer die ganz große Bühne, und die *South China Morning Post*, die größte Zeitung Hongkongs krönte ihn verdientermaßen zum King of Hongkong.

97. GRUND

Weil Sébastien Chabal als »Höhlenmensch« die Rugby-Welt das Fürchten lehrte

Er war ein wirklich verdammt guter Rugby-Spieler, und selbst auf internationalem Level zählte er zu den besseren Spielern im Sturm der Franzosen. Doch Sébastien Chabal hätte es ohne sein furchterregendes Äußeres nie zu derartiger Berühmtheit und zu einem der bestbezahlten Rugby-Spieler der Welt mit einem siebenstelligen Jahressalär geschafft. Denn in den ersten Jahren seiner Karriere im Trikot von »Les Bleus« war er als Achter meist hinter den als talentierter geltenden Fabien Pelous oder Imanol Harinordoquy und Raphael Ibanez auf der Bank der Franzosen zu finden.

Doch eine Entscheidung sollte die Karriere des dunkelhaarigen 1,91-m-Mann aus der Auvergne für immer verändern. Er ließ seine dunkle Mähne weit über Schulterlänge wachsen und ließ sich einen sehr langen ebenso dunklen Bart stehen. Chabal verwandelte sich von Schwiegermutters Liebling zum Albtraum, zumindest rein optisch und verdiente sich so den Spitznamen Caveman. Das Höhlenmensch-Image passte perfekt zum Spielstil Chabals: Hart, kompromisslos und im besten Sinne schnörkellos.

Mit dem Ball in der Hand war er ein kraftvoller und harter Ballträger, aber seine eigentliche Stärke war die Defesive: Er teilte selbst gegen die übermächtigen All Blacks immer wieder gnadenlos aus und verpasste beispielsweise dem legendären All-Blacks-Stürmer Ali Williams einen absoluten Monster-Hit.

Doch die ganz große Berühmtheit, weit über Rugby-Kreise hinaus, erlangte Chabal erst rund um den Rugby World Cup 2007 in Frankreich. Werbemacher im ganzen Land entdeckten den »Höhlenmenschen«, wie er mittlerweile auch von den Fans der XV de France genannt wurde, und machten ihn zum berühmtesten Rugby-Gesicht des Landes. Im Zuge der WM wurde Chabal dann auch weltweit zum bekanntesten Rugby-Gesicht seit Jonah Lomu. Ein Solo-Versuch gegen Namibia, bei dem er die halbe Defensive der Afrikaner überrannte, schaffte es zu einem der meistgesehenen Clips der WM.

Wie Chabal kurz vorm Viertelfinale der WM beim Haka der Neuseeländer, als die gesamte französische Mannschaft bis auf wenige Zentimeter an die tanzenden Neuseeländer zulief, seine Gegenspieler mit einem furchterregenden Blick anstarrte, wird für immer ein ikonisches Bild des Rugby World Cup bleiben. Chabal wurde tatsächlich zu einer Art Rugby-Ikone und ist auch Jahre nach seinem Karriere-Ende noch eine beliebte Werbefigur und Gast im französischen Fernsehen.

Zu den allerbesten Achtern der Rugby-Geschichte wird ihn wohl niemand zählen. Trotz einer englischen Meisterschaft mit Sale, Six-Nations-Siegen mit Frankreich und dem Halbfinaleinzug bei der WM 2007 mit Frankreich. Dazu war sein Spiel zu eindimensional, und dazu konnte er mit dem Ball zu wenig anfangen, außer ihn mit Dampf in den Kontakt zu tagen. Doch mit seiner furchtlosen direkten Art und seinen unglaublich harten Tackles hat er so manchen Gegenspieler das Fürchten gelehrt.

Dazu konnte der Rugby-Star, den sie Caveman nannten, neben dem Feld durchaus Humor und Selbstironie unter Beweis stellen, wenn er immer wieder mit seinem Image spielte – zuletzt bei den Hong Kong 7s 2019. Dort trat Chabal ohne vorherige Ankündigung mitten im Turnier als Höhlenmensch auf und sang vor dem berühmten South Stand des Hong Kong Stadiums *I'm gonna be (500 Miles)*, den berühmten Partyklassiker der Proclaimers. So ziemlich jeder im Stadion konnte seinen Augen kaum trauen, für die Stimmung auf der Party-Tribüne beim bekanntesten Rugby-Turnier der Welt war der Auftritt des Höhlenmenschen Gold wert. So bleibt Chabal auch nach seinem Karriere-Ende eine absolute Rugby-Ikone, wenn auch nicht mehr ganz so furchteinflößend wie zu aktiven Zeiten.

98. GRUND

Weil Sonny Bill Williams mit seinen Offloads jede Defensive knacken kann

Um es im Rugby-verrückten Neuseeland zur Legende des ovalen Ballsports zu bringen, muss man schon mehr als »nur« ein Weltklassespieler sein. Denn diese produziert das Land am anderen Ende der Welt am Fließband – quasi jeder All-Blacks-Spieler verdient das Prädikat Weltklasse, und auf manchen Positionen ist Neuseeland derart gut besetzt, dass es in der mittlerweile 115-jährigen Geschichte des Nationalteams selbst zahlreiche Weltklassespieler nie regelmäßig in das sagenumwobene schwarze Trikot der All Blacks geschafft haben.

Sonny Bill Williams ist nicht nur ein Weltklassespieler, sondern auch ein Ausnahmetalent. Er hat nicht nur eine Ära bei den All Blacks geprägt, sondern war auch im Rugby League und im olympischen Siebener-Rugby erfolgreich, war mit dem Sevens Team der Neuseeländer gar bei den Spielen in Rio. Selbst sein Ausflug ins Schwergewichts-Boxen, wo er es bis zum neuseeländischen Meistertitel gebracht hatte, war von Erfolg gekrönt. Kein Wunder, dass SBW, wie der gebürtige Aucklander in Neuseeland genannt wird, einer der beliebtesten Stars des Landes ist.

Im Rugby ist SBW für seine Offloads bekannt, mit denen er die Art und Weise, wie Rugby heutzutage gespielt wird, revolutioniert hat. »Offload« bezeichnet im Rugby-Englisch den Pass, während man getacklet wird, im Französischen auch »passe après contact«, also Pass nach dem Kontakt, genannt. Die Besonderheit: Während man im Normalfall kurz vor dem Tackle passen möchte, um den Verteidiger zu binden, geschieht dies hier meist im Fallen, nachdem der Tackler Hand angelegt hat. Zwar ist es unglaublich schwer, dies fehlerfrei zu machen. Doch richtig ausgeführt, ist es noch schwerer zu verteidigen.

Der dem Ballträger folgende Unterstützungsspieler ist nämlich dann meist durch die erste Defensiv-Linie gebrochen, und dann wird es für das verteidigende Team verdammt schwer, das eigene Malfeld sauber zu halten. Gerade auf allerhöchstem internationalen Niveau sind die Defensiv-Linien extrem gut organisiert, und in engen Spielen sind Durchbrüche rar. Schon Kleinigkeiten können enge Spiele entscheiden, und genau in diesen dramatischen Partien liegt Neuseeland immer wieder am Ende vorne.

Da kommt Williams' Rolle der eines Dosenöffners gleich. SBW hat es immer wieder praktiziert, die Defensive weiß, was auf sie zukommt, und doch ist es nicht zu verteidigen: Der 1,94 m große Modellathlet läuft mit Volldampf auf die Lücke zwischen zwei Verteidigern zu, zwingt beide, ihn zu tacklen, und schafft es dabei, die Hände freizubekommen, um im Fallen noch den Pass zu spielen.

Dabei kombiniert der meist als Zwölfer der All Blacks auflaufende Williams die schiere Brutalität eines knallharten Ballvortrags in den Kontakt, mit dem ganz feinen Händchen, um den Ball butterweich dem Mitspieler zu servieren. Da der Mitspieler beim Offload im Regelfall von hinten kommt, erfordert dieses Manöver auch noch erstaunliche Koordination und das Gefühl dafür, wo der Ball hingespielt werden muss.

SBW hat dies über die Jahre perfektioniert, Dutzende Male damit Spiele entschieden und Verteidiger zur Verzweiflung gebracht und ist zu einem der größten Namen im Welt-Rugby geworden. Das Offload ist zum Markenzeichen geworden, man assoziiert es automatisch mit Williams. Wie Ronaldinho für den Übersteiger und Michael Air Jordan für den Fadeaway steht, ist das Offload untrennbar mit dem Name Sonny Bill Williams verbunden.

99. GRUND

Weil Nick Cummins als Wallabies-Außen und Bachelor die Herzen eroberte

Er mag bei Weitem nicht der beste Wallabies-Winger jemals gewesen sein. Ja, selbst zu seinen besten Zeiten war er auf seiner angestammte Position, der kurzen Ecke, alles andere als unumstritten. Doch auch wenn es Nick Cummins in nur drei Jahren im goldenen Trikot seiner Wallabies auf lediglich 15 Spiele und sechs Versuche gebracht hat, zählt er auch fünf Jahre nach dem Ende seiner Nationalmannschaftskarriere zu den bekanntesten Rugby-Spielern der Welt.

Warum? Weil er der wohl bunteste Vogel im Welt-Rugby ist und es damit zu Kultstatus weit über seine australische Heimat und Rugby-Kreise hinweg geschafft hat. Angefangen mit seinem außergewöhnlichen Auftritt: Seine Frisur lässt sich wohl am besten als goldlockigen schulterlangen Minipli bezeichnen, und in der Regel ziert ein ebenso blonder Schnäuzer die Oberlippe des 1,89 m großen Cummins.

Dennoch bringt Cummins über seine lockere Art, sich selbst dabei nie sonderlich ernst nehmend, die Aura eines waschechten australischen Surfers rüber. Nicht zuletzt auch weil er als Surfer in Port Macquarie und später im ländlichen Queensland aufwuchs.

Cummins verpasste sich selbst den Spitznamen »Honey Badger« (Honigdachs), inspiriert von einer TV-Dokumentation, in der sich ein Honigdachs gegen einen ihn angreifenden Löwen durchsetzen konnte, indem er der Raubkatze in die Genitalien biss. Damit habe er sich, als in den Jugendjahren meist unterdurchschnittlich großer Rugby-Spieler, der es mit weitaus größeren Konkurrenten aufnehmen musste, identifizieren können. Deshalb spricht man, wenn down under die Rede von Cummins ist, meist nur vom Badger.

Zur viralen Internet-Sensation schaffte es der Badger über die Jahre hinweg mit seinen Interviews. Im ländlichen Australien aufgewachsen, ist Cummins mit einem starken Akzent gesegnet, und mit diesem erarbeitete er sich seinen zweiten Spitznamen und zwar »der australischste Australier jemals«. Ohne ein Blatt vor den Mund zu nehmen, kamen in Interviews nach Spielen solche spontanen sprachliche Blüten wie »ich hatte heute auf dem Feld mehr zu tun als ein einarmiger Maurer in Bagdad« zustande.

Dass Cummins nicht nur bei Rugby-Fans einen bleibenden Eindruck hinterlässt, wurde down under vielen Werbemachern und TV-Produzenten klar. So ist der Outdoor-Fan Cummins mittlerweile als Gesicht von *National Geographic*-Dokumentationen zu sehen, und so wurde aus dem Badger auch the Bachelor. Das berühmte TV-Dating-Format machte Cummins 2018 zu seinem Gesicht, um das sich eine Reihe von attraktiven Wettbewerberinnen stritten.

Die Sendung erzielte mit Cummins als Gesicht ihre höchsten Einschaltquoten jemals und erhielt dazu wohl das kontroverseste Ende: Der Honey Badger entschied sich am Ende dagegen, eine letzte Rose für seine Herzensdame zu verteilen. Er sei für den Schritt nicht bereit, und die Richtige sei nicht dabei. An Cummins' Kultstatus änderte die Episode derweil nichts, der Honey Badger bleibt wohl eines der bekanntesten Gesichter im Welt-Rugby.

100. GRUND

Weil Gareth Thomas mit seinem Outing alle Klischees über Homosexuelle widerlegt hat

Wer dem Mann, den in seiner Heimat Wales alle nur »Alfie« nennen, auf der Straße begegnet, sieht sich einer imposanten Statur gegenüber. 1,90 Meter groß, über 100 Kilogramm schwer, austrainiert und zumindest zu aktiven Zeiten mit einer klaffenden Lücke dort, wo eigentlich die Schneidezähne sein sollten. Dazu zumindest auf dem Platz ein finsterer, ja geradezu furchteinflößender Blick – Gareth Thomas bedient zumindest mit seinem Äußeren so ziemlich alle überkommenen Männlichkeitsklischees.

Dazu war der Waliser während seiner Profikarriere zwischen 1994 und 2011, einer der besten Rugby-Spieler der Welt. Er lief genau 100 Mal für sein Land Wales auf und durfte die Drachen als Kapitän in ihrer Rugby-Festung in Cardiff 2005 zum Grand Slam führen. Er war Spielführer der British and Irish Lions auf ihrer Tour in Neuseeland 2005, eine Ehre, die nur ganz wenigen Spielern zuteilwird. Trotz aller sportlichen Erfolge wird Thomas aber vor allem als Pionier in Erinnerung bleiben.

Thomas war und ist bis heute der bekannteste und erfolgreichste Rugby-Spieler, der sich offen zu seiner Homosexualität bekannt hat. Noch zu aktiven Zeiten im Jahr 2009 wagte Thomas den Schritt an die Öffentlichkeit, nachdem er zuvor jahrelang ein Doppelleben geführt hatte. Aus Furcht davor, von Dritten als schwul gebrandmarkt zu werden, hatte er sich für die Männerabende mit Teamkollegen jahrelang Frauengeschichten ausgedacht und war sogar eine Scheinehe eingegangen. An seinem harten und direkten Spiel auf dem Rugby-Feld, für das Thomas immer bekannt war, änderte sein Coming-out natürlich nichts. Doch Thomas widerlegte jahrhundertealte Vorurteile über Homosexuelle, deren vermeintliche Schwäche und mangelnde Männlichkeit.

Zu Thomas' eigener Überraschung war die Reaktion in Rugby-Kreisen und weit darüber hinaus überaus positiv. Thomas' erstes Spiel nach seinem Coming-out war ein wichtiges Europacupspiel in Toulouse vor mehr als 30.000 Zuschauern, »der Moment, den ich am meisten gefürchtet hatte«, wie Thomas später selbst zu Protokoll geben sollte. Das Gäste-Team wurde im ausverkauften Toulouser Stadion verkündet – die ersten beiden Namen von Cardiff-Spielern wurden von den Toulouse-Fans mit Buh-Rufen begleitet, doch die Nummer 13 der Blues, Gareth Thomas, erhielt an diesem 19.12.2009 mehr Applaus als jeder der heimischen Toulouse-Spieler.

»Kannst du dir vorstellen, wie schnell du rennen kannst, wie hoch du springen kannst, wenn du nicht eine derartige Last auf deinen Schultern tragen musst?«[50] So zumindest fasste Thomas seine Gefühlslage nach seinem Coming-out zusammen. Seine aktive Karriere beendete Thomas zwei Jahre später im Jahr 2011. Bis heute bleibt Thomas jedoch ein Vorbild und setzt sich für die Gleichberechtigung der LGBTQ-Community im Sport ein.

101. GRUND

Weil David Pocock ein Weltklassespieler mit Prinzipien ist und Klischees über Sportler widerlegt

Sportstars um den Globus, ob im Rugby oder im Fußball, ob im Basketball oder im Handball, haben heutzutage Celebrity-Status. Ihnen stellen Paparazzi nach, ihr Privatleben ist Thema von Klatsch-und-Tratsch-Magazinen, und meist versuchen sie sich abseits des Feldes aus der Öffentlichkeit zu halten. Manche Sportler jedoch nutzen ihre Plattform, die ihnen der Sport verleiht, um sich für gute Zwecke abseits des Feldes einzusetzen. Der Australier David Pocock ist so ein Spieler, dessen Interessen über schnelle Autos und schöne Frauen hinausgehen.

Sein Können auf dem Rugby-Platz ist unbestritten. In seinen zehn Profijahren brachte es der 3.-Reihe-Stürmer auf 83 Einsätze für die Wallabies, führte die australische Nationalmannschaft als Kapitän aufs Feld und später als ihr bester Spieler bis ins Finale der WM 2015. Dort unterlagen seine Wallabies schließlich trotz zweier Versuche von Pocock. Der in Simbabwe geborene, aber schon im Kindesalter nach Australien übergesiedelte Flanker zählt seit Jahren zu den konstant besten Spielern, war mehrmals in der engeren Auswahl zum Spieler des Jahres und wurde von ESPN zum Spieler der WM 2015 gewählt[51].

Seine Stärke ist unbestritten das Ruck. Am Kontaktpunkt klaut Pocock wohl mehr Bälle als jeder andere Flanker seit Richie McCaw. Mit 1,83 m Körpergröße, knapp über 100 kg Körpergewicht und einer schier unglaublichen Fitness und Stärke im Oberkörper ist Pocock kaum vom Ball wegzubekommen, wenn er einmal in einer guten Position ist. Dazu hat der Blondschopf eine hervorragende Spielintelligenz – er hat ein Gefühl dafür, wohin sich das Spiel entwickeln wird und wo er stehen muss, um das nächste Offene anzugreifen. Doch nicht nur als Balldieb glänzt Pocock, er ist auch eine absolute Tackle-Maschine und läuft fleißig die gesamten 80 Minuten Unterstützungs-Laufwege.

Pocock selbst jedoch würde sich nicht primär über den Sport definieren, sondern vielmehr über das, was er trotz seines unglaublich anspruchsvollen Alltags als Rugby-Profi sonst noch macht. Zur WM 2015, bei der er zum besten Spieler des Turniers gewählt wurde, wäre er fast nicht gefahren. Und zwar nicht, weil er sportlich nicht gut genug wäre, um es in den Wallabies-Kader zu schaffen. Pocock hatte sich aus Protest gegen eine im ländlichen New South Wales befindliche Kohlengrube und deren Erweiterung gemeinsam mit einem lokalen Farmer an einen Tagebaubagger gekettet, und zwar nicht mal ein Jahr vor WM-Beginn.

Die Erweiterung der Maules-Creek-Anlage gut 500 km nordöstlich von Sydney war auf erbitterten Widerstand von Bauern und Umweltaktivisten getroffen, da eine riesige Fläche von über 500 Hektar eines Naturschutzgebietes, in dem mehrere vom Aussterben bedrohte Spezies beheimatet sind, abgeholzt werden sollte. Pocock wollte mit seinem Profil die Augen der Öffentlichkeit auf das Projekt lenken und riskierte dafür im Alter von nur 26 Jahren seine Sportkarriere. Auch wenn das Projekt so nur verzögert wurde, bleibt das Thema bis heute hochkontrovers, auch weil der Rugby-Nationalspieler mit den Prinzipien dafür gesorgt hat. Der Betreiber hat indes die versprochene Ausgleichsfläche bis heute nicht aufgeforstet.[52]

Pocock selbst wurde nach zehn Stunden am Bagger von der Polizei festgenommen, vor Gericht dann aber sechs Monate vor Beginn der WM 2015 freigesprochen. Erst dies ebnete ihm den Weg zum drittgrößten Sportereignis der Welt, bei dem er seine bisher besten Leistungen abliefern sollte. Sein Polit-Aktivismus ist seitdem nicht verstummt, wenn auch weniger kontrovers geworden. Als Australien 2016 über die Legalisierung der gleichgeschlechtlichen Ehe abstimmte, bezog der damals bereits mit Partner Emma liierte Pocock Stellung, und zwar für die Homo-Ehe. Er hatte dies bereits in den Jahren zuvor öffentlich mehrmals getan, unter anderem 2012 in der Sendung *Q&A* des australischen öffentlich-rechtlichen Fernsehens, als er sich eine Debatte mit dem Parlamentsabgeordneten John Alexander lieferte.

Pocock verzichtet aber auch auf bares Geld, um das Richtige zu tun. Er weigert sich, Sponsoren-Deals von den großen Sportschuhherstellern anzunehmen, solange diese zu zweifelhaften Bedingungen Arbeiter ausbeuten.[53] Deshalb übersprüht er die Hersteller-Logos mit schwarzer Farbe, bevor er vor Zehntausenden in den großen Rugby-Arenen der Welt und vor Millionen TV-Zuschauern seinem Werk nachgeht.

David Pocock ist der lebende Beweis dafür, dass man auch als Weltklassesportler Prinzipien haben kann. Auch wenn man nicht mit jeder seiner Ansichten und seinem Aktivismus übereinstimmen mag, nötigt es einem doch Respekt ab, wie er für seine Ansichten eintritt, ohne Angst zu haben, dass seine Karriere darunter leidet.

102. GRUND

Weil Rugby im sonst so harmonischen britischen Königshaus für Zwist sorgt

Rugby-Loyalitäten machen manchmal auch vor besten Freunden und manchmal gar vor Brüdern halt. So auch im Falle der beiden Sprösslinge des britischen Königshauses, den Prinzen Harry und William, und nie war dies offensichtlicher als im Oktober 2015. Es war die Zeit der WM, und England sollte als Gastgeber Historisches gelingen, nämlich das Scheitern in der Vorrunde. Das hatte bis dahin noch kein WM-Gastgeber vollbracht.

Dass ausgerechnet Erzrivale Wales mit dem Sieg in der Gruppenphase über das Mutterland entscheidenden Einfluss an dessen ultimativer Blamage hatte, versetzte nicht nur eine kleine Rugby-Nation in einen Freudentaumel, es sorgte auch für eines der berühmtesten Bilder des Turniers abseits des Platzes. William auf der Tribüne des Rugby-Tempels Twickenham im Scharlachrot von Wales stehend, lautstark jubelnd, und sein Bruder Harry daneben im weißen Trikot mit der englischen Rose auf der Brust, seinen jubelnden Bruder entsetzt anstarrend.

Vor dem Spiel hatte William noch die walisische Mannschaft adressiert und kurioserweise nur die walisische Hymne mitgesungen und nicht die auf seine Großmutter gemünzte englische Hymne *God Save the Queen*. Aber immerhin ist sein Vater Charles der Prince of Wales, und wohl auch daher rührt seine Affinität für die roten Drachen. Harry blieb an diesem Oktobertag nur die grenzenlose Enttäuschung, die er mit Millionen England-Fans teilte. Und der Rugby-Gemeinde in Großbritannien und darüber hinaus die Erkenntnis: Bei wichtigen Rugby-Spielen kann die Freundschaft auch mal 80 Minuten lang ruhen, selbst bei den blaublütigen Windsors.

5. KAPITEL

NEBEN DEM PLATZ

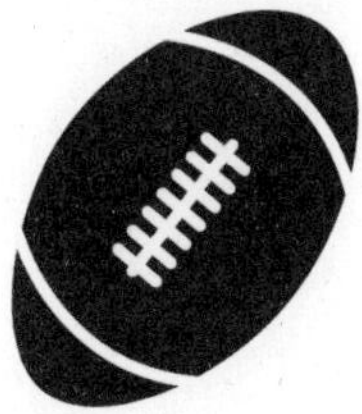

103. GRUND

Weil die dritte Halbzeit beim Rugby ihresgleichen sucht

Rugby-Spieler haben untereinander einen besonderen Draht. Nach dem Abpfiff sind die Team-Zugehörigkeit völlig egal, dann reichen sich Rugby-Spieler die Hand, trinken ein Bier miteinander und feiern sich und ihren Sport. Dass es dabei auch schon mal etwas ungezügelter zugehen kann, ist wohlbekannt. Rugby-Spieler haben durchaus den Ruf, ein oder zwei Bier mehr zu genießen als der Durchschnittsbürger. Aber auch im professionellen Rugby, bei dem das Bier heutzutage nicht mehr die ganz große Rolle spielen kann, ist die Tradition der dritten Halbzeit erhalten geblieben.

So kündigte All-Blacks-Coach Steve Hansen 2015 vor dem WM-Halbfinale gegen die Springboks schon vor dem Ankick an: Egal was passiert, er werde nach dem Spiel mit dem Südafrika-Trainer Heyneke Meyer ein Bier trinken. Genau das werde er seinem Team auch raten, wie er der Presse erklärte. »Einige der besten Momente im Rugby hatte ich mit Spielern, die ich zuvor 80 Minuten bekämpft hatte – sie sind auch ganz normale Jungs wie man selbst, und genau so habe ich lebenslange Freundschaften geschlossen.«[54]

Diese Tradition der All Blacks besteht dabei nicht nur gegen die Springboks, ihren historisch ärgsten Rivalen. Das Weltmeisterteam lud bei der WM 2015 nach jedem Spiel das gegnerische Team in die Kabine ein. Der gegenseitige Respekt und die Kameradschaft übersteigen im Rugby Team-Grenzen.

104. GRUND

Weil Rugby Japans vom Tsunami gebeuteltem Norden half, wieder aufzustehen.

Kamaishi im Nordosten Japans ist mit seinen knapp 40.000 Einwohnern eine von Dutzenden Städten derselben Größe auf der japanischen Hauptinsel Honshu. Seine Lage direkt an der Pazifikküste war für die Stadt in ihrer Geschichte lange ein Segen, und noch heute spielt die Fischerei hier, wie in weiten Teilen der Tōhoku-Region, eine große Rolle. In Japan ist die Stadt als Wiege der Stahlindustrie des Landes, aber genauso als Rugby-Hochburg bekannt. So begrüßt einen noch heute ein Banner mit der Aufschrift »Kamaishi, bekannt für Stahl, Fisch und Rugby«, wenn man in den Ort fährt. Der Rugby-Klub der Stadt, damals nach dem später abgewanderten Stahlwerk »Steelers« genannt, hält bis heute einen einsamen Rekord: Von 1979 bis 1985 räumten die Steelers gleich sieben japanische Meisterschaften in Folge ab – bis heute unerreicht, und dieser Rekord brachte dem Team den Spitznamen »die eisernen Männer des Nordens« ein. Auch wenn das Stahlwerk später abwandern sollte, der Strukturwandel die Stadt stark zeichnen sollte: Der Ruf blieb Kamaishi erhalten, auch nachdem der Klub nach finanziellen Schwierigkeiten abstieg und die nationale Relevanz verlor.

Weswegen Kamaishi aber weltweit traurige Berühmtheit erlangte, hat einen traurigeren Hintergrund. 2011 war es in Kamaishi derselbe Tsunami, der einige Hundert Kilometer entfernt das Atomkraftwerk Fukushima lahmlegte und zu einer Havarie brachte, der den gesamten Ort mit einer Wasserwalze überwältigte. Die enge, sich vom Pazifik aus zuspitzende Bucht verschlimmerte den Effekt des Tsunamis noch, und selbst die wenige Jahre zuvor fertiggestellte milliardenteure Schutzwand konnte der Naturgewalt nach dem stärksten Erdbeben in Japans Geschichte nicht standhalten. Mehr als 1000 Bewohner Kamaishis verloren in den bitterkalten Fluten im Monat März ihr Leben, und etwa ein Drittel der Häuser des Ortes waren danach entweder komplett weggespült worden oder so stark beschädigt, dass sie abbruchreif waren. Die spektakulären und verstörenden Bilder der sich durch den Ort bahnenden Wasserwalze gingen um die Welt.

Aber auch in der schwersten Zeit dieses Ortes spielte die Verbindung mit dem ovalen Ballsport eine wichtige Rolle. Es waren Spieler des lokalen Teams, mittlerweile nach der Abwanderung des Stahlwerks ironischerweise umbenannt von Steelers in Kamaishi Seawaves, die noch am selben Tag als Ersthelfer auftraten. In den darauffolgenden Wochen waren es genau die Werte des Rugby-Sports, die dem Ort durch diese schweren Tage halfen. Alumni des Klubs spendeten Geld und Sachspenden, um mit dem Wiederaufbau zu helfen. Genau zur schwersten Stunde setzten sich einige Geschäftsleute, die in enger Verbindung mit dem Klub standen, sowie Offizielle des Klubs zusammen und schmiedeten einen Plan. Japan war 2009 als Ausrichter des Rugby World Cup festgelegt worden, und nun sollte der vom Schicksal so hart getroffene aber Rugby-verrückte Ort zur Ausrichterstadt werden. Ein kühner Plan, waren doch auf der eigentlichen Liste der Ausrichterstädte fast nur die großen Metropolen Japans wie Tokio, Osaka und Sapporo zu finden.

Tatsächlich ließ sich das Organisationskomitee des weltweit drittgrößten Sportereignisses der Welt aber von der Idee überzeugen. In

Kamaishi wurde in Rekordzeit das Kamaishi Recovery Memorial Stadium aus dem Boden gestampft, auf einem Grundstück, auf dem Dutzende Häuser und eine Schule vom Tsunami fortgespült worden waren. Mit 16.200 Zuschauern Kapazität ist es mit Abstand die kleinste Arena, und auch wenn nur zwei Gruppenspiele im Stadion ausgetragen werden, ist es doch für die Bewohner der gebeutelten Stadt ein Stück Hoffnung und zurückkehrende Normalität. Die Stadt soll wieder für ihre ovale Leidenschaft in die Schlagzeilen kommen und nicht nur mit der Naturkatastrophe aus dem Jahr 2011 in Verbindung stehen. Dazu spielte die japanische Nationalmannschaft eines ihrer WM-Vorbereitungsspiele in der Arena und besiegte dabei die hochgehandelten Fidschianer.

105. GRUND

Weil Che Guevara als Rugby-Revoluzzer noch 40 Jahre später los Pumas inspirierte

Sein Gesicht ist fast jedem Menschen auf dem Planeten bekannt, und ein Bild von ihm gilt noch immer als das berühmteste fotografische Abbild einer Person jemals. Die Rede ist von Che Guevara, dem argentinischen Revoluzzer, der sich Mitte des 20. Jahrhunderts in Lateinamerika an der sozialistischen Revolution versuchte und dessen Antlitz mit Barrett in linken Kreisen zur Ikone geworden ist. Was zumindest in Deutschland nicht viele über Ernesto Guevara, wie er mit bürgerlichem Namen hieß, wissen, ist sein Rugby-Background.

Dabei litt der Argentinier von früh an unter Asthma, und genau deshalb schickte ihn sein Vater im Alter von 15 Jahren im Sommer über nach Córdoba, in Argentiniens Nordwesten, um sich dort von der stickigen Luft in der Hauptstadt zu erholen. Guevara selbst kam jedoch nach wenigen Wochen mit einer neuen Leidenschaft zurück, dem ovalen Ballsport. Sein Vater hatte zuerst Bedenken, doch ließ sich Che nicht von seinem Plan abbringen und fing an, beim berühmten San Isidro Club von Buenos Aires zu spielen.

Aus Ches Leidenschaft wurde schnell eine Obsession, und so war es auch geradezu folgerichtig, dass er im Alter von 23 Jahren ein Rugby-Magazin mit dem Namen *Tackle* herausgegeben sollte. Denn trotz seiner lediglich 1,75 m Körpergröße und seiner angestammten Gedrängehalb-Position galt er bei seinen Mitspielern als besonders guter Tackler.

Auch schon vor seiner Involvierung während der kubanischen Revolution und seinen politischen Schriften ließ Che seiner umstürzlerischen Ader im Rugby freien Lauf. Er kritisierte den seiner Meinung nach viel zu konservativen Spielstil in Argentinien und bewunderte, wie offen und schnell gastierende englische Mannschaften aufspielten.

Sein Biograf Jorge Castaneda jedenfalls führt Ches strategisches Denken und seine Führungsqualitäten zum Teil auf seine jahrelange Rolle als Rugby-Gedrängehalb zurück: »Es hat ihm in zweierlei Hinsicht geholfen – ihm wurden so die Fähigkeiten als Anführer und Stratege beigebracht, und außerdem bekam er die Fitness, von einem Ende des Feldes zum anderen zu sprinten, ohne zu ermüden.«[55] Che selbst sagte: »Ich liebe Rugby; selbst wenn es mich einen Tag mal tötet, bin ich glücklich, den Sport zu spielen!«[56]

Seine aktiven Rugby-Zeiten endeten mit seinen zunehmenden Aktivitäten als politischer Aktivist. Sein Interesse am Rugby-Sport verlor Che nie. Eine Episode aus dem Leben Ches im Jahr 1965 wird im irischen Limerick noch heute erzählt. Che, der eine entscheidende Rolle bei der sozialistischen Revolution Kubas drei Jahre zuvor hatte, war auf dem Rückweg aus Prag nach Havanna. Seine Maschine der kubanischen Staats-Airline musste wegen Motorproblemen in Irland ungeplant Zwischenhalt machen.

Che, wohl wissend, dass Limerick mit seinem Rugby-Team Munster eine absolute Hochburg des Rugby-Sports ist, ließ sich in die Stadt fahren. Dort verbrachte er den gesamten Abend mit vielen Guinness und noch mehr Fachsimpelei über seinen geliebten ovalen Ballsport. Sein Abend im Hanratty's Hotel ist noch heute Stoff von Legenden, und ein Bild mit dem berühmten Argentinier ziert heute noch eine Wand des Hotels.

Che Guevara selbst starb nur zwei Jahre später in Bolivien, nach einer Ermordung von politischen Gegnern, doch sein Esprit lebt in Argentinien zum Teil noch heute weiter. Genau 40 Jahre nach seinem Tod, im Jahr 2007, erlebte Argentinien seine bis dahin erfolgreichste WM jemals. Dabei führte ein anderer junger argentinischer Gedrängehalb mit wehendem dunklen Haar vom San Isidro Club an, Agustin Pichot.

Dieser berief sich während des Rugby World Cups, bei dem es Argentinien bis auf Rang 3 schaffte, auf den berühmten Revoluzzer, der beim gleichen Klub wie er selbst gespielt hatte. Pichot sagte den Medien damals: »Ich sehe eine direkte Verbindung zwischen seiner {Che Guevaras} Liebe für Rugby und seinem Verlangen, Dinge zu verändern«[57] – denn schließlich wolle man im Welt-Rugby die alte Ordnung umstürzen.

106. GRUND

Weil Rugby im Süden Frankreichs Religion ist

Rugby ist in Frankreich populär, sehr sogar. Die XV de France, wie das Nationalteam mit dem Hahn auf der Brust im Hexagon genannt wird, hat es drei Mal ins WM-Finale geschafft, trägt seine Heimspiele im Stade de France von Paris aus und konkurriert seit Jahren mit dem Fußballteam in Sachen Popularität. Zuletzt war es sogar konstant die in Frankreich beliebtere von beiden Mannschaft. Insgesamt war Rugby, obwohl von weniger Franzosen aktiv gespielt als Fußball, in repräsentativen Umfragen der populärere Sport.[58]

Der ovale Ballsport ist in ganz Frankreich beliebt, im Süden der Grande Nation ist er aber weit mehr als das, er ist quasi Religion. Alles, was mit dem hier geliebten unförmigen Leder zu tun hat, wird unter dem Begriff »l'ovalie« zusammengefasst. Jedes Dorf im Süden Frankreichs hat mindestens einen Rugby-Klub. Dort spricht man vom »Rugby de clocher«, dem Kirchglocken-Rugby. Da, wo die Kirchglocken läuten, wird auch Rugby gespielt, so die sprichwörtliche Faustregel.

Tatsächlich ist es für viele Südfranzosen quasi eine Sonntagstradition. Erst vormittags zum Gottesdienst und dann zum lokalen Rugby-Klub. Derart tief ist der ovale Ballsport im Süden verwurzelt, dass es für viele kleine Orte der Dreh- und Angelpunkt des lokalen Lebens ist. Es gibt eine gesamte Rugby-Kultur mit eigenen Liedern, Traditionen und Rugby-spezifischen Begriffen. Der Rugby-Sport in Frankreich trägt den starken Akzent des Midis, der Region von Bordeaux über Toulouse bis Montpelier.

Wenn es eines Beweises für den quasi religiösen Status des Rugbys in Frankreich bedürfte, dann hat ihn Michel Devert im südfranzösischen Larrivière geschaffen. Die romanische Kapelle des nur gut 600 Einwohner zählenden Dorfes war in den 1960er-Jahren stark verfallen. Devert widmete sich als lokaler Pfarrer der Renovierung der Kapelle und machte aus ihr einen Rugby-Pilgerort.

Mit dem Segen des Bischofs von Dax weihte Devert sie nach langwierigen Renovierungsarbeiten, die mit der Unterstützung lokaler Rugby-Spieler erfolgten, als Église Saint-Savin-Notre-Dame-du-Rugby. In ihr gibt es neben dem traditionellen Altar einen Rugby-Schrein, in dem Trikots aus der ganzen Welt sowie andere Devotionalien ausgestellt sind. Die Kirche steht heute noch immer und ist zu einer Touristenattraktion geworden und gleichzeitig zum Symbol der Rugby-Verrücktheit.

Kein Wunder, dass die erfolgreichsten Klubs der Republik bei so viel Unterstützung fast ausnahmslos im Süden beheimatet sind. Neun der zehn Vereine mit den meisten Meisterschaften kommen aus dem Süden, allen voran Rekordmeister Toulouse. Lediglich Stade Français Paris, der zweiterfolgreichste Klub des Landes, kann in die Phalanx der Südklubs einbrechen.

107. GRUND

Weil Rugby die besten Fans hat

Rugby-Fans haben einen weitaus besseren Ruf, als man das als Laie vermuten könnte. Hooligans gibt es nicht, und so etwas wie Fantrennung und hohe Zäune zwischen den Lagern im Stadion sind im Rugby absolute Fremdwörter. Anhänger verschiedener Farben sitzen friedlich beieinander – ob nun bei den Six Nations, wenn im Februar und März eines jeden Jahres Woche für Woche Zehntausende Fans nach Cardiff, Paris, London oder Rom pilgern. Oder in den professionellen Ligen Europas, in Japan, Neuseeland oder Südafrika. Rugby-Fans verbindet die Liebe zum Spiel und der gegenseitige Respekt so viel mehr, als sie die Tatsache trennt, dass sie verschiedene Teams anfeuern.

Dabei sind die Arenen gerade in Europa keineswegs steril und leise. Wer einmal ein Europacupspiel in Munsters Thomond Park verfolgt hat, kann davon ein Lied singen. Das Stadion im westirischen Limerick fasst mit 26.200 Plätzen knapp ein Drittel der Bevölkerung der gesamten Stadt und ist dennoch jedes Mal zum Bersten gefüllt, wenn es die Munster Men mit Europas besten Vereinsteams aufnehmen. Dann singt das gesamte Stadion die Vereinshymne *Stand up and Fight* und feuert die eigenen Männer immer wieder mit »Come on Munster«-Rufen an.

Dabei bleibt aber auch der Respekt vor dem Gegner, wie überall im Rugby, nicht auf der Strecke. So laut der Thomond Park bei eigenem Ballbesitz auch sein mag, so laut die 26.200 auch das langgezogene »heave« (in etwa »schiebt sie weg«) beim Gedränge und Paket auch unisono schreien mögen – sobald ein gegnerischer Spieler zum Kick auf die Stangen ansetzt, ist das Stadion mucksmäuschenstill. Dann, so ist es im irischen Rugby noch mehr die Norm als anderswo, gilt es dem Kicker seine Konzentration zu ermöglichen. Man könnte dann eine Stecknadel fallen hören.

Ein ewiger Rivale Munsters, nicht nur sportlich, sondern auch in der Frage, wer den besten Anhang hat, war in den letzten 20 Jahren der ASM Clermont-Ferrand. Die »Jaunards« in ihrem kanariengelben Trikots stehen rein spielerisch mehr für das schöne Rugby, während Munster schon immer mit seinen schweren Stürmern die harten Meter machte. Aber wo sich beide Klubs umso mehr ähneln, ist in Sachen Anhang. Genau wie der Munster-Anhang reisen die Fans der Franzosen aus dem Zentralmassiv ihrem Team überall hinterher. Dazu ist das Stadion der Jaunards, das Stade Marcel Michelin, eine ebenso schwer einnnehmbare Festung wie der Thomond Park in Munster. Die steilen mehrstöckigen quasi aufeinandergestapelten Ränge des 20.000 Zuschauer fassenden Stadions kreieren auf dem Platz eine unglaubliche Atmosphäre, die als die beste der französischen Liga gilt. Doch dass der Enthusiasmus der Franzosen für den ovalen Ballsport auch noch eine Liga darunter ungebremst ist, zeigt das baskische Derby Jahr für Jahr. Wenn Biarritz Olympique beim nur sieben Kilometer entfernt angesiedelten Lokalrivalen Aviron Bayonnais antritt, war dies zuletzt nur noch ein sportlich zweitklassiges Duell, aber dennoch bleibt das Derby eines der stimmungsvollsten Spiele im Vereinsrugby.

Wenn die 20.000 im zum Bersten gefüllten Stade Jean-Dauger der Kleinstadt im äußersten Südwesten wie vor jedem Spiel die eingängige Hymne *Peña Baiona* anstimmen, singt vom Kind bis zum Greis jeder im Stadion mit – Gänsehaut garantiert. Aber auch hier gilt wie überall im Rugby: Die Fans respektieren sich, feuern ihr Team bedingungslos an, ohne dem Gegner etwas Schlechtes zu wünschen. Die Anhänger des ovalen Ballsports sind einfach die besten Fans im Sport.

108. GRUND

Weil in Hongkong die größte Rugby-Party der Welt gefeiert wir.

Wer am ersten Samstag des Aprils in der asiatischen Mega-Metropole Hongkong frühmorgens nichts ahnend durch den Stadtteil Happy Valley läuft, der könnte Zeuge eines bizarren Schauspiels werden. Im Happy Valley auf Hong Kong Island steht das größte Stadion der Stadt, und genau dort wird das berühmteste Rugby-Turnier der Welt, die Hong Kong 7s, ausgetragen. Wer die besten Plätze haben will und nicht im Besitz der VIP-Karten für die teuren Plätze ist, muss früh aufstehen.

So reihen sich schon vor acht Uhr morgens Tausende Rugby-Fans in bunten Verkleidungen auf, um pünktlich zur Öffnung der Tore zum Sprint anzusetzen. Denn sie alle haben das gleiche Ziel vor Augen – den legendären South Stand, die wohl wildeste Party-Tribüne im Rugby weltweit. Hier ist die Verkleidung à la Kölner Karneval fast schon Pflicht. Die Plätze auf der Tribüne sind so beliebt, dass der South Stand meist schon vorm ersten Ankick wegen Überfüllung abgeriegelt wird. Danach werden nur noch Fans auf die Tribüne gelassen, sobald andere diese verlassen.

Um es auf die Tribüne mit der größten Rugby-Party zu schaffen, nehmen Fans danach auch stundenlange Wartezeiten in Kauf. Doch es lohnt sich; einen farbenfroheren und stimmungsvolleren Ort, an dem Rugby-Fans aus der ganzen Welt zusammen friedlich feiern, wird man sonst nirgends finden. Dabei bejubeln die South-Stand-Fans mit Vorliebe die Underdogs und natürlich das trickreiche Spiel der in Hongkong quasi beheimateten Fidschianer.

Der Funke springt dabei auch von der Tribüne auf die Teams über. Spieler, die vor dem South Stand punkten, sind des Öfteren zu besonderen Jubel-Aktionen geneigt. Als Neuseelands Regan Ware 2016 vor dem South Stand im Halbfinale gegen die südafrikanischen Blitzboks den siegbringenden Versuch für die All Blacks Sevens legte, nahm er den Ball, als sei er eine Bierflasche, »öffnete« ihn und setzte zum kräftigen Schluck an. Eine Hommage an die Bier-durstigen Fans direkt vor ihm auf dem South Stand.

Zur großartigen Party-Atmosphäre tragen in Hongkong auch Auftritte genau vor dem South Stand bei. David Hasselhoff sang bereits die Baywatch-Hymne *I'll Be Ready,* und über 10.000 Fans stimmten mit ein. Noch legendärer war da nur der Auftritt von Rugby-Superstar Sébastien Chabal. Dieser stimmte 2019 im zu seinem Spitznamen passenden Höhlenmensch-Outfit den Party-Klassiker *I'm Gonna Be* von den Proclaimers an.

109. GRUND

Weil einer der berühmtesten Team-Namen auf einem Missverständnis beruht

Spätestens seit ihrem dritten Platz bei der WM 2007 in Frankreich sind sie aus der Weltspitze im internationalen Rugby kaum noch wegzudenken, los Pumas, die Nationalmannschaft Argentiniens. Doch warum ziert dann ausgerechnet ein Jaguar das berühmte hellblau-weiße Trikot der besten Nationalmannschaft Südamerikas, wenn ihr Name doch los Pumas ist? Die kurze Erklärung lautet: weil ein südafrikanischer Journalist sich beim Anblick des Wappentiers irrte und der Name das Team seitdem begleitet, obwohl noch immer ein Jaguar das Trikot ziert.

1965 hatte erstmals ein argentinisches Nationalteam außerhalb Südamerikas gespielt, und der südafrikanische Zeitungsreporter Carl Kohler wollte einen eingängigen Spitznamen für das argentinische Team finden. Ganz nach dem Vorbild der heimischen Springboks, und so machte er sich auf die Suche nach einem Spitznamen. Seit den 1940ern bereits zierte der Jaguar das Trikot der

Argentinier, damals gewählt aufgrund seiner »Agilität und seines Mutes«[59]. Doch Kohler, der noch am gleichen Tag einen Bericht für »die Transvaler« aus Pretoria einreichen musste, hatte beim Training der Mannschaft nur einen Blick auf das Trikot des Teams erhaschen können. In dem Wissen, dass in Südamerika sowohl Pumas als auch Jaguare beheimatet sind, wagte er eine 50/50-Entscheidung zu treffen. Er lag falsch, doch sein Spitzname blieb der Nachwelt erhalten und setzte sich mehr und mehr durch.

Jahrelang versuchte der argentinische Verband den Spitznamen loszuwerden, bis man schließlich aufgab und den Namen für sich selbst beanspruchte. Auf dem Trikot der Pumas ist derweil weiter ein Jaguar zu sehen. Seit 2016 gibt es schließlich tatsächlich ein Team namens los Jaguares – es wird vom argentinischen Verband in den Südhemisphären-Wettbewerb Super Rugby entsendet.

110. GRUND

Weil Rugby die grüne Insel eint

Irlands Geschichte seit den ersten Unabhängigkeitsbestrebungen von der britischen Krone im späten 19. Jahrhundert bis heute ist von Konflikten durchzogen, und die Frage der Konfessionen ist in Irland noch heute ein dominierendes Thema. Der Nordirlandkonflikt macht vor wenigen Aspekten halt, und selbst unter Sport-Fans im zu Großbritannien zählenden Teil der grünen Insel ist diese Spaltung spürbar.

Fußball als vermeintlich besonders englischer Sport wird in Nordirland wird fast ausschließlich von den Loyalisten gespielt und verfolgt, also denjenigen Nordiren, die der britischen Krone treu sind und davon überzeugt sind, dass Nordirland Teil des Vereinigten Königreichs bleiben muss. Das im Irland unglaublich populäre Gaelic Football, eine Art Mischung aus Fußball und Rugby, wird als vermeintlich irischste aller Sportarten dagegen primär von Katholiken verfolgt und gespielt, die eine Vereinigung mit der Republik Irland bestreben.

Rugby dagegen ist in Eire seit jeher ein Brückenbauer. Das rührt auch daher, dass sich der gesamtirische Rugby-Verband nach der Unabhängigkeit der Republik Irland im Jahr 1922, die mit der De-facto-Aufteilung der Insel in die Republik Irland und Nordirland einherging, nie aufspaltete – so wie das beispielsweise im Fußball im Jahr 1923 geschah. Diese Spaltung hatte zur Folge, dass heute Nordirland und Irland in zwei verschiedenen Soccer-Nationalteams spielen. Die Duelle zwischen beiden Teams werden seither als Hochsicherheitsspiele eingestuft, die mit Gewalt einhergehen und bei denen abschätzige Fangesänge über die jeweils andere Seite die Norm sind. Währenddessen vertritt eine einzige Rugby-Mannschaft die gesamte Insel Irland, auf beiden Seiten der Grenze.

Selbst zu Zeiten der Troubles, also des gewaltsamen Widerstands gegen die von radikalen irischen Republikanern wie der IRA als Besetzung wahrgenommene Präsenz der britischen Behörden, blieb das irische Team vereint. Drohbriefe der Terrororganisation IRA an gastierende England- und Schottland-Nationalteams und ein Bombenanschlag, der mehrere nordirische Spieler auf dem Weg zu einem Trainingscamp mit der gesamtirischen Mannschaft in Dublin traf, änderten daran nichts. Vor jedem Irland-Heimspiel werden auch zwei Hymnen nacheinander gespielt: Zuerst *Amhrán na bhFiann* für die Republik Irland und danach *Ireland's Call* für die gesamte Insel.

Was im gesamtirischen Kontext gilt, ist in der größten Stadt Nordirlands noch umso deutlicher der Fall. Belfast ist auch heute noch ein Ort, an dem hohe Mauern die verschiedenen Konfessionen voneinander trennen und übergroße Graffiti darlegen, auf wessen Territorium man sich gerade befindet. An dem Menschen abhängig von ihrer Konfession und ihren Loyalitäten in verschiedene Pubs, Klubs oder Kultureinrichtungen gehen, schlicht aneinander vorbeileben – da ist das Rugby-Team Ulster Rugby eines der wenigen verbindenden Elemente zwischen beiden Seiten. Die Rugby-Mannschaft der Stadt Belfast ist seit Jahren das Team mit den meisten Zuschauern und das Stadium auf dem Ravenhill eines der stimmungsvollsten der ganzen Insel.

Wenn die irische Nationalmannschaft spielt, sitzen in Belfast Protestanten und Katholiken in den Pubs der Stadt nebeneinander und feuern gemeinsam die Boys in Green an.[60] So verwundert es auch keinen, dass der Kapitän der irischen Mannschaft Rory Best ein Nordire ist, loyal zur Krone und Großbritannien, dementsprechend singt er die irische Hymne mit ihrem anti-englischen Inhalt nicht mit. Best selbst jedoch betont: »Im Rugby gibt es keine Grenzen, keine Streitigkeiten.«[61] So sind die Rugby-Nationalmannschaft für die Iren insgesamt und das Ulster-Rugby-Team für die Bevölkerung Belfasts ein einendes Element und bringt Menschen zusammen, die im Alltag aneinander vorbeileben, obwohl sie nur wenige Hundert Meter trennen.

111. GRUND

Weil ein uruguayisches Rugby-Team mit schierer Willenskraft eine der bemerkenswertesten Überlebensgeschichten der modernen Menschheitsgeschichte produziert hat

Der Old Christians Rugby Club ist einer der erfolgreichsten seines Landes. Ganze 18 uruguayische Meisterschaften konnte der Verein aus der Hauptstadt Montevideo in seiner Geschichte bereits einheimsen. Doch wofür der Rugby-Verein weit über die Landesgrenzen seiner Heimat bekannt ist, hängt nicht mit den sportlichen Erfolgen, sondern mit einem Freundschaftsspiel in Chile im Jahr 1972 zusammen. Der damals amtierende Meister Uruguays sollte in Santiago de Chile gegen den dortigen Top-Klub Old Boys ein Freundschaftsspiel austragen. Die Stimmung in der Mannschaft war zu Beginn des Trips hervorragend – das Team hatte eine enge Bindung, man habe sich gegenseitig wie Brüder behandelt, wie der damalige Medizinstudent und Old-Christians-Spieler Roberto Canessa später erklären sollte.[62] Diese enge Bindung sollte dem Team noch zugute kommen. Um die knapp 2000 km auf die andere Seite Südamerikas zurückzulegen, einmal quer über die Anden, charterten die Old Christians ein Flugzeug der uruguayischen Luftwaffe. Insgesamt 40 Passagiere – die Mannschaft, das komplette Betreuer-Team sowie einige Freunde und Angehörige – machten sich auf den Weg. Die Anreise Richtung Santiago am 12. Oktober 1972 gestaltete sich aber schwieriger, als von der Crew zuvor angenommen.

Wegen schlechten Wetters musste das Team die Reise am ersten Tag in Mendoza, Argentinien unterbrechen. Nur 200 km Luftlinie vom Ziel Santiago entfernt, aber noch auf der falschen Seite der Anden, deren Höhenzüge bis auf knapp 7.000 Meter ragen. Die maximale Reisehöhe des gecharterten Militärflugzeugs lag mit 8.500 Meter nur knapp über den höchsten Gipfeln des zweithöchsten Gebirgszugs der Erde. Als die beiden Piloten schließlich am Nachmittag des darauffolgenden Tages die Andenquerung wagten, hatte sich das Wetter nur marginal verbessert.

Bei schlechten Sichtbedingungen mussten die beiden Piloten fast den gesamten Weg im Instrumentenflug zurücklegen, also ohne sich anhand von optischen Bezugspunkten orientieren zu können, da die Sicht dermaßen schlecht war. Der junge und relativ unerfahrene Co-Pilot Dante Héctor Lagurara hatte das Kommando und startete nach der Überquerung der Grenze von Argentinien nach Chile den Sinkflug aus bis heute ungeklärten Gründen viel zu früh. Das Flugzeug geriet zuerst in starke Turbulenzen, und erst viel zu spät erkannten die beiden Piloten, dass sie deutlich zu niedrig unterwegs waren. Zu diesem Zeitpunkt war es jedoch bereits zu spät – der Versuch, das Propellerflugzeug noch hochzureißen, war nicht von Erfolg gekrönt. Die Maschine touchierte schließlich auf einer Höhe von etwa 4.200 Metern mit dem Heck einen Felsen. Der hintere Teil des Flugzeugs wurde abgerissen und mit ihm fünf Passagiere, die allesamt nicht überlebten.

Das Flugzeug touchierte einen weiteren Felsen, schleuderte durch die Luft und verlor dabei den rechten Flügel, bevor die Überreste einen Gletscher hinunterschlitterten, bis der Rumpf schließlich gegen eine Schneewand prallte und auf einer Seehöhe von 3.570 Metern zum Stehen kam. Umgeben von hohen Anden-Wänden in einem unbewohnten Talkessel und ohne Abstiegsmöglichkeit.

Zu diesem Zeitpunkt waren bereits nur noch 33 Passagiere am Leben. Was diese zu diesem Zeitpunkt nicht ahnen sollten, war, dass zehn Wochen später nur 16 von ihnen gerettet werden sollten. Das Flugzeug war 80 Kilometer von der eigentlichen Route abgestürzt, und so hatten die Suchtrupps die Überreste der Maschine während der darauffolgenden zehntätigen Suche nicht gefunden.

Die Überlebenden, von denen viele noch nie in ihrem Leben jemals Schnee gesehen hatten, fanden sich plötzlich in einem Blizzard bei zweistelligen Minustemperaturen wieder. Doch anstatt mit ihrem Schicksal zu hadern, fanden die Spieler sprichwörtlich schnell wieder auf ihre Beine.

In England ist ein altes Klischee, dass Rugby den Charakter formt. Nie sollte ein Rugby-Team einen größeren Charaktertest zu absolvieren haben. Teamkapitän Marcelo Perez übernahm die Führung der Gruppe, und schnell organisierten sich die Männer. Im Gepäck fand sich genügend Kleidung, um die Kälte zumindest einigermaßen auszuhalten. Der Rumpf der Maschine wurde mit Planen abgedeckt und als Wetterschutz ausgebaut, in dem sich die Gruppe nachts eng aneinander hielt, um die eisige Kälte zu überleben. Roberto Canessa unterstrich nach seiner Rettung: »Aus unserer Rugby-Bruderschaft wurde eine Familie!«

Mit leeren Koffern bildeten sie neben dem Wrack ein riesiges Kreuz, das aus der Luft sichtbar sein und den Rettern als Hinweis dienen sollte. Doch das größte Problem stellten die mageren Vorräte dar. Für den eigentlich kurzen Flug hatte die Crew nur wenige Snacks mit an Bord genommen, die sich nach wenigen Tagen bereits dem Ende zuneigten. Umgeben von einer kargen Eislandschaft ohne jegliche Vegetation und kurz vor dem sicheren Hungertod, entschied sich die Gruppe, das Unvorstellbare zu machen, um das eigene Überleben zu sichern.

Sie ernährten sich von den Überresten der beim Crash verstorbenen Mitspieler und Freunde. Sie schworen sich darüber hinaus gegenseitig, im Todesfall von den Leichen zu zehren, um es irgendwie lebend aus der Eishölle zu schaffen. Die beiden Medizinstudenten im Team übernahmen die grausige Aufgabe, die Körper der Absturzopfer zu sezieren. Kapitän Perez ging voran und aß den ersten Bissen. Die Strategie funktionierte, und der Großteil der Gruppe überlebte. Doch die Wochen vergingen, und es war keinerlei Hilfe in Sicht. Als eine Lawine acht weitere Spieler des Teams das Leben kostete, darunter auch Kapitän Perez, entschied sich die Gruppe, ihr Schicksal selbst in die Hand zu nehmen. Ohne jegliche alpinistische Erfahrung und ohne adäquate Ausrüstung wagten sich zwei Spieler nach mehreren Probe-Expeditionen auf, um aus dem Talkessel auszubrechen. Mit aus den Sitzpolstern improvisierten Schneeschuhen und aus Isoliermaterial hergestellten Schlafsäcken begaben sich Nando Parrado und Roberto Canessa auf den Weg.

Sie wähnten sich nur wenige Kilometer von den grünen Andentälern Chiles entfernt, die Richtung Pazifik führen. Denn der Pilot hatte ihnen kurz vor seinem Ableben am Tag des Crashs noch die auf einem Navigationsfehler beruhende falsche Position auf einer Karte markiert. Am 12. Dezember, also exakt zwei Monate nach dem Crash, bestiegen sie einen 4.650 Meter hohen Gipfel westlich von ihnen. Mit nur ein wenig mehr Erfahrung in den Bergen hätten sie den knapp 1.000 Meter tieferen Sattel genommen, der in die gleiche Richtung führte.

Doch sie überlebten und stiegen nun mehrere Tage ab, bis sie schließlich nach acht Tagen auf einen Bauern auf einem Pferd trafen. Dieser holte Hilfe und brachte sie schließlich in ein Krankenhaus – beide hatten etwa die Hälfte ihres Körpergewichts verloren.[63] Noch am gleichen Tag führten sie einen Helikopter der chilenischen Luftwaffe im Sichtflug zur Unglücksstelle, wo die 14 restlichen Überlebenden gerettet werden sollten.

Nando Parrado betonte später, dass der Rugby-Sport sie gerettet habe: »Disziplin, Teamwork und Durchhaltevermögen. Wir haben als Mannschaft gearbeitet, als Rugby-Mannschaft. Es gab nie Streit unter uns. Zum Tode verurteilt in diesem kalten Flugzeugrumpf auf 3.500 Metern haben wir den Rugby-Spirit mit uns gehabt.«[64] Die Geschichte der Old Christians wurde später in mehreren Büchern und Filmen festgehalten, unter anderem im Hollywoodfilm *Überleben* aus dem Jahr 1993 mit Ethan Hawke als Nando Parrado. Zwei der Nachfahren der Überlebenden traten bei der Rugby-WM 2015 für ihr Heimatland Uruguay an.

112. GRUND – DER BONUSGRUND:

Weil Japan die beste Rugby-WM der Geschichte veranstaltet hat

In traditionellen Rugby-Zirkeln gab es im Vorfeld der Weltmeisterschaft nicht wenige Zweifler – einen Rugby World Cup in Japan abhalten? In einem Land, das zwar eine lange Tradition im ovalen Ballsport vorzuweisen hat, aber gleichwohl nie zu den absoluten Top-Nationen im Rugby zählte, schien vielen Traditionalisten ein Graus zu sein. Doch Japan, seine Nationalmannschaft und vor allem seine Fans überraschten und machten das Land der aufgehenden Sonne zum wohl besten bisherigen WM-Gastgeber.

Kein Wunder, dass sich World-Rugby-Präsident Bill Beaumont nach dem Finale von Yokohama dazu hinreißen ließ, die WM in Japan »als den wahrscheinlich großartigsten World Cup«[65] zu beschreiben. Mit Südafrikas Kapitän Siya Kolisi, der am 2. November 2019 als erster farbiger Spielführer der Springboks den Webb-Ellis-Cup in die Höhe reißen durfte, endete die Weltmeisterschaft mit einem absoluten Märchen.

Bereits in den sechs Wochen zuvor begeisterte Japan mit seinen großartigen Fans und der perfekten Organisation des Turniers. Die Stadien waren rappelvoll und die Stimmung dementsprechend. Bilder von japanischen Fans, die die Hymnen der teilnehmenden Teams in ihnen völlig unbekannten Sprachen auswendig lernten und vortrugen, gingen um die Welt. Schon beim ersten öffentlichen Training des walisischen Teams noch vor WM-Beginn hatten 15.000 Japaner die europäischen Gäste im Stadion von Kitakyushu mit ihrer Nationalhymne »Hen Wlad Fy Nhadau« empfangen, die aufgrund der eigenwilligen keltischen Sprache als unglaublich schwer zu lernen gilt.[66]

Super-Fan Hiroshi Moriyama, der es unter dem Spitznamen Bak San selbst zum Publikumsliebling brachte, verkörperte die Leidenschaft der Japaner für das Turnier und den Sport wie kein Zweiter. Moriyama besuchte insgesamt 27 Spiele der Weltmeisterschaft und fiel dabei jeweils durch sein besonderes Outfit auf: Er hatte im Turnierverlauf das Trikot eines jeden teilnehmenden Teams mindestens ein Mal auf dem Oberkörper als Body-Painting gemalt und war so bei zum Teil mehreren Matches pro Tag, mit jeweils aktuellem Painting, im Publikum zu finden. Der Hashtag #BackSansBack wurde zum Trend auf Twitter und Moriyama sowie die kunstvoll und detailreich von seiner Frau gemalten Bodypainting-Trikots zur Attraktion.[67]

Das überraschend gute Abschneiden des Gastgebers tat sein Übriges zu einem tollen World Cup dazu. Die Brave Blossoms genannte japanische Mannschaft gewann alle ihrer vier Gruppenspiele, und besonders die Überraschungssiege gegen die hochfavorisierten Iren und Schotten ließen das Land der aufgehenden Sonne in einen Rugby-Taumel verfallen. Über 60 Millionen Japaner verfolgten den Sieg ihres Teams über Schottland, was mehr als die Hälfte der Bevölkerung des Landes ist.[68] Das Trikot der Brave Blossoms war schon im Turnierverlauf allerorts vergriffen. Aber nicht nur die Siege allein trugen zur Begeisterung bei, vielmehr war es die Art und Weise, mit der Japan sich diese Erfolge erspielte.

Es war Hochgeschwindigkeits-Rugby der allerhöchsten Güte von den Japanern, die aus allen erdenklichen Lagen angriffen und so zum Zweitteam eines jeden Rugby-Fans wurden. Selbst von der eigenen Mallinie, wo die meisten Teams Vorsicht walten lassen und meist den Befreiungskick wählen, attackierten die Brave Blossoms mit viel Risiko. Wie schnell das Leder dabei durch die Hände wanderte und welche Fertigkeiten selbst die schweren Erste-Reihe-Stürmer der Japaner an den Tag legten, nötigte der Rugby-Welt Respekt ab. Vergleiche mit den Ballfertigkeiten der All Blacks wurden reihenweise gezogen.

Die pfeilschnellen japanischen Außen Kotaro Matsushima und Kenki Fukuoka waren mit fünf bzw. vier Versuchen am Ende des Turniers auf Rang drei und vier der Liste der besten Tryscorer zu finden. Matsushima und Fukuoka tanzten reihenweise ihre Gegner aus und bedienten sich zum Teil gegenseitig mit atemberaubenden Offload-Pässen. Es war aber nicht nur die Schnelligkeit der Japaner, sondern auch ihre überraschende Stärke im Sturm, die ihnen den erstmaligen Einzug in das Viertelfinale eines World Cups einbrachte. Mit den Weltklasse-Props Keita Inagaki und Koo Ji-won, sowie Hakler Shota Horie konnten es die Brave Blossoms mit dem scheinbar übermächtigen Gedränge der Iren und Schotten aufnehmen – Coach Jamie Joseph hatte es verstanden, aus der vermeintlichen Sturm-Schwäche eine Stärke zu machen. Dritte-Reihe-Stürmer Kazuki Himeno landete deshalb ebenso in vielen Dream Teams der gesamten WM.

Die Erfolgsstory der Japaner war aber auch eine der nicht in Japan geborenen Spieler. Angeführt von Kapitän Micheal Leitch, der als auf Fidschi geborener und zunächst in Neuseeland lebender Teenager erst im Alter von 15 Jahren nach Japan zog, waren es auch die »Gaijin« genannten gebürtigen Ausländer, die den Japanern diesen Erfolg ermöglichten. Ein Team mit einem aus Korea stammenden Prop, einem Kapitän aus Fidschi und einem gebürtigen Australier in der zweiten Reihe, der einst zum Studieren nach Nippon gezogen war. Japan hat als jahrhundertelang in selbstgewählter Isolation existierendes Land, wo die Zugehörigkeit zur Nation bis heute vor allem über die Abstammung definiert wird, eine dezidiert andere Einstellung als Einwanderungsländer wie die USA oder Großbritannien.

Umso mehr galt es als kleine Revolution, dass sich die Nation als Ganzes hinter dieses für japanische Verhältnisse ungewöhnliche Team gestellt hat. Zehntausende schrien in den Stadion unisono in ohrenbetäubender Lautstärke »Nihon«, Hunderttausende fieberten in Fan Zones der WM-Städte mit, und Millionen verfolgten an den Schirmen, wenn Kapitän Leitch Japan aufs Feld führte. Im Viertelfinale fand das Rugby-Märchen zwar sein Ende, als der spätere Weltmeister Südafrika sich für die Niederlage bei der WM 2015 gegen Japan revanchieren konnte. Doch in der gesellschaftlichen Entwicklung Japans könnte dieser Rugby World Cup eventuell zu einer Zäsur führen, die zu mehr Akzeptanz des vermeintlich anderen führen wird.

Die Springboks wiederum konnten schließlich zwei Wochen später mit ihrem dritten WM-Titel insgesamt Neuseelands über eine Dekade anhaltende Dominanz endgültig beenden, indem sie den Favoriten England in überzeugender Manier mit 32:12 besiegten. Tolle Versuche von Makazole Mapimpi und Cheslin Kolbe krönten ein großartiges Turnier. Mit der Übergabe der Trophäe durch Japans Kaiser Naruhito an Südafrikas Kapitän Kolisi endete die Weltmeisterschaft, doch die Rugby-Welt wird diese sechs Wochen Rugby-Festspiele im Herbst 2019 in Fernost noch lange in Erinnerung behalten, und zwar als wohl beste WM jemals.

ANMERKUNGEN

1 Von der Webseite der RFU, Geschichte des Rugby: www.england-rugby.com/twickenham/world-rugby-museum/rugby-history/why-a-try/

2 Artikel in Neuseelands Online-Portal des NZ Herald Stuff: www.stuff.co.nz/sport/rugby/all-blacks/99015600/scotlands-finest-80-minutes-against-the-all-blacks--a-00-draw-in-1964

3 ruck.co.uk – Liste der besten Rugby-Zitate: www.ruck.co.uk/25-legendary-rugby-quotes-every-fan-must-read/4/

4 Webseite der Barbarians, Sektion Geschichte: www.barbarianfc.co.uk/about/history/the-founding/

5 Hogg gegenüber Sky Sports www.skysports.com/rugby-union/news/12505/10023670/stuart-hogg-makes-diving-promise-after-referees-rebuke

6 Artikel im Daily Telegraph: www.dailytelegraph.com.au/sport/rugby/revealed-richie-mccaw-and-dan-carter-clean-dressing-rooms-after-all-blacks-and-crusaders-games/news-story/99a9933632e6171d3fa868d3813220c8

7 Artikel im Guardian über das Siebener mit dem Zitat von Amor: www.theguardian.com/sport/blog/2017/jan/17/rugby-sevens-growing-popularity-rio-olympics-tom-mitchell

8 BBC iWonder www.bbc.co.uk/guides/z2tyrdm

9 Force Production in the Rugby Union Scrum, Wilson & Quarrie; Journal of Sports Science; April 2000

10 Artikel in der französischen Zeitung La Depeche aus dem Jahr 2018 mit diesem Zitat: www.ladepeche.fr/article/2018/04/02/2771951-concert-musique-classique-soutenir-jeunes-rugbymen-agen.html

11 Seite 49 in »Rugby, the Art of Scrummaging«; Enrique Rodriguez; Meyer & Meyer Sport; Erschienen 2015.

12 Danny Care gegenüber der BBC im März 2019 – www.bbc.com/sport/rugby-union/47160338

13 BBC-Artikel – www.bbc.com/news/uk-wales-47581830
14 Aus einem Welt-Artikel 2010: www.welt.de/sport/article10551549/Von-einem-Star-den-in-Deutschland-niemand-kennt.html
15 Ausschnitt aus dem Original-Feed: www.youtube.com/watch?v=0PQPnhUvd04
16 Tobin, Christopher (2005); in »The Original All Blacks 1905–06; erschienen in Auckland, Neuseeland
17 ESPN-Artikel dazu: http://en.espn.co.uk/2011-rugby-world-cup/rugby/story/147644.html
18 Le Figaro zum ersten Spiel der Franzosen: www.lefigaro.fr/histoire/archives/2015/09/15/26010-20150915ARTFIG00298-1906-l-equipe-francaise-de-rugby-joue-son-premier-match-international.php
19 Neuseelands Rugby-Museum über den Ursprung des Namens All Blacks: http://rugbymuseum.co.nz/article-all-blacks-the-name/
20 Zitat aus Artikel Wales Online: www.walesonline.co.uk/news/local-news/llanelli-9-3-blacks---the-2022714
21 ESPN-Artikel über dieses Spiel: http://en.espn.co.uk/onthisday/rugby/story/108255.html
22 Wales Online Artikel zu diesem Zitat: www.walesonline.co.uk/sport/rugby/rugby-news/phil-bennett-70-truth-most-15315047
23 François Pienaar am 8.12.2013 gegenüber dem Guardian (www.theguardian.com/world/2013/dec/08/nelson-mandela-francois-pienaar-rugby-world-cup)
24 Englands WM-Trainer von 2003 Woodward gegenüber dem Guardian: www.theguardian.com/sport/2015/sep/19/rugby-world-cup-biggest-shock-japan-south-africa
25 Artikel in the Sun zum Spiel: www.thesun.co.uk/sport/9009982/shane-williams-plays-rugby-at-mount-everest/
26 BBC-Bericht aus dem Jahr 2002 zu diesem Spiel http://news.bbc.co.uk/sport2/hi/rugby_union/international/2354565.stm
27 Artikel über Lomu im New Zealand Herald: www.nzherald.co.nz/sport/news/article.cfm?c_id=4&objectid=11214967

28 Artikel über Lomu im New Zealand Herald: www.nzherald.co.nz/sport/news/article.cfm?c_id=4&objectid=11214967

29 Artikel in der New York Times 2015 nach Lomus Tod: www.nytimes.com/2015/11/19/sports/rugby/jonah-lomu-new-zealand-all-blacks.html

30 NZ Herald aus dem Jahr 2010: www.nzherald.co.nz/sport/news/article.cfm?c_id=4&objectid=10621751

31 Artikel in Stuff (Online Portal des NZ Herald, größte Zeitung Neuseelands) aus dem Jahr 2012: www.stuff.co.nz/sport/rugby/7785582/McCaw-hid-foot-injury-during-World-Cup

32 New Zealand Herald vom 25.12.17: www.nzherald.co.nz/nz/news/article.cfm?c_id=1&objectid=11965842

33 Artikel aus dem englischen Telegraph aus dem Jahr 2012: www.telegraph.co.uk/sport/rugbyunion/international/newzealand/8899568/Stephen-Donald-was-New-Zealands-accidental-hero-when-kicking-the-winning-points-in-the-rugby-World-Cup-final.html

34 Interview Haskell mit joe.co.uk im Mai 2019: www.joe.co.uk/sport/james-haskell-henry-tuilagi-227065

35 Interview mit Williams im Gentlemen's Journal: www.thegentlemansjournal.com/article/how-to-prove-people-wrong-by-shane-williams/

36 Interview mit dem Independent 2008: www.independent.co.uk/sport/rugby/rugby-union/shane-williams-my-feet-have-not-left-the-ground-838914.html

37 Le Rugbynistere zitiert ihn aus einer TV-Doku: www.lerugbynistere.fr/videos/thierry-dusautoir--laquo-je-plus-connu-nouvelle-zelande-france-raquo-2106131637.php

38 RTE-Artikel zu O'Connells Rede beim Ryder-Cup-Team: www.rte.ie/sport/golf/2016/0928/819963-passionate-oconnell-fires-up-europes-golfers/

39 Cudmore gegenüber Sportsjoe 2016: www.sportsjoe.ie/rugby/jamie-cudmore-paul-oconnell-102562

40 Irish Examiner Interview mit O'Connell über seine WM-Erfahrung 2015: www.irishexaminer.com/sport/rugby/paul-oconnell-my-world-cup-in-pictures-354471.html
41 Artikel im Independent vom Tag nach dem Spiel 2015: www.independent.ie/sport/rugby/international-rugby/tributes-for-oconnell-leader-warrior-gentleman-31608730.html
42 Artikel im irischen Journal über O'Driscoll zum Karriereende: www.thejournal.ie/readme/opinion-brian-odriscoll-goodbye-1490294-May2014/
43 Artikel über Obamas Saint-Patrick's-Day Rede 2014: www.the42.ie/barack-obama-brian-odriscoll-1364058-Mar2014/
44 Lealiifano in einem Fox-Sports-Interview: www.foxsports.com.au/rugby/former-wallaby-christian-lealiifano-opens-up-on-his-successful-fight-against-leukaemia/news-story/aa829fce-6fa6499e49aa075737b0f118
45 Parisse gegenüber dem Guardian: www.theguardian.com/sport/2019/jan/27/sergio-parisse-italy-six-nations
46 Artikel in Rugbyworld über sein Karriere-Ende: www.rugbyworld.com/news/juan-martin-hernandez-retires-rugby-91107#4Ue1ijP6VXtjQwDS.99
47 Artikel im Johannesburger Citizen über Mtawarira: https://citizen.co.za/sport/south-african-sport/sa-rugby-sport/1950027/beast-mtawarira-the-history-making-shona-springbok/
48 Interview mit der BBC am 19.11.2015 (www.bbc.co.uk/sport/av/rugby-union/34862528)
49 Interview mit dem britischen Pay-TV-Sender BT Sport am 28.10.2015 (www.youtube.com/watch?v=6IhYFGYpY4c)
50 Beide Aussagen gegenüber der Irish Times 2009: www.irishtimes.com/sport/rugby/gareth-thomas-calls-for-zero-tolerance-on-homophobia-1.3902347
51 ESPN-Artikel vom 1.11. 2015 www.espn.com/rugby/story/_/id/14007748/top-10-players-rugby-world-cup-2015-ben-smith-david-pocock-ayumu-goramaru

52 Artikel im Guardian 2018 – www.espn.com/rugby/story/_/id/14007748/top-10-players-rugby-world-cup-2015-ben-smith-david-pocock-ayumu-goramaru

53 Artikel auf der irischen Sport-Webseite Balls mit einem Screenshot von Pococks Instagram zu dem Thema -> www.balls.ie/rugby/fascinating-reason-rugby-star-david-pocock-spray-paints-boots-394275

54 NZ Herald 2015 mit dem Hansen-Zitat: www.nzherald.co.nz/sport/news/article.cfm?c_id=4&objectid=11534169

55 Artikel über Che und Rugby bei ESPN aus dem Jahr 2017: www.espn.com/rugby/story/_/id/20977355/che-guevara-role-rugby-played-argentine-revolutionary-life

56 (ebenso) Artikel über Che und Rugby bei ESPN aus dem Jahr 2017: www.espn.com/rugby/story/_/id/20977355/che-guevara-role-rugby-played-argentine-revolutionary-life

57 Artikel über Pichot im Telegraph: www.telegraph.co.uk/sport/columnists/brendangallagher/2322711/Argentine-rugby-inspired-by-Che-Guevara.html

58 Umfrage aus dem Jahr 2016 »Sport in Frankreich«, Artikel darüber im Figaro: http://sport24.lefigaro.fr/le-scan-sport/2016/11/27/27001-20161127ARTFIG00038-les-francais-preferent-le-rugby-au-football.php

59 La Nación vom 10.4.99 www.lanacion.com.ar/deportes/la-pasion-cumple-cien-anos-nid134355

60 Artikel im Irish Independent zu dem Thema: www.irishtimes.com/sport/rugby/international/i-don-t-see-why-anyone-would-find-it-strange-i-support-ireland-1.3431801

61 Reuters Artikel zur WM 2015 über das vereinte Irland mit dem Best-Zitat: https://uk.reuters.com/article/uk-rugby-union-world-ireland-politics/in-northern-ireland-rugby-spans-the-sectarian-divide-idUKKCN0S827N20151014

62 Canessa selbst in einem Artikel für die Daily Mail im Jahr 2016: www.dailymail.co.uk/news/article-3455568/Die-break-ultimate-

taboo-Survivor-s-moving-account-Andes-plane-crash-victims-forced-eat-friends-bodies-story-haunts-world-40-years-on.html

63 Artikel bei Sky News über das Unglück: https://news.sky.com/story/alive-rugby-teams-fabled-survival-in-andes-10343588

64 Gleicher Sky News Artikel, s.o.

65 Artikel im Independent: www.independent.co.uk/sport/rugby/rugby-union/international/rugby-world-cup-2019-greatest-ever-bill-beaumont-a9182961.html

66 Artikel bei Yahoo Australien: https://au.sports.yahoo.com/rugby-world-cup-japanese-fans-sing-irish-anthem-052900020.html

67 Japan Times: www.japantimes.co.jp/sports/2019/09/30/rugby/rugby-superfan-bak-san-becomes-world-cup-sensation-body-painted-jerseys/#.XcLbM0VKg0o

68 Artikel im SA Rugby Magazine: www.sarugbymag.co.za/japan-vs-scotland-drew-record-60m-tv-audience/

111 GRÜNDE:

REISE INTERNATIONAL: 111 GRÜNDE, GEORGIEN ZU LIEBEN • 111 GRÜNDE, DIE SCHWEIZ ZU LIEBEN • 111 GRÜNDE, ALBANIEN ZU LIEBEN • 111 GRÜNDE, CHINA ZU LIEBEN • 111 GRÜNDE, BULGARIEN ZU LIEBEN • 111 GRÜNDE, COSTA RICA ZU LIEBEN • 111 GRÜNDE, DIE SLOWAKEI ZU LIEBEN • 111 GRÜNDE, SINGAPUR ZU LIEBEN • 111 GRÜNDE, TSCHECHIEN ZU LIEBEN • 111 GRÜNDE, ARMENIEN ZU LIEBEN • 111 GRÜNDE, DUBLIN ZU LIEBEN • 111 GRÜNDE, ÄGYPTEN ZU LIEBEN • 111 GRÜNDE, DIE NIEDERLANDE ZU LIEBEN • 111 GRÜNDE, DIE UKRAINE ZU LIEBEN • 111 GRÜNDE, ARGENTINIEN ZU LIEBEN • 111 GRÜNDE, DIE TÜRKEI ZU LIEBEN • 111 GRÜNDE, SÜDAFRIKA ZU LIEBEN • 111 GRÜNDE, LONDON ZU LIEBEN • 111 GRÜNDE, NEW YORK ZU LIEBEN • 111 GRÜNDE, MALLORCA ZU LIEBEN • 111 GRÜNDE, DÄNEMARK ZU LIEBEN • 111 GRÜNDE, SCHWEDEN ZU LIEBEN • 111 GRÜNDE, FINNLAND ZU LIEBEN • 111 GRÜNDE, IRLAND ZU LIEBEN • 111 GRÜNDE, ISLAND ZU LIEBEN • 111 GRÜNDE, SCHOTTLAND ZU LIEBEN • 111 GRÜNDE, POLEN ZU LIEBEN • 111 GRÜNDE, PORTUGAL ZU LIEBEN • 111 GRÜNDE, AUSTRALIEN ZU LIEBEN • 111 GRÜNDE, NEUSEELAND ZU LIEBEN • 111 GRÜNDE, INDIEN ZU LIEBEN • 111 GRÜNDE, KUBA ZU LIEBEN • 111 GRÜNDE, RUSSLAND ZU LIEBEN • 111 GRÜNDE, FRANKREICH ZU LIEBEN • 111 GRÜNDE, ROM ZU LIEBEN • 111 GRÜNDE, ENGLAND ZU LIEBEN • 111 GRÜNDE, BRASILIEN ZU LIEBEN • 111 GRÜNDE, JAPAN ZU LIEBEN • 111 GRÜNDE, WALES ZU LIEBEN • 111 GRÜNDE, KANADA ZU LIEBEN • 111 GRÜNDE, ITALIEN ZU LIEBEN • 111 GRÜNDE, NORWEGEN ZU LIEBEN • **REISE DEUTSCHLAND:** 111 GRÜNDE, DEN RUHRPOTT ZU LIEBEN • 111 GRÜNDE, DIE NORDSEE ZU LIEBEN • 111 GRÜNDE, KÖLN ZU LIEBEN • 111 GRÜNDE, DAS RHEINLAND ZU LIEBEN • 111 GRÜNDE, THÜRINGEN ZU LIEBEN • 111 GRÜNDE, FRANKEN ZU LIEBEN • 111 GRÜNDE, BADEN ZU LIEBEN • 111 GRÜNDE, BAYERN ZU LIEBEN • 111 GRÜNDE, SACHSEN ZU LIEBEN • 111 GRÜNDE, HAMBURG ZU LIEBEN • 111 GRÜNDE, DIE PFALZ ZU LIEBEN • 111 GRÜNDE, SYLT ZU LIEBEN • 111 GRÜNDE, SCHWABEN ZU LIEBEN • **MUSIK:** 111 GRÜNDE, HIPHOP ZU LIEBEN • 111 GRÜNDE, HEAVY METAL ZU LIEBEN • 111 GRÜNDE, KLASSISCHE MUSIK ZU LIEBEN • 111 GRÜNDE, JAZZ ZU LIEBEN • **EROTIK:** 111 GRÜNDE, SM ZU LIEBEN • 111 GRÜNDE, OFFEN ZU LIEBEN • **HOBBY & FREIZEIT:** 111 GRÜNDE, SELBST ZU KOCHEN • 111 GRÜNDE, POKER ZU LIEBEN • 111 GRÜNDE, SCHACH ZU LIEBEN • 111 GRÜNDE, BÜCHER ZU LIEBEN • 111 GRÜNDE, DAS BÖSE ZU LIEBEN • 111 GRÜNDE, COMPUTERSPIELE ZU LIEBEN • 111 GRÜNDE, DIE EISENBAHN

WWW.111-GRUENDE.DE

SONST NICHTS.

ZU LIEBEN • 111 GRÜNDE, UM DIE WELT ZU REISEN • 111 GRÜNDE, KRIMIS ZU LIEBEN • 111 GRÜNDE, ROLLENSPIEL ZU LIEBEN • 111 GRÜNDE, ANGELN ZU GEHEN • 111 GRÜNDE, SEGELN ZU GEHEN • 111 GRÜNDE, DAS FLIEGEN ZU LIEBEN • 111 GRÜNDE, WANDERN ZU GEHEN • 111 GRÜNDE, PILGERN ZU GEHEN • 111 GRÜNDE, PADDELN ZU GEHEN • 111 GRÜNDE, SURFEN ZU GEHEN • 111 GRÜNDE, MANGA ZU LIEBEN • 111 GRÜNDE ZU TANZEN • 111 GRÜNDE, TAUCHEN ZU GEHEN • 111 GRÜNDE, YOGA ZU LIEBEN • **HASSEN:** 111 GRÜNDE, ANWÄLTE ZU HASSEN • 111 GRÜNDE, BERLIN ZU HASSEN • 111 GRÜNDE, SEINEN CHEF ZU HASSEN • 111 GRÜNDE, SEINE KOLLEGEN ZU HASSEN • 111 GRÜNDE, SEINEN VERMIETER ZU HASSEN • 111 GRÜNDE, HAMBURG ZU HASSEN • 111 GRÜNDE, MÜNCHEN ZU HASSEN • 111 GRÜNDE, SEINE MITARBEITER ZU HASSEN • 111 GRÜNDE, NACHBARN ZU HASSEN • 111 GRÜNDE, HIPSTER ZU HASSEN • 111 GRÜNDE, KÖLN ZU HASSEN • 111 GRÜNDE, WIEN ZU HASSEN • **SONSTIGE:** 111 GRÜNDE, BIER ZU LIEBEN • 111 GRÜNDE, VEGETARIER ZU SEIN • 111 GRÜNDE, APPLE ZU LIEBEN • 111 GRÜNDE, LEHRER ZU SEIN • WEITERE 111 GRÜNDE, LEHRER ZU SEIN • 111 GRÜNDE, IHR KIND AUF DEN MOND ZU SCHIESSEN (UND NOCH MEHR, ES NICHT ZU TUN) • 111 GRÜNDE, SICH AUF DIE RENTE ZU FREUEN • 111 GRÜNDE, AN DIE GROSSE LIEBE ZU GLAUBEN • 111 GRÜNDE, AUFS LAND ZU ZIEHEN • 111 GRÜNDE, ARZT ZU SEIN • 111 GRÜNDE, EIN HAUS ZU BAUEN • 111 GRÜNDE, DEN WALD ZU LIEBEN • 112 GRÜNDE, DIE FEUERWEHR ZU LIEBEN • 112 GRÜNDE, FEUERWEHRMANN ZU SEIN • 110 GRÜNDE, POLIZIST ZU SEIN • IMMER DIESE SENIOREN! 111 GRÜNDE, WARUM SIE UNS IN DEN WAHNSINN TREIBEN • 111 GRÜNDE, KEIN ARZT ZU SEIN • **HOW TO SURVIVE:** HOW TO SURVIVE DEN TOD • HOW TO SURVIVE KINDER • HOW TO SURVIVE MIT GESCHWISTERN • HOW TO SURVIVE ALS SINGLE • HOW TO SURVIVE ALS STIEFMUTTER • HOW TO SURVIVE SCHULE • HOW TO SURVIVE SCHEIDUNG • HOW TO SURVIVE ALS FRAU AB 40 • HOW TO SURVIVE UNTER MÜTTERN • HOW TO SURVIVE BÜRO • HOW TO SURVIVE IM RUHESTAND • HOW TO SURVIVE OHNE FUSSBALL • HOW TO SURVIVE KREISLIGA • NICHT AUF LAGER! • HOW TO SURVIVE ELTERNABEND • HOW TO SURVIVE AUF DEM DORF • HOW TO SURVIVE MOBBING • HOW TO SURVIVE MIT TEENAGER • HOW TO SURVIVE ALS EINZELKIND • HOW TO SURVIVE UNTER BESSERWISSERN • HOW TO SURVIVE SCHEISSJOBS • HOW TO SURVIVE ALS ALLEINERZIEHENDE • HOW TO SURVIVE ALS RADFAHRER • HOW TO SURVIVE NERVIGE ELTERN • **FÜR JEDEN IST ETWAS DABEI.**

WWW.SCHWARZKOPF-SCHWARZKOPF.DE

111 GRÜNDE:

FUSSBALL: 111 GRÜNDE, BAYERN MÜNCHEN ZU LIEBEN • 111 GRÜNDE, BAYER 04 LEVERKUSEN ZU LIEBEN • 111 GRÜNDE, SCHALKE 04 ZU LIEBEN • 111 GRÜNDE, MAINZ 05 ZU LIEBEN • 111 GRÜNDE, HERTHA BSC ZU LIEBEN • 111 GRÜNDE, EINTRACHT BRAUNSCHWEIG ZU LIEBEN • 111 GRÜNDE, DEN 1. FC KAISERSLAUTERN ZU LIEBEN • 111 GRÜNDE, FRAUENFUSSBALL ZU LIEBEN • 111 GRÜNDE, DIE PREMIER LEAGUE ZU LIEBEN • 111 GRÜNDE, DEN SV WEHEN WIESBADEN ZU LIEBEN • 111 GRÜNDE, MANCHESTER UNITED ZU LIEBEN • 111 GRÜNDE, DEN FC ARSENAL ZU LIEBEN • 111 GRÜNDE, DEN FC BARCELONA ZU LIEBEN • 111 GRÜNDE, DEN AC MAILAND ZU LIEBEN • 111 GRÜNDE, JUVENTUS TURIN ZU LIEBEN • 111 GRÜNDE, GALATASARAY ZU LIEBEN • 111 GRÜNDE, DEN FC AUGSBURG ZU LIEBEN • 111 GRÜNDE, DIE SPVGG GREUTHER FÜRTH ZU LIEBEN • 111 GRÜNDE, DEN VFL BOCHUM ZU LIEBEN • 111 GRÜNDE, DEN VFL WOLFSBURG ZU LIEBEN • 111 GRÜNDE, ARMINIA BIELEFELD ZU LIEBEN • 111 GRÜNDE, HANSA ROSTOCK ZU LIEBEN • 111 GRÜNDE, DYNAMO DRESDEN ZU LIEBEN • 111 GRÜNDE, DEN FC CARL ZEISS JENA ZU LIEBEN • 111 GRÜNDE, DEN SC PADERBORN ZU LIEBEN • 111 GRÜNDE, DEN KARLSRUHER SC ZU LIEBEN • 111 GRÜNDE, 1899 HOFFENHEIM ZU LIEBEN • 111 GRÜNDE, ALEMANNIA AACHEN ZU LIEBEN • 111 GRÜNDE, BAYERN-FAN ZU SEIN • 111 GRÜNDE, DEN FC BASEL 1893 ZU LIEBEN • 111 GRÜNDE, DEN FC INGOLSTADT 04 ZU LIEBEN • 111 GRÜNDE, DEN SK RAPID WIEN ZU LIEBEN • 111 GRÜNDE, DEN SV DARMSTADT 98 ZU LIEBEN • 111 GRÜNDE, PREUSSEN MÜNSTER ZU LIEBEN • 111 GRÜNDE, RB LEIPZIG ZU LIEBEN • 111 GRÜNDE, UNIONER ZU SEIN • 111 GRÜNDE, DIE NATIONALMANNSCHAFT ZU LIEBEN • 111 GRÜNDE, DIE SELEÇÃO BRASILEIRA ZU LIEBEN • 111 GRÜNDE, ROT-WEISS ESSEN ZU LIEBEN • 111 GRÜNDE, KICKERS OFFENBACH ZU LIEBEN • 111 GRÜNDE, ROT-WEISS ERFURT ZU LIEBEN • 111 GRÜNDE, BEŞIKTAŞ ZU LIEBEN • 111 GRÜNDE, DEN 1. FC SAARBRÜCKEN ZU LIEBEN • 111 GRÜNDE, DEN VFL OSNABRÜCK ZU LIEBEN • 111 GRÜNDE, ST.-PAULI-FAN ZU SEIN • 111 GRÜNDE, DIE MiLLi TAKIM ZU LIEBEN • 111 GRÜNDE, DEN FK AUSTRIA WIEN ZU LIEBEN • 111 GRÜNDE, ATLÉTICO MADRID ZU LIEBEN • 111 GRÜNDE, DEN VFL SPORTFREUNDE LOTTE ZU LIEBEN • 111 GRÜNDE, DEN SV WALDHOF MANNHEIM 07 ZU LIEBEN • 111 GRÜNDE, DEN FC 08 HOMBURG ZU LIEBEN • 111 GRÜNDE, DEN FC RED BULL SALZBURG ZU LIEBEN • 111 GRÜNDE, DEN SK STURM GRAZ ZU LIEBEN • 111 GRÜNDE, EINTRACHT FRANKFURT ZU LIEBEN • 111 GRÜNDE, DEN 1. FC NÜRNBERG ZU LIEBEN • 111 GRÜNDE, REAL MADRID ZU LIEBEN • 111 GRÜNDE, HOLSTEIN KIEL ZU LIEBEN • 111 GRÜNDE, DEN SSV JAHN REGENSBURG ZU LIEBEN • 111 GRÜNDE, DEN TSV 1860 MÜNCHEN ZU LIEBEN •

WAS ZU LESEN:

BILDBÄNDE, SACHBÜCHER UND BIOGRAFIEN: UDO LINDENBERG – DAS LINDENWERK • PETER BEHRENS – DER CLOWN MIT DER TROMMEL. MEINE JAHRE MIT TRIO – ABER NICHT NUR • DAS IST DAF – DEUTSCH AMERIKANISCHE FREUNDSCHAFT - DIE AUTORISIERTE BIOGRAFIE • FLAKE – DER TASTENFICKER. AN WAS ICH MICH SO ERINNERN KANN • DIE ÄRZTE - EIN ÜBERDIMENSIONALES MEERSCHWEIN FRISST DIE ERDE AUF • DAS BUCH Ä – DIE VON DIE ÄRZTE AUTORISIERTE BIOGRAFIE • KERSTIN OTT – DIE FAST IMMER LACHT • FARIN URLAUB – AUSTRALIEN & OSTTIMOR • DIE BEATLES IN INDIEN – FOTOGRAFIEN VON 1968 • DIE TOTEN HOSEN. LIVE – BACKSTAGE – STUDIO – FOTOGRAFIEN 1986–2006 • FARIN URLAUB – INDIEN & BHUTAN • FARIN URLAUB – AFRIKA • KEINE MACHT FÜR NIEMAND – DIE GESCHICHTE DER TON STEINE SCHERBEN • WIR WOLLEN IMMER ARTIG SEIN – PUNK, NEW WAVE, HIPHOP UND INDEPENDENT-SZENE IN DER DDR 1980–1990 • NINA HAGEN – THATS WHY THE LADY IS A PUNK • FEELING B – MIX MIR EINEN DRINK. PUNK IM OSTEN. MIT AUSFÜHRLICHEN GESPRÄCHEN MIT FLAKE, PAUL LANDERS UND VIELEN ANDEREN • CLUESO – VON UND ÜBER • BYE BYE, LÜBBEN CITY – BLUESFREAKS, TRAMPS UND HIPPIES IN DER DDR • VINYL LEXIKON – FACHBEGRIFFE, SAMMLERLATEIN, PRAXISTIPPS • DREI FARBEN BRAUN – DAS GROSSE STUDIO BRAUN BUCH • GRAND ZAPPA – INTERNATIONALE FRANK ZAPPA DISCOLOGY • MAX PROSA – IM STILLEN ODEM – ON THE RUN. EINE JUGEND IN DER GRAFFITI-SZENE • DAS GROSSE LEXIKON DER DEFA-SPIELFILME • MORTEN GRUNWALD – MEINE TAGE IN GELBEN SOCKEN • DON CAMILLO UND PEPPONE – DIE FILME MIT FERNANDEL UND GINO CERVI VON 1952 BIS 1970 • MANFRED KRUG – MK BILDERBUCH • HELMUT BERGER – EIN LEBEN IN BILDERN • DAS GROSSE ALBUM DER EDGAR-WALLACE-FILME • ANADISMISSED – MEINE KAMPFANSAGE AN DIE MAGERSUCHT • HUNGRIGES HERZ – MEIN LEBEN MIT DER BULIMIE • SAUFDRUCK – IN VIER JAHREN GANZ NACH UNTEN • ICH WAR ERST 13 – DIE WAHRE GESCHICHTE VON LON • EDDY KANTE – IN MEINEM HERZEN KOCHT DAS BLUT • RAY COKES – MY MOST WANTED LIFE • ULRICH PLEITGEN – GANZ ODER GAR NICHT! • KINDERSPIEL – WIE MEIN KÖRPER MISSBRAUCHT UND MEINE SEELE GEBROCHEN WURDE • DAS LEBEN IST NICHT EXTRA SMALL – WIE ICH GELERNT HABE, MEIN LEBEN NICHT VON DER MAGERSUCHT BESTIMMEN ZU LASSEN • KONSEQUENT AMBIVALENT – 15 FRAUEN MIT BORDERLINE ERZÄHLEN • DRINNEN IST BESSER – AGORAPHOBIE – WENN DIE ANGST DEN WEG NACH DRAUSSEN VERSPERRT • NEBELLEBEN – IM CHAOS EINER PERSÖNLICHKEITS-STÖRUNG • DAS GIFT DER NARZISSE – TOCHTER EINER NARZISSTISCHEN MUTTER • FRISS ODER STIRB – WIE MIR DIE MAGERSUCHT AUF DEN MAGEN SCHLUG UND ICH IHR INS GESICHT • VERSTÖRUNGSTHEORIEN – DIE MEMOIREN EINER AUTISTIN, GEFUNDEN IN DER BADEWANNE • ICH BIN NICHT AUF DER WELT, UM GLÜCKLICH ZU SEIN • WIE ICH MIR MEINEN PLATZ IN DER FERNSEHHÖLLE VERDIENT HABE – EIN REGISSEUR VON »DSDS«, »THE BIGGEST LOSER«, »VERSTECKTE KAMERA«, SCRIPTED REALITY SOWIE VIELEN DOKU- UND DEKO-SOAPS GEWÄHRT EINEN TIEFEN BLICK HINTER DIE KULISSEN DER (ALB-)TRAUMFABRIK • DER WAHNSINN UND SEINE GEFÄHRTEN – WENN VATER STERBEN MUSS UND MUTTER STERBEN WILL – VON KREBS, DEPRESSIONEN UND ANDEREN WEGEN DER ZERSTÖRUNG. EINE FAMILIENTRAGÖDIE • 33 LEHRER, MIT DENEN IHR KIND RECHNEN MUSS • FÜR IMMER IM KOPF – SCHOCKIERENDE UND BERÜHRENDE ERLEBNISSE EINES FEUERWEHRMANNES • FE-MALE – HINEIN IN DEN RICHTIGEN KÖRPER • DER TOD IST EIN NICHT ZU